U0617956

权威·前沿·原创

皮书系列为
"十二五""十三五""十四五"时期国家重点出版物出版专项规划项目

BLUE BOOK

智 库 成 果 出 版 与 传 播 平 台

京津冀教育蓝皮书
BLUE BOOK OF EDUCATION IN BEIJING-TIANJIN-HEBEI

京津冀教育发展报告（2021~2022）

REPORT ON THE EDUCATION DEVELOPMENT
IN BEIJING-TIANJIN-HEBEI REGION (2021-2022)

"十三五"回顾与"十四五"展望

主　编／方中雄　冯洪荣
副主编／郭秀晶　高　兵　李　璐

社会科学文献出版社
SOCIAL SCIENCES ACADEMIC PRESS (CHINA)

图书在版编目（CIP）数据

京津冀教育发展报告 . 2021~2022："十三五"回顾与"十四五"展望 / 方中雄，冯洪荣主编；郭秀晶，高兵，李璐副主编 . --北京：社会科学文献出版社，2022. 12

（京津冀教育蓝皮书）

ISBN 978-7-5228-1110-9

Ⅰ. ①京… Ⅱ. ①方… ②冯… ③郭… ④高… ⑤李… Ⅲ. ①地方教育-发展-研究报告-华北地区-2021-2022 Ⅳ. ①G127. 2

中国版本图书馆 CIP 数据核字（2022）第 236011 号

京津冀教育蓝皮书

京津冀教育发展报告（2021~2022）
——"十三五"回顾与"十四五"展望

主　　编 / 方中雄　冯洪荣
副 主 编 / 郭秀晶　高　兵　李　璐

出 版 人 / 王利民
责任编辑 / 张雯鑫　丁阿丽　杨　轩
文稿编辑 / 赵亚汝
责任印制 / 王京美

出　　版 / 社会科学文献出版社（010）59367069
　　　　　地址：北京市北三环中路甲 29 号院华龙大厦　邮编：100029
　　　　　网址：www. ssap. com. cn
发　　行 / 社会科学文献出版社（010）59367028
印　　装 / 天津千鹤文化传播有限公司

规　　格 / 开　本：787mm×1092mm　1/16
　　　　　印　张：16. 25　字　数：243 千字
版　　次 / 2022 年 12 月第 1 版　2022 年 12 月第 1 次印刷
书　　号 / ISBN 978-7-5228-1110-9
定　　价 / 158. 00 元

读者服务电话：4008918866

▲ 版权所有 翻印必究

京津冀教育蓝皮书
编 委 会

主　任　方中雄　北京教育科学研究院院长

副主任　冯洪荣　北京教育科学研究院党委副书记、副院长

委　员　刘占军　北京教育科学研究院副院长

　　　　张　熙　北京教育科学研究院副院长

　　　　钟祖荣　北京教育科学研究院副院长

　　　　李剑萍　天津市教育科学研究院副院长

　　　　马振行　河北省教育科学研究所所长

主要编纂者简介

方中雄　研究员，北京教育科学研究院院长、北京师范大学中国教育政策研究院兼职教授、中国教育学会学术委员、北京学习科学学会理事长，主要从事教育政策和教育管理研究。主持和参与各级教育课题几十项，组织创办北京教育论坛；多次参与影响首都教育发展的重大教育决策、调研和文本编制。

冯洪荣　中学高级教师，北京教育科学研究院党委副书记、副院长，主要从事党建研究以及教育发展战略、教育政策和基础教育研究工作。曾任北京市东城区教委主任、教育工委书记、北京市教育委员会委员、北京市教育委员会副巡视员。

郭秀晶　博士，研究员，北京教育科学研究院教育发展研究中心主任、中国教育发展战略学会教育政策研究专业委员会常务理事、北京市教育学会教育改革与发展专业委员会理事长、北京教育法治研究基地（北京教育科学研究院）主任。从事教育战略政策和法律研究十余年。近年来主持或参与全国和北京市规划重点课题、北京市社科基金重点课题、委托课题、政策咨询研究课题以及国际合作研究项目20余项，研究成果曾获北京市哲学社会科学优秀成果奖等多项奖项。出版多部著作，有多篇论文在国家核心期刊发表。

高　兵　副研究员，北京教育科学研究院教育发展研究中心副主任，主要从事教育政策和区域教育规划研究。曾作为核心成员参与《北京市中长期教育改革和发展规划纲要（2010—2020 年）》《首都教育现代化 2035》等文件编制工作，其中《北京市"十三五"教育规划前期研究与编制》获得北京市第十二届优秀调查研究成果二等奖。先后主持北京市教育科学"十一五"规划青年专项课题（北京市优秀人才培养资助）、北京市教育科学"十二五"规划重点优先关注课题和北京市哲学社会科学基金"十三五"规划重点项目，出版学术专著《京津冀教育协同发展战略探究》。

李　璐　博士，北京教育科学研究院教育发展研究中心业务骨干，主要从事教育政策、区域教育规划和教育经济与管理研究。曾作为核心成员参与《北京市贯彻落实中办国办〈关于深化教育体制机制改革的意见〉的实施方案》等文件编制工作。2017 年获中国高等教育学会第十三届"高等教育学"优秀博士学位论文，同年获北京市委组织部青年骨干人才资助。2018 年、2020 年被北京教育科学研究院授予"青年英才"荣誉称号。

摘　要

自 2014 年以来，京津冀三地各级政府全面贯彻以疏解非首都功能为"牛鼻子"的京津冀协同发展战略，教育领域初显成效。首都教育功能疏解任务完成情况基本达到预期，首都教育的空间布局和社会服务能力逐步优化，首都"两翼"联动格局初步形成，各级各类教育事业合作不断深化，协同发展工作机制进一步完善。然而，区域重要节点城市的教育发展依然面临严峻挑战，三地教育软硬件差距依然很大，整体协同发展水平依然不高。

本报告在总结"十三五"时期京津冀教育协同发展成果的基础上，研究"十四五"时期三地四方如何发挥自身比较优势、保持地方特色，借鉴国内外城市群或都市圈相关经验，进一步优化教育资源布局、完善服务功能、强化体系建设和治理能力，切实提高教育服务水平与能力，从而实现"十四五"时期区域教育协同发展战略目标。本报告秉持学术性、原创性、前沿性和主题性相结合的原则，以"设计主题、组织研究、形成专题研究报告"为模式，组织京津冀三地的专业研究人员围绕主题框架内的热点、重点、难点问题开展研究，以期较为深入全面地反映区域教育改革发展的实际情况，分析战略落实中的经验与问题，从而更好地发挥教育科学研究为中央部门决策服务、为京津冀区域教育协同发展服务、为三省市教育发展和改革服务的功能。

本报告认为，面对"十四五"时期教育发展的新形势、新挑战，京津冀区域教育改革与发展的重点是要进一步稳定持续地疏解部分教育功能，推动支持"两翼"教育建设发展，明确新时代区域高质量教育体系的衡量标准，探索以信息技术为支撑的教育协同发展新模式，进一步完善教育协同发展保障机制。

本报告通过对 2021 年北京市推进京津冀职业教育协同发展实践的梳理发现，2021 年三地协作内容与形式多样，涉及计划内招生、教师能力提升、专业共建、社会培训等 10 个方面的内容，近 40 所北京市职业院校参与其中，既有持续的校际自主合作，也有政府确定的"结对子"帮扶；既有联盟（集团）协作，也有校地合作。存在的主要问题是受疫情影响协作有所减少，实践有待进一步深入，支持政策还不充分。应加大精准招生力度、鼓励先进主体先行先试、加强合作平台建设、构建跨区域职业培训体系、制定具体实际措施、加强协作经验学习。

在上述研究的基础上，本报告分别对北京城市副中心教育资源配置进展与矛盾、天津和河北"十四五"时期教育发展战略进行了探讨。北京城市副中心提高教育资源配置的成效包括：教育资源先行配置，教育的基础性和先导性地位充分显现；教育资源优化配置，教育引导人口合理分布的作用初步发挥；教育资源精准配置，为"三元结构"下教育质量整体提升探索路径。其矛盾包括利益相关者的高期待与教育发展基础薄弱的矛盾、外部要求快出成效与教育资源见效慢的矛盾、改革创新要求高与改革手段单一的矛盾、不同区域之间的矛盾、资源投入需求大与财政收入下降的矛盾。建议引导利益相关者形成对北京城市副中心教育的合理预期，完善教育改革和创新的顶层设计，建立学校自主革新的激励和支持机制，继续坚持差异化扶持策略，完善教育经费保障机制。本报告在总结分析天津市"十三五"时期教育改革发展取得的主要成效、存在的主要问题和"十四五"时期面临的主要形势的基础上，测算了支撑战略目标达成的 9 个主要发展指标，提出了包括全面落实立德树人根本任务在内的 9 个方面的重点任务和路径举措。"十四五"时期，河北教育发展的外部环境和内部条件正在发生复杂而深刻的变化，面临前所未有的重大历史机遇和挑战，必须增强机遇意识、发展意识和创新意识，牢牢把握新特征新要求，全面贯彻落实新发展理念，努力实现更高质量、更有效率、更加公平、更可持续的发展，为建设经济强省、美丽河北提供智力支撑。

关键词： 教育协同发展　"十四五"时期　教育资源　城市群　京津冀

目 录 ⟍⟍

Ⅰ 总报告

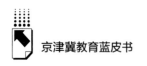
Ⅱ　分报告

Ⅲ　地区篇

Ⅳ　借鉴篇

皮书数据库阅读 **使用指南**

总 报 告

General Reports

B.1

"十四五"时期京津冀教育协同
发展战略研究

高 兵　吕贵珍*

摘　要： 2014 年以来，京津冀三地各级政府全面贯彻以疏解非首都功能
为"牛鼻子"的京津冀协同发展战略，教育领域初显成效。"十
三五"末期，首都教育功能疏解任务完成情况基本达到预期，
首都教育的空间布局和社会服务能力逐步优化，首都"两翼"
联动格局初步形成，各级各类教育事业合作持续深化，教育协同
发展工作机制进一步完善。然而，京津冀区域内有一些重要节点
城市的教育发展依然面临严峻挑战，教育软硬件差距依然很大，
整体协同发展水平依然不高。面对"十四五"时期教育发展的
新形势、新挑战，京津冀区域教育改革与发展的重点是要进一步
稳定持续地疏解部分教育功能，推动支持"两翼"教育建设发

---

* 高兵，北京教育科学研究院教育发展研究中心副主任、副研究员，主要研究领域为教育政
策、区域教育规划等；吕贵珍，北京教育科学研究院教育发展研究中心副研究员，主要研究
领域为教育政策、区域教育发展等。

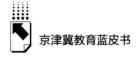

展，明确新时代区域高质量教育体系的衡量标准，探索以信息技术为支撑的教育协同发展新模式，进一步完善教育协同发展保障机制。

关键词： "十四五"时期　教育协同发展　京津冀

2015 年 4 月 30 日，中央政治局会议审议通过的《京津冀协同发展规划纲要》指出，推动京津冀协同发展是一个重大国家战略，核心是有序疏解北京非首都功能。① 纲要中提及，京津冀协同发展的目标是：到 2020 年，公共服务共建共享取得积极成效，协同发展机制有效运转，区域内发展差距趋于缩小，初步形成京津冀协同发展、互利共赢新局面。总体而言，推动京津冀协同发展可分解为两大任务：一是疏解性任务，即通过疏解部分教育资源带动一系列资源流动，从而解决北京"大城市病"；二是发展性任务，即通过促进三地教育公共服务共建共享，带动区域整体教育发展水平提升。2015~2020 年是落实《京津冀协同发展规划纲要》、服务首都"四个中心"城市发展定位、深化京津冀教育协同发展的新阶段。"十四五"时期，京津冀将形成更加紧密的教育协同发展格局。本报告将回顾"十三五"以来京津冀教育资源疏解与协同的主要进展，为推进"十四五"时期战略规划提出政策建议。

一　"十三五"时期教育协同发展的实践进展

2014 年以来，京津冀三地各级政府全面贯彻以疏解非首都功能为"牛鼻子"的京津冀协同发展战略，在教育领域突出重点区域，抓住关键环节，区域教育协同发展初显成效。

---

① 邓琦、金煜、饶沛：《京津冀协同发展规划纲要获通过》，人民网，2015 年 5 月 1 日，http://politics.people.com.cn/n/2015/0501/c1001-26935006.html。

（一）首都教育功能疏解任务完成情况基本达到预期

教育规模平稳控制。教育领域非首都功能疏解的对象主要包括部分教育、培训机构等社会公共服务功能。结合《北京市"十三五"时期教育改革和发展规划（2016—2020 年）》（以下简称《"十三五"教育规划》）和历年《北京市新增产业的禁止和限制目录》（以下简称《禁限目录》）等文件资料，北京教育领域的部分功能疏解工作的统计类预期目标如表 1 所示。

表 1　首都教育功能疏解规模类监测指标框架

一级指标	二级指标	指标来源	目标值（2020 年）
普通高等教育	学校数	《"十三五"教育规划》《禁限目录》	不增加
	招生数	《"十三五"教育规划》《禁限目录》	下降
	在校生数	《"十三五"教育规划》《禁限目录》	下降
成人高等教育	学校数	《"十三五"教育规划》	不增加
	招生数	《"十三五"教育规划》	下降
	在校生数	《"十三五"教育规划》	下降
中等职业教育	学校数	《北京市人民政府关于加快发展现代职业教育的实施意见》	60 所左右
	招生数	《"十三五"教育规划》	下降
	在校生数	《北京市人民政府关于加快发展现代职业教育的实施意见》	6 万人左右

资料来源：雷虹《首都教育功能疏解任务监测研究》，载方中雄主编《京津冀教育发展研究报告（2017~2018）——疏解与承接》，社会科学文献出版社，2018，第 121 页。

"十三五"时期，北京严格执行《禁限目录》和中央"疏存量控增量"两个意见要求，压缩市属高校和普通中专京外招生规模，不断推进首都教育规模、结构与教育需求和产业需求相适应。数据显示，普通高等教育总体办学规模持续处于下降通道，2020年普通本专科招生数为15.93万人，较2014年下降了0.4%；成人本专科招生数为4.19万人，较2014年下降了52.5%，降幅较大；相应地，普通本专科和成人本专科在校生数分别下降了0.7%和50.4%；在学校数上，普通高等学校数量增加了3所，主要为中央部属高校，市属高校数量没有变化，成人高等学校数量减少了1所。中等职业教育招生和在校生数大幅缩减，2020年在校生数较2014年减少约56%，基本达到2020年的预期目标（见表2）。

表2　首都教育功能疏解规模类指标完成情况

单位：所，万人

一级指标	二级指标	2014年	2020年	目标/完成情况
普通高等教育（本专科）	学校数	89	92	不增加/完成
	招生数	16	15.93	下降/完成
	在校生数	59.46	59.03	下降/完成
成人高等教育（本专科）	学校数	19	18	不增加/完成
	招生数	8.83	4.19	下降/完成
	在校生数	23.76	11.78	下降/完成
中等职业教育	学校数	123	110	60所左右/未完成
	招生数	4.46	2.61	下降/完成
	在校生数	16.71	7.31	6万人左右/接近目标

注：2020年普通高等教育（本专科）新增学校为中央部属高校。
资料来源：2014年和2020年《北京市教育事业统计资料》。

从三地普通高等教育在校生变化情况来看，基本满足支持北京"高精尖"产业发展的需求。2014~2020年，北京在校普通本专科生数量总体减少，研究生数总体增长，2020年在校研究生为38.7万人，较2014年增长了41.24%。天津、河北高等教育一直秉持增量放宽的基调，2020年较2014年研究生分别增长了54.90%和68.42%，明显高于普通本专科生的增幅（见表3）。

表3　2014~2020年首都教育功能疏解规模类指标（在校生数）完成情况

单位：万人，%

年份	北京		天津		河北	
	普通本专科	研究生	普通本专科	研究生	普通本专科	研究生
2014	59.5	27.4	45.5	5.1	116.4	3.8
2015	59.3	28.4	46.0	5.3	117.9	4.0
2016	58.8	29.2	51.3	5.4	121.6	4.2
2017	58.1	31.2	51.5	6.0	126.9	4.6
2018	58.1	33.6	52.3	6.8	134.3	5.0
2019	58.6	34.2	53.9	7.3	147.4	5.5
2020	59.0	38.7	57.2	7.9	160.5	6.4
2020年较2014年增长率	-0.84	41.24	25.71	54.90	37.89	68.42

资料来源：《北京市教育事业统计资料》《天津市教育事业统计资料》《河北省教育事业统计提要》各年度数据。

（二）首都教育的空间布局和社会服务能力逐步优化

通过落实《北京城市总体规划（2016年—2035年）》，北京市积极推进部分大学的京内疏解工作，一些重点项目已经落实。比如，北京建筑大学向北京市南部的大兴区疏解、北京工商大学向北京市西南部的房山区疏解、北京城市学院向北京市东北部的顺义区疏解、北京电影学院向北京市东北部的怀柔区疏解、北京信息科技大学向北京市北部的昌平区疏解。

为统筹推动北京市良乡大学城和沙河大学城建设，北京市制定了《关于推进房山良乡、昌平沙河高教园区内涵发展工作方案》，研究解决大学城基础设施薄弱、配套服务设施不足、建设进度滞后等问题。在沙河高教园区和良乡高教园区入驻的高校，实现学院整建制搬迁，促进校企融合、校地合作，在当地有针对性地服务未来科学城、中关村南部创新城建设，加强重点实验室建设。

北京市立足首都城市战略定位，注重疏解整治与提升相结合，将位于中心城六区的原高等学校校区作为老校区，老校区重点建设研究生培养基地、国际交流平台和创新智库；疏解到中心城区外的新校区主要转化科技成果、

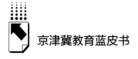

建设产学联盟、支持当地特色小镇建设、发挥学校的辐射带动作用，进一步提升承接地的科技文化水平。

将北京城六区中等职业教育压缩之后，腾退的校舍用于举办中小学及幼儿园，推动北京师范大学、首都师范大学等高校在疏解承接地举办或研究举办基础教育，提升区域基本公共服务能力。

（三）首都"两翼"联动格局初步形成

1. 北京城市副中心教育品质逐步提升

北京城市副中心建设不仅是北京空间发展格局的调整，也是京津冀协同发展的重要组成部分。坚持规划先行，按照"三最一突出"的工作标准，妥善处理行政办公区、城市副中心、通州全域以及河北省北三县等四个区域的关系。统筹北京市中心城区的基础教育优质资源，规划建设14所优质中小学和幼儿园。在北京城市副中心所属的通州区，督促指导做好教育设施专项规划，适当提高配置标准和服务保障系数，落实全部教育设施用地。在河北省北三县范围内，推动北京优质教育资源在北三县开展合作、建设分校，吸引京冀两地高等学校、职业院校支持北三县发展，努力实现地区协同。北京城市副中心积极引入中心城区优质资源挂牌办学，组建北京学校、北京第一实验学校等市教委直属学校，分别由人大附中和北京十一学校承办。鼓励通州区职业院校发挥作用，服务北京城市副中心产业转型升级。积极发挥高校高精尖创新中心资源优势，深入参与北京城市副中心建设。

2. 雄安新区教育协同合作稳步实施

采取多种方式推进京雄教育全方位协同合作，签署《关于雄安教育发展合作协议（2021—2025年）》，稳步推进"交钥匙"学校建设项目，北京四中、史家胡同小学、北海幼儿园作为办学主体新建学校，三个项目提前实现开工建设。提前谋划"交钥匙"项目办学体制机制、师资招聘管理、办学条件保障、教学评价督导等工作。北京市六一幼儿院、北京市海淀区中关村第三小学、北京市朝阳区实验小学、北京市第八十中学对口帮扶雄县幼儿园、雄县第二小学、容城县容城小学和安新县第二中学。四所帮扶学校

2018 年正式挂牌，开展组团式帮扶和整体托管。中央部属高校积极参与支持雄安新区基础教育建设，人大附小、民大附中雄安校区也已挂牌成立。组建北京专家顾问团，专门为雄安新区研制教育质量提升三年计划和中长期发展规划提供智力支持。加强职业院校对接，组织北京职业院校赴雄安新区开展招生宣传，推动北京金隅科技学校、北京市丰台区职业教育中心学校加大对雄安新区三县职教中心的对口支持力度，吸收三县职教中心加入"京保石邯职业教育联盟"。发挥北京市属高校作用，北京建筑大学因地制宜成立雄安创新研究院，为雄安新区规划建设，从城市设计、文物保护等方面展开服务；北京服装学院商学院与雄源集团在雄安新区揭牌成立雄源商学院。

（四）各级各类教育事业合作持续深化

1. 基础教育协同合作深入开展

京津冀三地政府及教育部门面向基础教育领域签署了 13 项合作协议，主要通过校校联盟、一对一帮扶、名校办分校等方式开展区域之间的合作。北京市 16 个区分别对应支援或帮扶河北省 23 个教育贫困县，从其中选出 30 多所学校开展手拉手建设，有力提升了当地整体教育水平。通州区与天津市武清区、河北省廊坊市，大兴区与天津市北辰区、河北省廊坊市先后成立教育联盟。京津冀三地 13 所学校成立京津冀美育联盟。实施"河北省千名中小学骨干校长教师赴京挂职学习"项目，综合运用高级研修班、班主任队伍建设论坛、送教下乡、教师结对、网上培训、交流互访等形式帮助提升河北省中小学教师综合教学素养。充分利用北京市"数字学校"资源，发挥云课堂的辐射优势，面向河北省中小学生共享优质数字资源。

2. 义务教育阶段教师学历水平差距逐年缩小

义务教育阶段教师本科及以上学历占比北京市一直领先，河北省一直处于劣势，但近年来三地之间的差距逐渐缩小，尤其是北京市与河北省的差距缩小程度明显，小学教师本科及以上学历占比差距从 2014 年的 47.0 个百分点缩小到 2020 年的 33.5 个百分点；初中教师本科及以上学历占比差距从 2014 年的 17.8 个百分点缩小到 2020 年的 9.4 个百分点（见表 4）。

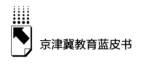

表4　2014～2020年京津冀义务教育阶段教师学历水平概况

单位：%，个百分点

年份	小学教师本科及以上学历占比				初中教师本科及以上学历占比			
	北京市	天津市	河北省	最大值-最小值	北京市	天津市	河北省	最大值-最小值
2014	87.5	68.8	40.5	47.0	98.2	93.1	80.4	17.8
2015	89.3	73.6	43.5	45.8	98.7	94.7	82.8	15.9
2016	90.5	76.5	47.9	42.6	98.9	95.6	84.7	14.2
2017	91.9	79.4	51.5	40.4	99.1	96.4	86.3	12.8
2018	93.0	81.0	55.2	37.8	99.2	97.0	87.5	11.7
2019	94.0	83.2	58.3	35.7	99.2	97.1	88.5	10.7
2020	94.7	85.1	61.2	33.5	99.3	97.7	89.9	9.4

资料来源：根据2015～2021年《中国统计年鉴》数据计算得出。

3. 职业教育协同发展巩固提升

京津冀建成五大合作平台，成立10个跨区域特色职业教育集团或联盟，在渠道贯通、资源共享、教育教学合作交流、联合人才培养、学生互访等方面开展合作。五大合作平台分别是"产教融合校企合作区域性协作平台""人力资源需求信息共用共享平台""现代服务业创新创业型人才共育平台""现代服务业区域性研究平台""师资与学生交流交换平台"；10个跨区域特色职业教育集团或联盟分别涉及商贸、外事服务、互联网+、信息安全等领域。对接京津冀产业转移升级，北京市多个区级教育部门、职业院校与河北省多个市县政府部门和学校签署合作协议，采取集团或联盟建设、联合办学、设立分校、专业建设、竞赛交流、行业帮扶、文艺活动、项目开发、精准扶贫、研讨交流、合作签约、捐赠共享等12种形式密切合作，大力提升区域职业教育整体水平。

4. 高等教育协同发展逐步增强

京津冀地区的高校先后组建了12个创新发展联盟，如"京津冀协同创新联盟""京津冀经济学学科协同创新联盟""京津冀建筑类高校本科人才培养联盟"等，通过智库建设、产学研合作、师资共享、教育教学等途径开展深层合作。北京大学、北京工业大学、北京建筑大学、北京工商大学、北京农学院、北京石油化工学院、北京服装学院、北京物资学院等高校主动对接天津市滨海新区、河北省雄安新区、京冀曹妃甸协同发展示范区等重点区域及石家庄市、衡水市、邯郸市、沧州市、承德市等地的科技园和开发区开展合作。落实京津冀高校毕业生就业创业协同发展框架协议，积极推动京津冀高校毕业生就业市场一体化，联合举办专场招聘会、校企交流合作研讨会等，推动实现北京市高校毕业生到河北省就业创业。

5. 教育经费投入差距逐年缩小

教育经费投入方面，河北省一般公共预算教育经费连续 6 年大幅增长，2020 年一般公共预算教育经费为 1581.74 亿元，是 2014 年的 1.57 倍，政府教育投入努力程度提高。从三地比较来看，高等教育生均一般公共预算公用经费差距总体缩小。一直以来北京市高等教育生均一般公共预算公用经费在三地中是最高的。从 2014 年到 2020 年，北京市与河北省生均一般公共预算公用经费差距从 2.82 万元缩小到 1.54 万元（见表 5）。

表5　2014~2020 年京津冀高等教育生均一般公共预算公用经费

单位：元

地区	2014 年	2015 年	2016 年	2017 年	2018 年	2019 年	2020 年
北京市	34710.96	32147.32	29346.33	32126.86	26795.81	27431.32	21588.60
天津市	10224.68	10847.94	9690.57	13382.15	13111.17	9528.61	8839.91
河北省	6520.68	7162.19	8067.89	7834.22	6849.58	6186.41	6207.31
最大值-最小值	28190.28	24985.13	21278.44	24292.64	19946.23	21244.91	15381.29

资料来源：2015~2021 年《教育部 国家统计局 财政部关于各年全国教育经费执行情况统计公告》。

（五）教育协同发展工作机制进一步完善

1. 顶层设计和运行机制逐步完善

京津冀教育部门共同制定并发布了《"十三五"时期京津冀教育协同

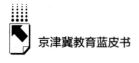

发展专项工作计划》、《京津冀教育对口帮扶项目》和《推进京津冀教育协同发展备忘录》，成立了京津冀教育协同发展领导小组办公室，统筹推进教育领域京津冀协同发展各项工作。京津冀教育部门加强工作对接，制定《京津冀教育协同发展议事规则》，多次召开专题会议开展工作研究，明确责任分工。三地教育部门、政府签署了《京津冀大学生思想政治教育工作协作方案》《北京市"数字学校"教育资源共享协议》《通武廊教育协同发展框架协议》等 14 个具体合作协议，涵盖教师培训、职业教育、就业创业、教育督导等方面的内容。强化区域间政策协商和制度联动，北京市教委与廊坊市政府、北三县教育主管部门签署了《关于北三县地区教育发展合作协议》。

2.任务落实和政策创新进一步强化

三省市教育部门定期对雄安教育发展、"通武廊"教育协作等问题进行专项对接。落实标准化台账制度，细化时间表、路线图，完善市区、市校两级联动机制，层层压实责任，推动各项任务落点落图落实。坚持信息发布机制，三地及时通报工作进展，印发《京津冀教育协同发展工作简报》。细化疏解激励措施，鼓励在京高校向外疏解，对按要求开展疏解工作的市属高校，在新校区建设、经费、人员安置补偿等方面给予政策倾斜，高标准规划建设新校区，提高建设速度。对于疏解到津冀的市属高校和职业学校，其生均办学经费继续按北京市标准执行。支持天津未来科技城改善基础教育学校办学条件，为产业转移人口提供优质教育服务。完善学籍管理措施，为随迁到天津市滨海新区的具有北京市户籍的中小学生提供就读便利。

二 京津冀教育协同发展存在的问题

（一）区域重要节点城市教育发展依然面临严峻挑战

1.北京城市副中心教育发展整体水平不高

北京城市副中心教育资源布局总体存在"缺、小、多、少"的特征，即学前教育资源短缺、城区学校规模小、乡镇用地资源多、城乡接合部布点少的典型特征。反映在学位需求上：学前教育是区直公办超负荷、散小黑园需整合；小学是区直小学满负荷、边远乡镇有余额；初中是未来三年要满额、区直校园缺口多；高中是整体需要调层次、全面优质重改革。师资队伍呈现"年轻教师多，高端教师少"的特点。原因在于近几年通州区教育事业快速发展，短期集中招聘了大量新教师，这批新教师目前仍处于成长期，还需要一定年限的经验积累。从 2019 年北京市十六区特级教师、市级学科带头人、市级骨干教师情况来看，通州区生均优秀教师数量在北京市十六区中排名倒数第一（见图 1）。从 2019 年教育投入情况来看，通州区一般公共预算教育经费占一般公共预算支出的比例为 12.93%，在十六区中排名倒数第一（见图 2）。

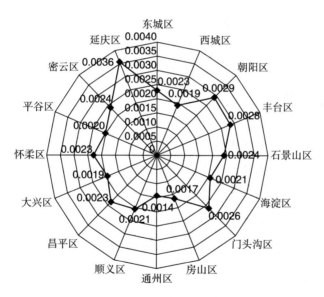

图 1　2019 年北京市十六区生均特级教师、市级学科带头人、市级骨干教师情况

资料来源：根据《2020 北京教育年鉴》数据计算得出。

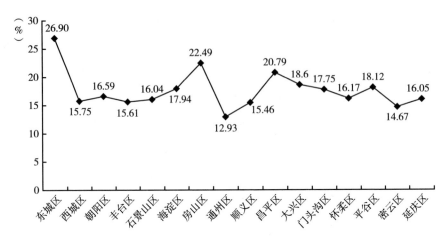

图2　2019年北京市十六区一般公共预算教育经费占一般公共预算支出的比例

资料来源：《2019年北京市教育经费执行情况统计表》。

2. 雄安新区教育原发问题突出

雄安新区相对办学规模（每10万人口在校生数）略高于河北省，基础教育各层级相对规模都在京津两地的1.5倍，甚至2倍以上。学校班容量严重超标，大班额现象明显。农村学校空心化、小微化，资源浪费严重。农村学校规模越来越小，小班额现象随处可见，有些刚刚完成标准化建设的学校近乎空校，造成了教育资源的巨大浪费。师资队伍严重短缺，整体素质不高，小学、初中和高中师生比均低于河北省和全国平均水平，且与北京市、天津市差距巨大。与京津相比，雄安新区教师数量远远不足，学段层级越高越严重。而且，教师初始学历为大专以上学历的教师比例仅为10%左右，且普遍存在"教非所学"现象。教师队伍老龄化趋势明显。按照2018年公布的各地教育经费情况，雄安新区各级各类学校生均经费低于全国、河北省、北京市、天津市的平均水平，且与北京市、天津市差距较大。2018年雄安新区基础教育生均经费仅为北京市的1/12到1/5，只能保障教职工的基本工资收入，公用经费严重短缺。

3. 北三县与北京城市副中心实现统一规划的基础薄弱

一是高强度外来人口流入导致整体学位缺口矛盾极大。以燕郊为例，由于"北漂族"不断向北京周边外溢，暂住人口在 2007~2018 年一直维持在 20 万人左右，整体教育设施供给滞后，学校数量少，造成大班额、高班数等现象突出（见表 6）。二是公办和民办教育资源差距明显，公办学校存在较为严重的大班额和超大班额问题，而民办学校生源明显不足，造成民办学校空置率较高。以燕郊高新区为例，2018 年燕郊高新区公办小学在校生 42134 人，6 所民办小学在校生仅有 5385 人；区内有公办初中 6 所，在校学生共 14309 人，民办初中 4 所，在校学生共 787 人；1 所公办高中在校生共 4952 人，而 3 所民办高中在校生仅 1254 人。三是教师群体老龄化严重，41~60 周岁的教师占总教师人数的 47%，且中小学教师队伍中研究生学历人数仅占教师总数的 3%。

表 6　2018 年通州区与北三县学校、班额对比情况

单位：所，人/班

类别		通州区	三河市	大厂县	香河县	其中燕郊
小学	校数	82	66	11	68	18
	班额	37	54	46	39	64
初中	校数	29	14	3	10	5
	班额	34	61	46	51	64
高中	校数	13	5	2	3	3
	班额	33	64	51	60	57

资料来源：根据通州区和北三县统计年鉴整理。

（二）三地教育软硬件差距依然很大

近年来三地义务教育阶段的生师比差距逐渐增加，小学阶段河北省与北京市的生师比差距从 2014 年的 2.6 扩大到 2020 年的 3.1；初中阶段生师比差距从 2014 年的 4.1 扩大到 2020 年的 5.0（见表 7）。

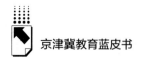

表 7　2014~2020 年京津冀义务教育阶段生师比情况

年份	小学阶段				初中阶段			
	北京市	天津市	河北省	最大值-最小值	北京市	天津市	河北省	最大值-最小值
2014	14.3	14.7	16.9	2.6	9.4	10.2	13.5	4.1
2015	14.4	15.0	17.6	3.2	8.6	9.9	13.6	5.0
2016	14.1	15.2	17.7	3.6	8.0	9.6	13.6	5.6
2017	13.6	15.1	17.4	3.8	7.7	9.8	13.9	6.2
2018	13.6	15.0	17.3	3.7	7.9	10.2	14.2	6.3
2019	13.6	15.1	17.2	3.6	8.3	10.7	14.1	5.8
2020	14.0	15.4	17.1	3.1	8.7	11.0	13.7	5.0

资料来源：2015~2021 年《中国统计年鉴》。

从教育经费投入来看，尽管河北省一般公共预算教育经费连续五年大幅增长，但三地基础教育和中等职业教育的投入差距仍在扩大。2014 年到 2020 年，北京市与河北省小学生均一般公共预算教育事业费的差距从 1.81 万元扩大到 2.42 万元，生均一般公共预算公用经费差距从 0.85 万元减少到 0.61 万元；普通初中生均一般公共预算教育事业费的差距从 2.88 万元扩大到 4.56 万元，生均一般公共预算公用经费差距从 1.20 万元扩大到 1.21 万元；普通高中生均一般公共预算教育事业费的差距从 3.30 万元扩大到 5.50 万元，生均一般公共预算公用经费差距从 1.45 万元扩大到 1.48 万元；中职生均一般公共预算教育事业费的差距从 2.07 万元扩大到 5.28 万元，生均一般公共预算公用经费差距从 1.10 万元扩大到 1.80 万元（见表 8）。

表 8　2014 年和 2020 年京津冀各级各类教育生均一般公共预算经费

单位：元

年份	小学		普通初中		普通高中		中职	
	2014	2020	2014	2020	2014	2020	2014	2020
各级教育生均一般公共预算教育事业费变化情况								
北京市	23441.78	33546.46	36507.21	58686.11	40748.25	70295.87	28765.51	68451.66
天津市	17233.85	18562.97	26956.43	29874.29	30090.12	31723.15	22753.14	23422.83

年份	小学		普通初中		普通高中		中职	
	2014	2020	2014	2020	2014	2020	2014	2020
各级教育生均一般公共预算教育事业费变化情况								
河北省	5349.05	9327.11	7749.39	13048.58	7748.15	15324.98	8031.58	15616.98
最大值-最小值	18092.73	24219.35	28757.82	45637.53	33000.10	54970.89	20733.93	52834.68
各级各类生均一般公共预算公用经费变化情况								
北京市	9950.95	8472.08	14127.64	15479.42	16716.08	18998.99	13473.07	22601.06
天津市	3968.87	3287.58	6134.37	5321.83	10411.54	5139.20	5918.03	4237.02
河北省	1439.30	2353.99	2121.14	3407.16	2207.91	4157.60	2435.11	4589.28
最大值-最小值	8511.65	6118.09	12006.50	12072.26	14508.17	14841.39	11037.96	18011.78

资料来源：2015 年和 2021 年《教育部 国家统计局 财政部关于各年全国教育经费执行情况统计公告》。

从义务教育办学条件来看，除小学、初中阶段生均校舍建筑面积、危房率的差距，以及初中生均图书室面积的差距减小外，其他硬件条件的差距都是有所增加（见表9）。

表9　2015 年与 2020 年京津冀义务教育阶段办学条件概况

单位：平方米，%

地区	年份	生均校舍建筑面积		危房率		生均图书室面积		生均体育馆面积		生均微机室面积	
		小学	初中	小学	初中	小学	初中	小学	初中	小学	初中
北京市	2015	8.01	14.44	0	0	0.19	0.35	0.20	0.43	0.16	0.27
	2020	7.71	13.88	0.03	0	0.19	0.34	0.24	0.53	0.14	0.25
天津市	2015	7.24	9.99	0	0	0.19	0.31	0.19	0.30	0.16	0.20
	2020	7.21	10.02	0	0	0.19	0.31	0.24	0.42	0.15	0.17
河北省	2015	6.26	10.51	0.04	0.01	0.21	0.27	0.03	0.08	0.18	0.20
	2020	6.85	11.22	0.005	0	0.23	0.29	0.04	0.11	0.18	0.20
最大值-最小值	2015	1.75	4.45	0.04	0.01	0.02	0.08	0.17	0.35	0.02	0.07
	2020	0.86	3.86	0.03	0	0.04	0.05	0.20	0.42	0.03	0.08

资料来源：根据 2015 年和 2020 年《中国教育统计年鉴》数据计算得出。

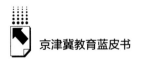

（三）整体协同发展水平依然不高

近年来京津冀地区各级各类教育互动交流频繁，相关的报道很多，但教育内涵的协同发展还需进一步探讨。目前的数据只能直观地反映表面化问题，还不能反映复杂的深层次问题。总的来说，京津冀地区教育协同发展仍存在以下问题。

一是城市和农村地区教育资源分布差距大，"城区饱满，郊区不足"现象突出。城市和农村教育资源的品质有比较明显的差距。中心城镇和城区生源集聚，生源配比不平衡现象突出。这种问题不仅在河北省存在，在北京市也同样存在。

二是京津冀三地虽有统一的发展目标，但衡量标准还不清晰，协同发展的长效机制还没有建立。比如，雄安新区、北三县都提出统一规划、联动发展，这就涉及关键节点城市未来基础教育体系的建构。然而未来三地的课程教材管理、人才队伍建设、升学考试改革都不在统一规划中，教育协同发展还没有探讨更深层次改革。

三是区域间学校建立了帮扶对接关系，对接实际效果不如预期。首先，援助校在本地同时承担办分校、集团校的责任，本身师资紧张，很难抽出更多的教师支援薄弱地区；其次，由于缺乏明确的资金、人员等配套措施，外派教师积极性受到影响；最后，薄弱地区教育教学的基础条件十分有限，组织当地校长、教师外出考察或培训缺乏经费支撑。即便能够保证有足够的人员和经费投入帮扶对接，但是三地教育文化、师资力量、生源质量、培养环境等方面的差距也会导致短期内难以融合。在对对口支援教师的调研访谈中了解到，由于班额差距和民众文化素养的差距，北京外派教师的教育理念和方法不能实施。

四是京津冀协同发展的财政保障机制尚未建立。京津冀三地政治地位、经济发展水平和财政收入水平悬殊，北京教育经费投入"起点高、涨幅大"，河北追赶困难。三地差距较大的事实尚未改变。

三 "十四五"时期面临的形势

（一）疏解非首都功能依然是京津冀教育协同发展的重中之重

深入推进京津冀协同发展，必须落实北京"全国政治中心、文化中心、国际交往中心、科技创新中心"的城市战略定位，落实2019年1月习近平总书记在主持召开京津冀协同发展座谈会时强调的"要紧紧抓住'牛鼻子'不放松，积极稳妥有序疏解北京非首都功能"的要求。"十四五"时期，京津冀协同发展必须进一步明确教育的内涵，通过积极推进北京教育领域非首都功能疏解，优化京津冀教育资源空间布局，实现区域教育优势互补和特色发展，在有序疏解部分首都教育功能方面取得突破性进展；必须协调好学校、教师、学生以及地方和中央内各主体的利益关系，突破体质机制障碍，释放办学自主权，激发教育各主体的内在活力，形成京津冀区域特色的教育现代化道路。

（二）中央统筹推进依然是京津冀教育协同发展的迫切需求

中央层级对京津冀教育协同发展的顶层设计和统筹规划亟须加强。目前中央尚未正式公布相关的具有牵头抓总作用、中长期发展规划性质或综合性管理性质的政策。由于整体的统筹规划不够，京津冀教育发展仍处于自发状态，协同效率不高。京津冀三地教育管理体制机制不一致，涉及人员管理、经费使用等的权限和分工界定不清楚，责任不明确，导致合作不深入或停滞不前，不能从根本上解决教育的瓶颈问题。区域教育协同发展需要统一的顶层设计，因此要对接《京津冀协同发展规划纲要》和《中国教育现代化2035》，制定"十四五"期间的实施方案，明确京津冀教育协同发展的时间表、路线图和任务书，强化区域优先发展教育的价值共识，建立有效的跨行政区域的教育协同发展机制。

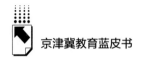

（三）疫情防控常态化时期教育转型发展对京津冀教育协同发展来说是一把"双刃剑"

面对人民群众对公平优质教育的需求，区域教育要始终遵循教育规律，促进教育公平，提升教育质量，然而区域学位需求数量和教育资源空间布局对区域公共教育服务提出了严峻的挑战。面对疫情防控常态化，区域间教育系统公共危机管理能力、教育治理体系现代化的差距加剧；原有城乡之间、学校之间、不同收入水平家庭之间的教育资源不均衡现象更加凸显，家庭教育的重要作用仍将在疫情防控常态化时期持续，以线上教学为主的新教学模式进一步凸显。区域教育协同发展面临前所未有的新形势、新任务。另外，未来教育对数字资源和信息技术提出了迫切需求，三地在数字资源储备上的同步探索和资源共享让一切从"新"开始，可以在一定程度上缩小教育教学差距。

四 "十四五"时期京津冀教育改革与发展重点

以习近平新时代中国特色社会主义思想为指导，深入贯彻落实党的十九大精神，强化政治意识、大局意识、核心意识、看齐意识，坚持稳中求进工作总基调，牢固树立新发展理念，深入落实京津冀协同发展战略，"十四五"时期京津冀教育仍要着力疏解教育领域非首都功能，缩小教育发展差距，构建稳定的教育协同发展体系，且相关发展指标已有研究。[①]

（一）稳定持续疏解部分教育功能

1. 科学调控教育规模

严格执行新增产业禁限目录，科学调控市属高校和普通中专招生规模，重点压缩成人教育规模，不断推进首都教育规模、结构与教育需求和产业需

---

① 详见雷虹《首都教育功能疏解任务监测研究》，载方中雄主编《京津冀教育发展研究报告（2017~2018）——疏解与承接》，社会科学文献出版社，2018。

求相适应。持续推进教育培训机构规范有序发展，健全违法违规行为联合惩戒工作机制，推动不符合首都功能定位的教育培训机构有序退出。

2. 加快北京高校疏解进度

推进北京市良乡高教园区、沙河高教园区向科教融合新城转化，推进入驻高校内涵建设，完成园区内环境提升项目，创造良好的学习、生活、科研环境。做好中国人民大学在通州潞城、北京化工大学在昌平南口、中央民族大学在丰台王佐等的新校区建设，支持在京高等学校通过部分学科院系搬迁、整体搬迁等方式向外疏解。实现北京市各区都有高校的目标，科学推进相关高校到郊区落地。推动在京高校向雄安新区疏解，制定"一校一策"疏解工作方案，为雄安新区发挥"两点一线一面"教育现代化布局战略支点作用奠定基础。

（二）推动支持"两翼"教育建设发展

大力提升北京城市副中心教育质量，全面落实基础教育设施专项规划，坚持科学布局、适度超前、优质办学，从中心城区引入优质教育资源，加快建设一批优质中小学、幼儿园。积极探索教师资源配置新方式，强化教师专业培训和学科教学指导，提升教师专业化水平。加大资源统筹力度，鼓励开展教育改革试点，推动形成一批学校品牌。

北京城市副中心与相邻的河北廊坊北三县教育统筹规划，协同发展。通过制定统一规划、完善统一政策，促进北京地区优质教育资源向北三县地区延伸布局，不断完善北三县的教育配套，探索北京城市副中心与北三县的学校内外资源的优势互补和共建共享。

全力支持雄安新区教育发展，对接需求，采取新建、共建等方式开展基础教育合作办学，以"交钥匙"方式建设高水平幼儿园、小学、完全中学各1所。通过教师互派、派出优秀管理团队、课程共享等形式帮建4所学校（幼儿园）。支持教育人才队伍建设，深化人员交流、培养。发挥北京高等学校、科研院所优势，服务雄安新区规划建设。推动符合雄安新区定位的部分教育功能向雄安新区转移。

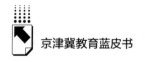
（三）明确新时代区域高质量教育体系的衡量标准

建设高质量教育体系是我国新时代教育发展的新主题、新方向、新目标、新任务。从外部关系看，高质量教育体系既能够得到城市经济、科技、生态、文化和社会环境的支持，也能够推进城市上述要素的发展。从内部关系看，教育的投入、酝酿、产出、交流和共享等重点环节协同发展、良性互动的效果越明显，教育的规范性、国际化和科学化水平就越高，说明党和政府对教育工作的领导越有效。必须推动三地义务教育高质量发展，深刻分析京津冀区域高质量教育体系的核心内涵与本质特征，构建区域教育高质量发展评估指标体系以及高质量教育体系发展指数，对京津冀区域教育发展水平在世界城市群中的相对位置进行衡量，为建设京津冀区域高质量教育体系提供决策依据。

（四）探索以信息技术为支撑的教育协同发展新模式

"十四五"时期的教育要将线上学习与线下教学有机结合，形成线上线下相融合的教学新常态。建设学校在线教育平台，支持教师在线教育课程开发、备课教学、课堂讨论、课下辅导、师生交流等，利用线上平台跨越时间和空间障碍的优势，增强教育的适应性，解决线下教学的时空障碍，充分发挥在线教育"公平托底"的基础性功用，促进区域优质教育资源共享和教育均衡。建立区域、学区课程资源共建共享机制，提供丰富的课程资源，提高教学资源使用效率。充分发挥在线教育机构的网络技术和服务优势，提升教师的信息化教学能力，服务学习者的个性化需求。

（五）进一步完善教育协同发展保障机制

研究完善以教育部统筹协调的教育协同支持政策。建立健全三省市教育部门联席会议制度，完善三省市教育部门定期沟通协商和对接机制。建立健全三省市教育督导合作机制，完善三省市高校招生会商制度和职业教育发展会商机制。

做好疏解资源的教育配套保障政策。合力有序推动被疏解高校的管理服务的延伸或移交，统筹推进高校资源共享共建工作。做好疏解人员子女就学衔接服务。

共建教师培养培训基地，实施"教师校长百千万工程""河北省千名中小学骨干校长教师赴京挂职学习"等项目，开展互访互学、挂职交流等活动，加强三地教师队伍联合培养培训。建设开放共享的数字教育资源、实习实训基地、劳动教育基地，提升资源共享水平。加强三省市体育、美育教育教学合作和资源开发，围绕重点发展项目探索共建共享机制。加强大学生思想政治教育合作，共享工作经验，共建专业化队伍。

参考文献

陈璐主编《京津冀协同发展报告（2021）》，经济科学出版社，2021。

方中雄、桑锦龙主编《京津冀教育发展报告（2018~2019）——一核两翼》，社会科学文献出版社，2019。

方中雄、桑锦龙主编《京津冀教育发展报告（2019~2020）——面向2035》，社会科学文献出版社，2021。

B.2

"十三五"时期京津冀教育发展
基本状况研究

吕贵珍 *

摘　要： "十三五"时期京津冀经济快速发展，为京津冀教育发展提供
了良好保障。京津冀教育事业规模总体呈增长趋势，北京市
中职教育出现较大幅度萎缩；京津冀三地专任教师的学历情
况总体在提升。京津冀三地公共财政教育支出金额都有不同
程度增长，北京市和河北省增长较为明显；北京市和河北省
生均一般公共预算教育事业费增长较为明显，天津市则总体
相对稳定；三地部分学段生均一般公共预算公用经费出现了
较大幅度下降。京津冀三地在教育经费水平、师资队伍、办
学条件等方面仍存在较大差距，教育整体高质量发展和协同
发展仍面临较大挑战。

关键词： "十三五"时期　教育事业　京津冀

　　"十三五"时期是京津冀教育协同发展的重要时期，京津冀教育发展
的基本状况是深入开展京津冀教育协同发展研究的基础。本报告将从
"十三五"时期京津冀经济社会发展、教育事业规模、学校师资情况、教
育经费情况、教育办学条件情况等方面进行比较，分析和呈现"十三五"

---

　　* 吕贵珍，北京教育科学研究院教育发展研究中心副研究员，主要研究领域为教育政策、区域
教育发展等。

时期京津冀教育发展的基本状况与差距情况,为"十四五"时期京津冀教育协同发展研究奠定基础。

一　经济社会发展概况

(一)经济方面

1. 北京市和河北省地区生产总值有了较大增长,天津市出现了下降

"十三五"时期京津冀三地生产总值都有较大变化,尤其是北京市,地区生产总值从 2016 年的 25669.13 亿元增长到了 2020 年的 36102.55 亿元,增长了 40.65%;河北省的地区生产总值从 2016 年的 32070.45 亿元,增长到了 2020 年的 36206.89 亿元,增长了 12.90%;天津市的地区生产总值从 2016 年的 17885.39 亿元减少到了 2020 年的 14083.73 亿元,减少了 21.26%。

2. 产业结构不断调整

"十三五"时期北京市第一产业增加值减少了 17.09%,第三产业增加值有了大幅增长,从 2016 年的 20594.90 亿元增加到了 2020 年的 30278.57 亿元,增长了 47.02%;河北省第一产业和第三产业增加值都有较大增长,尤其是第三产业增加值,增长了 40.60%;天津市的三次产业增加值都有所减少,其中第二产业增加值减少幅度最大,减少了 36.55%。

3. 河北省一般公共预算收入有了较大增长,天津市出现较大幅度减少

"十三五"时期京津冀三地中,河北省一般公共预算收入增长最多,河北省 2020 年一般公共预算收入为 3826.46 亿元,较 2016 年增长 34.27%;北京市 2020 年一般公共预算收入为 5483.89 亿元,较 2016 年增长 7.92%;天津市 2020 年一般公共预算收入为 1923.11 亿元,较 2016 年减少了 29.39%。

4. 河北省一般公共预算支出有了较大增长,天津市为负增长

"十三五"时期,河北省一般公共预算支出增长最多,其次是北京市,天津市为负增长。2020 年河北省一般公共预算支出为 9022.79 亿元,较 2016 年增长了 49.15%;2020 年北京市一般公共预算支出为 7116.18 亿元,较 2016 年增长了 11.07%;2020 年天津市一般公共预算支出为 3151.35 亿

元，较 2016 年减少了 14.82%。

5. 京津冀三地人均可支配收入都有较大幅度增长，三地存在较大差距

2020 年，北京市人均可支配收入达到 69433.5 元，较 2016 年增长 32.18%；2020 年，天津市和河北省的人均可支配收入分别较 2016 年增长了 28.70% 和 37.57%。从三地的比较看，2020 年北京市的人均可支配收入是天津市的 1.58 倍，是河北省的 2.56 倍。

6. 京津冀三地人均消费支出都有较大幅度增长，三地存在较大差距

"十三五"时期，京津冀三地人均消费支出都有较大增长。其中，河北省的增长幅度最大，增长了 26.60%，其次是北京市，增长了 9.85%，天津市增长了 8.93%。从京津冀三地比较看，2020 年北京市人均消费支出为 38903.3 元，是天津市的 1.37 倍，是河北省的 2.16 倍。

2016 年和 2020 年京津冀地区经济发展具体数据见表 1。

（二）社会与人口方面

1. 北京市和天津市的常住人口略有减少，河北省的常住人口在增加

"十三五"时期，北京市和天津市的常住人口都略有减少，2020 年相较于 2016 年，北京市常住人口减少了 6 万人，天津市常住人口减少了 56 万人；河北省常住人口增加了 89 万人。

2. 京津冀三地人口城镇化率逐步提升

从京津冀三地人口城镇化率情况看，天津市的城镇化率与北京市接近，都在 80% 以上，河北省的城镇化率低一些。"十三五"时期，京津冀三地的城镇人口比重都有不同程度提升，北京市的城镇人口比重从 86.76% 提升到 87.55%；天津市的城镇人口比重从 83.27% 提升到 84.70%；河北省的城镇人口比重从 53.87% 提升到 60.07%。

3. 北京市和天津市与河北省的人口总抚养比存在一定差距

2020 年北京市人口总抚养比为 33.58，天津市为 39.33，河北省为 51.85；2020 年北京市少儿抚养比为 15.81，天津市为 18.77，河北省为 30.71，河北省是北京市的 1.94 倍。2020 年北京市老年抚养比为 17.77，天

表 1 2016 年和 2020 年京津冀地区经济发展情况

		北京市			天津市			河北省		
		2016 年	2020 年	增长（%）	2016 年	2020 年	增长（%）	2016 年	2020 年	增长（%）
地区生产总值（地区 GDP）（亿元）		25669.13	36102.55	40.65	17885.39	14083.73	-21.26	32070.45	36206.89	12.90
产业结构	第一产业增加值（亿元）	129.79	107.61	-17.09	220.22	210.18	-4.56	3492.81	3880.14	11.09
	第二产业增加值（亿元）	4944.44	5716.37	15.61	7571.35	4804.08	-36.55	15256.93	13597.20	-10.88
	第三产业增加值（亿元）	20594.90	30278.57	47.02	10093.82	9069.47	-10.15	13320.71	18729.54	40.60
财政收支	一般公共预算收入（亿元）	5081.26	5483.89	7.92	2723.50	1923.11	-29.39	2849.87	3826.46	34.27
	一般公共预算支出（亿元）	6406.77	7116.18	11.07	3699.43	3151.35	-14.82	6049.53	9022.79	49.15
人均可支配收入（元）		52530.4	69433.5	32.18	34074.5	43854.1	28.70	19725.4	27135.9	37.57
人均消费支出（元）		35415.7	38903.3	9.85	26129.3	28461.4	8.93	14247.5	18037.0	26.60

资料来源：2017 年和 2021 年《中国统计年鉴》。

津市为 20.56，河北省为 21.14。

2016~2020 年京津冀三地社会与人口方面的数据见表 2。

表 2   2016~2020 年京津冀三地人口基本情况

地区	年份	常住人口数量(万人)	城镇人口比重(%)	人口总抚养比	少儿抚养比	老年抚养比
北京市	2016	2195	86.76	29.23	14.06	15.17
	2017	2194	86.93	30.57	14.25	16.32
	2018	2192	87.09	27.75	13.37	14.38
	2019	2190	87.35	28.01	13.34	14.66
	2020	2189	87.55	33.58	15.81	17.77
天津市	2016	1443	83.27	28.63	14.01	14.62
	2017	1410	83.57	29.16	14.59	14.57
	2018	1383	83.95	26.88	13.03	13.85
	2019	1385	84.31	28.79	13.23	15.56
	2020	1387	84.70	39.33	18.77	20.56
河北省	2016	7375	53.87	41.58	26.14	15.44
	2017	7409	55.74	42.37	25.57	16.80
	2018	7426	57.33	45.28	26.85	18.43
	2019	7447	58.77	47.00	27.68	19.32
	2020	7464	60.07	51.85	30.71	21.14

资料来源：2017~2021 年《中国统计年鉴》。

4. 京津冀人口受教育程度逐步提升，三地存在一定差距

"十三五"时期，京津冀地区 6 岁及以上人口中，天津市和河北省的大专及以上人口所占比例有所增长，天津市从 2016 年的 25.61% 提升到 2020 年的 28.41%，河北省从 2016 年的 10.31% 提升到 2020 年的 13.32%。京津冀地区 6 岁及以上人口中，北京市的大专及以上人口所占比例最高，天津市和河北省的初中文化程度人口所占比例较高。

2016~2020 年京津冀地区 6 岁及以上人口受教育程度（含中职）情况见表 3。

表3 2016~2020年京津冀地区6岁及以上人口受教育程度（含中职）情况

单位：%

地区	年份	未上过学	小学	初中	高中(含中职)	大专及以上
北京市	2016	1.84	9.59	23.94	19.16	45.46
	2017	1.51	9.08	22.52	19.28	47.61
	2018	2.10	8.64	20.68	19.92	48.65
	2019	1.98	8.54	19.61	19.39	50.49
	2020	1.35	11.02	24.63	18.60	44.39
天津市	2016	2.69	15.34	33.62	22.75	25.61
	2017	2.38	13.29	32.52	22.95	28.85
	2018	1.94	13.45	34.03	22.28	28.29
	2019	2.14	13.68	32.54	22.77	28.87
	2020	1.94	16.91	34.06	18.69	28.41
河北省	2016	4.75	25.53	44.51	14.90	10.31
	2017	4.14	23.42	45.27	17.18	9.99
	2018	4.62	24.14	43.19	16.85	11.20
	2019	3.56	24.46	43.24	17.43	11.32
	2020	2.73	26.25	42.84	14.86	13.32

资料来源：2017~2021年《中国统计年鉴》。

二 教育事业规模情况

"十三五"时期，京津冀教育规模总体呈增长趋势，各级各类教育机构增加了5013所，招生数增加了83.04万人，在校生数增加了260.59万人。其中，幼儿园增加了5234所，招生数增加了12.52万人，在园幼儿增加了25.28万人；小学学校减少了341所，招生数增加了12.86万人，在校生增加了97.92万人；初中学校增加了104所，招生数增加了20.11万人，在校生增加了50.11万人；普通高中学校增加了28所，招生数增加了14.4万人，在校生增加了30.59万人；中职学校减少了19所，招生数增加了5.25万人，在校生增加了11.77万人；普通高校增加了7所，招生数增加了17.9万人，在校生增加了44.92万人。

（一）北京市教育事业规模情况

1.“十三五”时期北京市教育规模总体呈增长趋势，学前教育增长最为明显

从机构数情况看，幼儿园数量增长最多，增加了329所，小学学校减少了50所，初中学校减少了6所，普通高中学校增加了16所，普通高校增加了1所。从招生情况看，幼儿园招生数增加了6.90万人，小学招生数增加了5.69万人，初中招生数增加了3.02万人，普通高中招生数增加了0.76万人，普通高校本专科招生数增加了0.46万人。从在校生情况看，幼儿园在校生数增加了10.89万人，小学在校生数增加了12.66万人，初中在校生数增加了6.22万人，普通高中在校生数减少了0.29万人，普通高校本专科在校生数增加了0.19万人。

2.北京市中等职业教育出现了较大幅度萎缩

“十三五”时期北京市中职学校减少了8所，招生数从2016年的2.34万人减少到2020年的1.60万人，减少了31.62%；在校生数从2016年的8.58万人，减少到2020年的4.64万人，减少了45.92%。

2016~2020年北京市教育事业规模相关数据见表4和表5。

表4　2016~2020年北京市幼儿园、小学和初中教育规模情况

单位：所，万人

年份	幼儿园			小学			初中		
	机构数	招生数	在校生数	机构数	招生数	在校生数	机构数	招生数	在校生数
2016	1570	15.28	41.70	984	14.53	86.84	341	9.19	26.83
2017	1604	17.74	44.55	984	15.76	87.58	345	10.33	26.64
2018	1657	16.51	45.07	970	18.43	91.32	335	10.10	27.90
2019	1733	16.82	46.76	941	18.29	94.16	336	11.74	30.87
2020	1899	22.18	52.59	934	20.22	99.50	335	12.21	33.05
2020年较2016年增长	329	6.90	10.89	-50	5.69	12.66	-6	3.02	6.22

资料来源：2016~2020年《北京市教育事业统计资料》。

表5 2016~2020 年北京市普通高中、中职和普通高校教育规模情况

单位：所，万人

年份	普通高中			中职			普通高校		
	机构数	招生数	在校生数	机构数	招生数	在校生数	机构数	本专科招生数	本专科在校数
2016	305	5.35	16.31	92	2.34	8.58	91	15.47	58.84
2017	304	5.38	16.40	89	1.94	7.45	92	15.30	58.07
2018	309	4.74	15.55	86	1.44	6.23	93	15.58	58.11
2019	318	5.14	15.29	84	1.26	4.94	93	15.68	58.60
2020	321	6.11	16.02	84	1.60	4.64	92	15.93	59.03
2020 年较 2016 增长	16	0.76	-0.29	-8	-0.74	-3.94	1	0.46	0.19

资料来源：2016~2020 年《北京市教育事业统计资料》。

（二）天津市教育事业规模情况

"十三五"时期，天津市教育规模呈增长趋势，除了中等职业教育规模略有减少，其他各级各类教育规模都有所增长。从机构数情况看，幼儿园数量增加最多，增加了 483 所，小学学校增加了 28 所，初中学校增加了 11 所，普通高中增加了 3 所，中职学校减少了 9 所，普通高校增加了 1 所。

从招生情况看，天津市各阶段学校招生数只有中职学校有所减少，其他各阶段学校都有不同程度增长。其中，幼儿园招生人数增加了 2.72 万人，小学招生人数增加了 1.82 万人，初中招生人数增加了 2.82 万人，普通高中招生人数增加了 0.83 万人，中职招生人数减少了 1.05 万人，普通高校本专科招生人数增加了 2.89 万人。

从在校生情况看，天津市中职学校在校生数有较大幅度减少，从 2016 年的 10.11 万人减少到 2020 年的 7.84 万人，减少了 2.27 万人；其他各阶段学校在校生人数都有不同程度增长，其中幼儿园在校生数增加了 3.19 万人，小学在校生数增加了 9.89 万人，初中在校生数增加了 6.54 万人，普通高中在校生数增加了 0.46 万人，普通高校本专科在校生数增加了 5.84 万人。

2016~2020 年天津市教育事业规模相关数据见表 6 和表 7。

表6　2016~2020年天津市幼儿园、小学和初中教育规模情况

单位：所，万人

年份	幼儿园			小学			初中		
	机构数	招生数	在校生数	机构数	招生数	在校生数	机构数	招生数	在校生数
2016	2092	9.72	26.67	857	11.56	63.12	334	8.16	25.64
2017	1997	9.43	26.15	857	11.77	64.80	338	9.47	26.22
2018	2223	9.78	26.29	879	12.73	67.32	347	9.59	28.02
2019	2374	10.64	27.59	877	12.78	70.20	340	9.96	30.34
2020	2575	12.44	29.86	885	13.38	73.01	345	10.98	32.18
2020年较2016年增长	483	2.72	3.19	28	1.82	9.89	11	2.82	6.54

资料来源：2016~2020年《天津市教育事业统计资料》。

表7　2016~2020年天津市普通高中、中职和普通高校教育规模情况

单位：所，万人

年份	普通高中			中职			普通高校		
	机构数	招生数	在校生数	机构数	招生数	在校生数	机构数	本专科招生数	本专科在校生数
2016	182	5.41	16.40	76	3.74	10.11	55	14.61	51.38
2017	187	5.50	16.36	73	3.03	9.84	57	14.68	51.47
2018	189	5.02	15.99	71	2.75	9.07	56	15.27	52.33
2019	187	5.22	15.86	69	2.50	8.09	56	15.96	53.94
2020	185	6.24	16.86	67	2.69	7.84	56	17.50	57.22
2020年较2016年增长	3	0.83	0.46	-9	-1.05	-2.27	1	2.89	5.84

资料来源：2016~2020年《天津市教育事业统计资料》。

（三）河北省教育事业规模情况

"十三五"时期，河北省教育规模有了较大幅度增长。从机构数情况看，幼儿园数量增加最多，增加了4422所，小学学校减少了319所，初中学校增加了

87 所，普通高中增加了 109 所，中职学校减少了 2 所，普通高校增加了 5 所。

从招生情况看，幼儿园招生人数减少了 2.92 万人，小学招生人数增加了 5.45 万人，初中招生人数增加了 14.27 万人，普通高中招生人数增加了 12.81 万人，中职学校招生人数增加了 7.04 万人，普通高校本专科招生人数增加了 14.55 万人。

从在校生情况看，幼儿园在校生数增加了 11.20 万人，小学在校生数增加了 75.37 万人，初中在校生数增加了 57.97 万人，普通高中在校生数增加了 30.42 万人，中职学校在校生数增加了 17.98 万人，普通高校本专科在校生数增加了 38.87 万人。

2016～2020 年河北省教育事业规模相关数据见表 8 和表 9。

表 8　2016～2020 年河北省幼儿园、小学和初中教育规模情况

单位：所，万人

年份	幼儿园			小学			初中		
	机构数	招生数	在校生数	机构数	招生数	在校生数	机构数	招生数	在校生数
2016	13635	102.07	234.11	11944	110.88	620.55	2379	85.41	243.58
2017	14368	102.04	237.47	11697	113.45	637.22	2375	96.50	260.07
2018	15418	102.66	240.21	11545	121.86	658.85	2367	100.37	283.15
2019	16559	87.58	239.04	11604	118.98	679.11	2405	99.24	297.31
2020	18057	99.15	245.31	11625	116.33	695.92	2466	99.68	301.55
2020 年较 2016 年增长	4422	-2.92	11.20	-319	5.45	75.37	87	14.27	57.97

资料来源：2016～2020 年《河北省教育事业统计提要》。

表 9　2016～2020 年河北省普通高中、中职和普通高校教育规模情况

单位：所，万人

年份	普通高中			中职			普通高校		
	机构数	招生数	在校生数	机构数	招生数	在校生数	机构数	本专科招生数	本专科在校生数
2016	598	43.27	121.33	609	27.43	65.81	120	38.07	121.61
2017	630	45.71	129.14	609	28.72	70.62	121	39.24	126.89
2018	655	44.89	133.49	604	27.58	72.43	122	42.18	134.26

续表

年份	普通高中			中职			普通高校		
	机构数	招生数	在校生数	机构数	招生数	在校生数	机构数	本专科招生数	本专科在校生数
2019	679	50.67	141.20	601	31.56	77.46	122	49.96	147.40
2020	707	56.08	151.75	607	34.47	83.79	125	52.62	160.48
2020年较2016年增长	109	12.81	30.42	-2	7.04	17.98	5	14.55	38.87

资料来源：2016~2020年《河北省教育事业统计提要》。

三　各级各类学校师资情况

（一）生师比情况

"十三五"时期京津冀三地各阶段学校的生师比情况较为稳定，三地之间存在一定差距。从京津冀三地比较看，小学、初中和普通高中阶段，三地的生师比有一定差距，比如2020年北京市小学生师比为14.01，天津市为15.38，河北省为17.07；2020年北京市初中生师比为8.68，天津市为11.02，河北省为13.72；2020年北京普通高中生师比为7.62，天津市为10.04，河北省为13.18。可见京津冀三地的小学、初中和普通高中学校的生师比存在一定的差异。2016~2020年京津冀三地各阶段学校生师比具体数据见表10。

表10　2016~2020年京津冀三地各阶段学校生师比情况

地区	年份	小学	初中	普通高中	中职	普通高校
北京市	2016	14.05	8.02	7.75	12.84	14.97
	2017	13.58	7.73	7.64	13.13	17.13
	2018	13.65	7.83	7.44	10.13	16.94
	2019	13.58	8.33	7.41	8.20	16.90
	2020	14.01	8.68	7.62	8.04	16.47

地区	年份	小学	初中	普通高中	中职	普通高校
天津市	2016	15.19	9.63	10.00	15.65	17.69
	2017	15.06	9.76	9.91	15.79	18.24
	2018	15.03	10.20	9.63	15.53	18.67
	2019	15.10	10.71	9.55	14.00	18.51
	2020	15.38	11.02	10.04	14.20	18.69
河北省	2016	17.66	13.59	13.61	14.67	16.90
	2017	17.42	13.87	13.68	14.56	17.11
	2018	17.32	14.17	13.37	15.55	17.39
	2019	17.18	14.11	13.19	15.98	18.00
	2020	17.07	13.72	13.18	16.65	17.80

资料来源：2017~2021年《中国统计年鉴》。

（二）专任教师学历情况

1. "十三五"时期京津冀三地各阶段学校专任教师的学历情况总体在提升

北京市幼儿园专任教师本科及以上学历占比从2016年的40.72%增长为2020年的51.16%；天津市小学专任教师本科及以上学历占比从2016年的76.50%增长为2020年的85.12%；河北省普通高中专任教师研究生及以上学历占比从2016年的7.07%增长为2020年的10.12%。

2. 京津冀各阶段学校专任教师学历情况存在较大差距

2020年北京市幼儿园专任教师本科及以上学历占比为51.16%，天津市为52.40%，河北省为21.00%；2020年北京市小学专任教师本科及以上学历占比为94.73%，天津市为85.12%，河北省为61.18%；2020年北京市普通高中专任教师研究生及以上学历占比为34.65%，天津市为19.23%，河北省为10.12%。可见三地之间存在较大差距。

2016~2020年京津冀三地各阶段学校专任教师学历占比情况的具体数据见表11。

表11 2006～2020年京津冀三地各阶段学校专任教师学历占比情况

单位：%

地区	年份	幼儿园本科及以上	小学本科及以上	初中本科及以上	普通高中研究生及以上	中职研究生及以上	普通高校研究生及以上
北京市	2016	40.72	90.51	98.94	25.98	14.31	84.60
	2017	43.53	91.88	99.13	28.25	15.07	86.01
	2018	46.84	92.95	99.18	30.14	15.89	86.96
	2019	49.70	93.96	99.24	32.42	16.81	88.72
	2020	51.16	94.73	99.30	34.65	17.90	89.82
天津市	2016	50.37	76.50	95.59	15.74	12.65	69.42
	2017	53.11	79.37	96.39	16.67	14.08	69.65
	2018	50.52	80.99	96.94	17.70	14.93	70.13
	2019	50.30	83.21	97.19	18.62	15.19	72.30
	2020	52.40	85.12	97.66	19.23	16.34	73.20
河北省	2016	18.31	47.89	84.71	7.07	4.64	51.81
	2017	18.93	51.47	86.34	8.25	4.73	54.46
	2018	19.35	55.18	87.53	9.15	5.04	56.13
	2019	20.00	58.27	88.49	9.63	5.31	57.59
	2020	21.00	61.18	89.89	10.12	5.61	58.26

资料来源：根据2016～2020年《中国教育统计年鉴》相关数据计算得出。

（三）专任教师职称情况

从京津冀三地各阶段学校专任教师职称情况看，"十三五"时期京津冀三地各阶段学校专任教师职称占比总体较为稳定；北京市普通高校专任教师副高级及以上占比大于天津市和河北省，2020年北京市普通高校专任教师副高级及以上教师占比为66.75%，天津市为47.94%，河北省为42.52%。"十三五"时期京津冀三地各阶段学校专任教师职称占比情况的具体数据见表12。

表 12   2016~2020 年京津冀三地各阶段学校专任教师职称占比情况

单位：%

地区	年份	幼儿园助理级及以上或小学一级及以上	小学中级及以上或小学高级及以上	初中副高级及以上或中学高级及以上	普通高中副高级及以上或中学高级及以上	中职副高级及以上	普通高校副高级及以上
北京市	2016	34.97	51.06	23.11	37.75	29.94	63.12
	2017	34.19	50.45	25.06	39.26	31.63	63.64
	2018	35.59	50.81	26.75	39.93	32.26	64.25
	2019	38.16	52.60	28.18	40.35	32.21	65.10
	2020	40.28	53.40	28.09	40.03	33.18	66.75
天津市	2016	43.04	70.30	31.29	38.82	36.45	47.52
	2017	42.31	68.71	32.92	37.37	37.74	48.11
	2018	36.44	65.11	33.71	38.33	36.80	48.78
	2019	36.22	66.68	34.49	38.99	37.08	47.86
	2020	34.77	67.01	34.80	39.43	37.03	47.94
河北省	2016	33.49	46.83	18.41	25.57	27.99	44.44
	2017	30.00	45.67	18.48	25.13	28.32	44.37
	2018	25.85	43.39	18.04	24.11	27.36	44.11
	2019	25.16	47.57	17.67	23.07	26.86	43.85
	2020	24.06	46.75	17.89	21.61	26.67	42.52

注：教师职称名称有变化，2016~2018 年幼儿园专任教师职称为小学一级及以上，2019~2020 年为助理级及以上；2016~2018 年小学专任教师职称为中级及以上，2019~2020 年小学专任教师职称为小学高级及以上。

资料来源：根据 2016~2020 年《中国教育统计年鉴》数据计算得出。

四   各级各类教育经费情况

（一）公共财政教育支出情况

1. 北京市、天津市和河北省公共财政教育支出金额均有所增长

"十三五"时期，北京市和河北省公共财政教育支出金额都有不同程度增长，北京市从 2016 年的 882.29 亿元增长到 2020 年的 1128.00 亿元，增长了

27.85%；河北省从 2016 年的 1115.58 亿元增长到 2020 年的 1581.74 亿元，增长了 41.79%；天津市从 2016 年的 425.80 亿元，增加到 2020 年的 440.53 亿元。

2. 北京市和天津市公共财政教育支出占公共财政支出比例总体呈增长趋势，河北省总体有所下降

"十三五"时期，京津冀三地公共财政教育支出占公共财政支出比例有一定的变化。其中，北京市从 2016 年的 13.77% 增长到了 2020 年的 15.85%，天津市从 2016 年的 11.51% 增长到了 2020 年的 13.98%；河北省公共财政教育支出占公共财政支出比例在五年间有增长也有下降。

2016~2020 年京津冀三地公共财政教育支出及其占公共财政支出比例的具体数据见表 13。

表 13　2016~2020 年京津冀三地公共财政教育支出及其占公共财政支出比例情况

单位：亿元，%

地区	公共财政教育支出					公共财政教育支出占公共财政支出比例				
	2016 年	2017 年	2018 年	2019 年	2020 年	2016 年	2017 年	2018 年	2019 年	2020 年
北京市	882.29	955.70	1020.72	1125.306	1128.00	13.77	14.01	13.66	15.19	15.85
天津市	425.80	434.61	448.04	466.81	440.53	11.51	13.25	14.44	13.13	13.98
河北省	1115.58	1246.63	1354.50	1515.72	1581.74	18.44	18.84	17.53	18.24	17.53

资料来源：2017~2021 年《教育部 国家统计局 财政部关于各年全国教育经费执行情况统计公告》。

（二）生均一般公共预算教育事业费情况

从生均一般公共预算教育事业费情况看，"十三五"时期，北京市和河北省各级教育生均一般公共预算教育事业费普遍有了较大幅度增长，天津市各级教育生均一般公共预算教育事业费总体相对稳定，且京津冀三地之间存在较大差距，五年间差距没有缩小。

1. 北京市各级教育生均一般公共预算教育事业费均有了较大幅度增长，中职教育增长幅度最大

"十三五"时期，北京市各级教育生均一般公共预算教育事业费都有了较大幅度增长。其中，幼儿园生均一般公共预算教育事业费增长了

22.12%，小学生均一般公共预算教育事业费增长了 30.06%，初中生均一般公共预算教育事业费增长了 28.93%，普通高中生均一般公共预算教育事业费增长了 38.37%，中职教育生均一般公共预算教育事业费增长了 77.05%。

2. 天津市各级教育生均一般公共预算教育事业费总体相对稳定，幼儿园阶段有较大增长

"十三五"时期，天津市幼儿园生均一般公共预算教育事业费增长了 25.45%，其他各级教育生均一般公共预算教育事业费总体相对稳定，小学、普通高中、普通高校生均一般公共预算教育事业费略有增长，初中生均一般公共预算教育事业费减少了 0.29%。

3. 河北省各级教育生均一般公共预算教育事业费增长特别突出

"十三五"时期，河北省各级教育生均一般公共预算教育事业费普遍有了大幅度增长，增长最多的是幼儿园阶段，增长了 52.58%，其次是普通高中阶段，增长了 41.13%，小学阶段增长了 27.77%，初中阶段增长了 23.89%，中职教育增长了 15.48%，普通高校增长了 5.83%。

2016~2020 年京津冀三地各阶段教育生均一般公共预算教育事业费及其增长情况的具体数据见表 14 和表 15。

表 14　2016~2020 年京津冀三地幼儿园、小学、初中生均一般公共预算教育事业费情况

单位：元，%

年份	幼儿园			小学			初中		
	北京市	天津市	河北省	北京市	天津市	河北省	北京市	天津市	河北省
2016	—	—	—	25793.55	18284.41	7300.16	45516.37	29961.87	10532.56
2017	32012.80	18192.28	4562.02	30016.78	18683.78	7914.19	57636.12	30949.79	11441.39
2018	36841.48	19511.00	5390.62	31375.64	19091.93	8367.82	59768.35	31982.56	11839.75
2019	37465.30	22456.98	6464.34	33775.31	19479.87	8929.05	61004.53	31321.20	12668.01
2020	39094.01	22821.70	6960.83	33546.46	18562.97	9327.11	58686.11	29874.29	13048.58
2020 年较 2016 年增长	22.12	25.45	52.58	30.06	1.52	27.77	28.93	−0.29	23.89

注：因为缺少幼儿园阶段 2016 年相关经费数据，幼儿园阶段增长情况是 2020 年较 2017 年的增长数据。

资料来源：2017~2021 年《教育部 国家统计局 财政部关于各年全国教育经费执行情况统计公告》。

表15　2016~2020年京津冀三地普通高中、中职、普通高校生均
一般公共预算教育事业费情况

单位：元，%

年份	普通高中			中职			普通高校		
	北京市	天津市	河北省	北京市	天津市	河北省	北京市	天津市	河北省
2016	50802.57	31425.02	10858.95	38661.50	26651.70	13524.02	55687.68	19581.45	16151.52
2017	61409.06	34527.91	12098.74	53256.01	22927.18	14111.66	63805.40	23422.18	17134.71
2018	66083.69	35787.59	12718.18	53861.27	23144.82	15359.98	58805.03	22865.22	17338.51
2019	70582.25	33566.16	15103.81	66304.61	24843.24	17076.10	64026.48	19359.41	17490.08
2020	70295.87	31723.15	15324.98	68451.66	23422.83	15616.98	56861.41	20284.01	17092.83
2020年较2016年增长	38.37	0.95	41.13	77.05	-12.12	15.48	2.11	3.59	5.83

资料来源：2017~2021年《教育部 国家统计局 财政部关于各年全国教育经费执行情况统计公告》。

4. 京津冀三地各阶段教育生均一般公共预算教育事业费存在较大差异，五年间差异没有缩小

2016年北京市小学阶段生均一般公共预算教育事业费是天津市的1.41倍，是河北省的3.53倍；2020年北京市是天津市的1.81倍，是河北省的3.60倍。2016年北京市初中阶段生均一般公共预算教育事业费是天津市的1.52倍，是河北省的4.32倍；2020年北京市是天津市的1.96倍，是河北省的4.50倍。可见，五年间京津冀三地之间的差距没有缩小。北京市中职教育生均一般公共预算教育事业费增长迅速，三地中职教育生均一般公共预算教育事业费之间的差距进一步扩大，具体数据情况见表16。

表16　2016年和2020年京津冀三地各级教育生均一般公共预算教育事业费比较情况

单位：倍

	年份	幼儿园	小学	初中	普通高中	中职	普通高校
北京市/天津市	2016	1.76	1.41	1.52	1.62	1.45	2.84
	2020	1.71	1.81	1.96	2.22	2.92	2.80
北京市/河北省	2016	7.02	3.53	4.32	4.68	2.86	3.45
	2020	5.62	3.60	4.50	4.59	4.38	3.33

资料来源：根据表14和表15中的数据计算得出。幼儿园的倍数是根据2020年和2017年的数据计算得出。

（三）生均一般公共预算公用经费情况

"十三五"时期，北京市和天津市生均一般公共预算公用经费普遍出现了负增长，河北省只有在普通高校阶段出现负增长，京津冀三地生均一般公共预算公用经费存在较大差距，五年间河北省与北京市和天津市之间的差距在缩小。

北京市中职教育生均一般公共预算公用经费增长突出，其他各级教育（除普通高中外）生均一般公共预算公用经费普遍出现了负增长。"十三五"时期，北京市幼儿园生均一般公共预算公用经费减少了1.47%，小学减少了17.82%，初中减少了7.35%，普通高校减少了26.44%。中职学校增长最为突出，增长了45.00%，普通高中阶段增长了3.11%。

天津市只有幼儿园生均一般公共预算公用经费增长了，其他各级教育生均一般公共预算公用经费都出现了下降，普通高中和中职学校下降最为明显。"十三五"时期，天津市幼儿园生均一般公共预算公用经费增长了21.63%，小学减少了22.55%，初中减少了8.09%，普通高中减少了35.58%，中职学校减少了41.25%，普通高校减少了8.78%。

河北省只有普通高校生均一般公共预算公用经费出现了下降，其他各阶段都增长明显，其中幼儿园和普通高中增长最为突出。"十三五"时期，河北省幼儿园、小学、初中、普通高中、中职学校的生均一般公共预算公用经费都出现了较大幅度增长，幼儿园增长了97.71%，小学增长了26.43%，初中增长了26.40%，普通高中增长了71.24%，中职学校增长了16.37%。普通高校生均一般公共预算公用经费下降了23.06%。

2016~2020年京津冀各级教育生均一般公共预算公用经费及其增长情况的具体数据见表17和表18。

京津冀三地各阶段教育生均一般公共预算公用经费存在较大差异，幼儿园、小学、初中和普通高中教育阶段，河北省与北京市之间的差距在缩小。

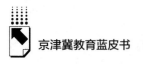

表17 2016~2020年京津冀三地幼儿园、小学、初中生均一般公共预算公用经费情况

单位:元,%

年份	幼儿园			小学			初中		
	北京市	天津市	河北省	北京市	天津市	河北省	北京市	天津市	河北省
2016	—	—	—	10308.69	4244.66	1861.95	16707.86	5790.51	2695.48
2017	13159.54	5773.23	887.19	10855.08	3649.46	1922.14	21282.49	5014.55	2796.80
2018	15488.29	5874.40	1231.16	11092.22	3996.50	2184.45	21603.57	6539.07	2991.40
2019	12929.31	7718.63	1594.73	9974.53	4460.91	2186.30	17814.78	6433.72	3194.57
2020	12966.63	7022.25	1754.08	8472.08	3287.58	2353.99	15479.42	5321.83	3407.16
2020年较2016年增长	-1.47	21.63	97.71	-17.82	-22.55	26.43	-7.35	-8.09	26.40

注:因为缺少幼儿园阶段2016年相关经费数据,幼儿园阶段增长情况是2020年较2017年的增长数据。

资料来源:2017~2021年《教育部 国家统计局 财政部关于各年全国教育经费执行情况统计公告》。

表18 2016~2020年京津冀三地普通高中、中职、普通高校生均
一般公共预算公用经费情况

单位:元,%

年份	普通高中			中职			普通高校		
	北京市	天津市	河北省	北京市	天津市	河北省	北京市	天津市	河北省
2016	18425.09	7977.08	2427.95	15587.33	7212.38	3943.54	29346.33	9690.57	8067.89
2017	21677.24	8078.09	2596.72	25370.60	4494.85	4004.38	32126.86	13382.15	7834.22
2018	22721.41	9180.46	2613.09	21712.91	5689.45	4890.83	26795.81	13111.17	6849.58
2019	19742.13	7539.01	3976.40	23283.10	6608.59	5583.37	27433.19	9530.44	6190.27
2020	18998.99	5139.20	4157.60	22601.06	4237.02	4589.28	21588.60	8839.91	6207.31
2020年较2016年增长	3.11	-35.58	71.24	45.00	-41.25	16.37	-26.44	-8.78	-23.06

资料来源:2017~2021年《教育部 国家统计局 财政部关于各年全国教育经费执行情况统计公告》。

2016 年北京市小学生均一般公共预算公用经费是天津市的 2.43 倍，是河北省的 5.54 倍；2020 年北京市是天津市的 2.58 倍，是河北省的 3.60 倍。2016 年北京市初中生均一般公共预算公用经费是天津市的 2.89 倍，是河北省的 6.20 倍；2020 年北京市是天津市的 2.91 倍，是河北省的 4.54 倍。2016 年和 2020 年京津冀各级教育生均一般公共预算公用经费比较情况的具体数据见表 19。

表 19 2016 年和 2020 年京津冀三地各级教育生均一般公共预算公用经费比较情况

单位：倍

	年份	幼儿园	小学	初中	普通高中	中职	普通高校
北京市/天津市	2016	2.28	2.43	2.89	2.31	2.16	3.03
	2020	1.85	2.58	2.91	3.70	5.33	2.44
北京市/河北省	2016	14.83	5.54	6.20	7.59	3.95	3.64
	2020	7.39	3.60	4.54	4.57	4.92	3.48

资料来源：根据表 17 和表 18 中的数据计算得出。幼儿园阶段的倍数是根据 2020 年和 2017 年的数据计算得出。

五 各级各类教育办学条件

（一）校舍建筑面积情况

"十三五"时期，京津冀三地小学、初中、普通高中和中职学校的生均校舍面积没有较大变化。从京津冀三地之间比较情况看，小学阶段差异不大；河北省与北京市的普通高中和中职学校的校舍建筑面积存在一定的差异，尤其是普通高中阶段，2020 年北京市普通高中生均校舍建筑面积为 71.92 平方米，天津市为 31.45 平方米，河北省为 20.16 平方米，北京市是天津市的 2.29 倍，是河北省的 3.57 倍。2016~2020 年京津冀三地各阶段学校生均校舍建筑面积的具体数据见表 20。

表20　2016~2020年京津冀三地各阶段学校生均校舍建筑面积

单位：平方米

地区	年份	小学	初中	普通高中	中职
北京市	2016	8.07	15.12	59.55	30.01
	2017	8.30	15.84	60.19	33.37
	2018	8.06	15.45	68.21	38.12
	2019	8.06	14.34	71.50	47.89
	2020	7.71	13.88	71.92	50.65
天津市	2016	7.18	10.56	28.99	17.75
	2017	7.15	10.67	29.90	17.59
	2018	7.16	10.39	31.55	17.54
	2019	7.18	9.91	32.22	18.77
	2020	7.21	10.02	31.45	18.31
河北省	2016	6.36	10.77	18.23	15.69
	2017	6.62	10.73	18.68	14.96
	2018	6.75	10.41	19.81	14.27
	2019	6.81	10.56	20.23	14.04
	2020	6.85	11.22	20.16	13.55

注：中职学校校舍建筑面积是指学校产权校舍建筑面积，不包含非学校产权校舍建筑面积。

资料来源：根据2016~2020年《中国教育统计年鉴》数据计算得出。

（二）图书量情况

"十三五"时期，京津冀三地小学、初中、普通高中和中职学校的生均图书量没有明显变化。从京津冀三地之间比较情况看，义务教育阶段差异不大，普通高中和中职学校差距较为明显。2020年北京市普通高中生均图书量为131.16册，天津市为78.77册，河北省为36.49册，北京市是天津市的1.67倍，是河北省的3.59倍。2020年北京市中职学校生均图书量为97.21册，天津市为42.98册，河北省为24.25册，北京市是天津市的2.26倍，是河北省的4.00倍。2016~2020年京津冀三地各阶段学校生均图书量数据见表21。

表 21　2016~2020 年京津冀三地各阶段学校生均图书量

单位：册

地区	年份	小学	初中	普通高中	中职
北京市	2016	31.80	36.80	119.15	58.40
	2017	31.91	38.14	121.49	66.68
	2018	30.40	37.18	130.93	75.62
	2019	29.41	34.17	134.82	93.96
	2020	28.18	32.35	131.16	97.21
天津市	2016	31.19	39.33	69.01	35.53
	2017	32.11	39.35	73.62	37.21
	2018	32.49	38.10	79.26	38.44
	2019	32.44	35.84	81.17	43.58
	2020	32.44	35.36	78.77	42.98
河北省	2016	25.08	37.85	33.49	29.31
	2017	26.80	38.90	34.22	27.64
	2018	27.39	38.36	37.28	26.83
	2019	27.53	37.91	36.58	25.16
	2020	27.87	38.92	36.49	24.25

注：中职学校图书量指的是学校产权图书量，不包含非学校产权图书量。

资料来源：根据 2016~2020 年《中国教育统计年鉴》数据计算得出。

（三）教学用仪器设备资产值情况

1. "十三五"时期京津冀三地各阶段学校生均教学用仪器设备资产值都有了较大增长

北京市普通高中生均教学用仪器设备资产值从 2016 年的 37150.06 元增长到 2020 年的 56394.28 元，增长了 51.80%；北京市中职学校生均教学用仪器设备资产值从 2016 年的 33593.92 元增长到 2020 年的 72547.51 元，增长了 115.95%。天津市中职学校生均教学用仪器设备资产值从 2016 年的 8399.11 元增长到 2020 年的 17160.34 元，增长了 104.31%。河北省小学生均教学用仪器设备资产值从 2016 年的 819.72 元增长到 2020 年的 1168.73 元，增长了 42.58%。

2. 京津冀三地各阶段学校生均教学用仪器设备资产值的差异较为突出

2020 年北京市小学生均教学用仪器设备资产值为 8413.68 元，天津市为 2595.25 元，河北省为 1168.73 元；北京市是天津市的 3.24 倍，是河北省的 7.20 倍。2020 年北京市初中生均教学用仪器设备资产值为 11178.93 元，天津市为 2925.55 元，河北省为 1654.79 元；北京市是天津市的 3.82 倍，是河北省的 6.76 倍。2020 年北京市普通高中生均教学用仪器设备资产值为 56394.28 元，天津市为 8964.70 元，河北省为 2664.10 元；北京市是天津市的 6.29 倍，是河北省的 21.17 倍。可见三地之间的差距较为突出。

2016~2020 年京津冀三地各阶段学校生均教学用仪器设备资产值数据见表 22。

表 22　2016~2020 年京津冀三地各阶段学校生均教学用仪器设备资产值

单位：元

地区	年份	小学	初中	普通高中	中职
北京市	2016	7562.00	9812.85	37150.06	33593.92
	2017	8349.61	11497.61	41874.64	41800.76
	2018	8394.08	12148.62	49114.97	51203.31
	2019	8577.04	11576.85	54975.05	66769.30
	2020	8413.68	11178.93	56394.28	72547.51
天津市	2016	1752.09	2416.53	6134.89	8399.11
	2017	1965.07	2529.36	6854.53	9988.93
	2018	2090.75	2603.74	7450.90	12521.66
	2019	2380.21	2802.45	8800.98	16195.44
	2020	2595.25	2925.55	8964.70	17160.34
河北省	2016	819.72	1289.42	2089.91	4342.38
	2017	917.02	1326.02	2201.54	4358.91
	2018	1014.99	1356.61	2369.31	4442.88
	2019	1067.12	1455.16	2542.85	4368.76
	2020	1168.73	1654.79	2664.10	4377.07

注：中职学校教学、实习仪器设备资产值为学校产权，不包含非学校产权。

资料来源：根据 2016~2020 年《中国教育统计年鉴》数据计算得出。

（四）教学用计算机人机比情况

"十三五"时期，京津冀三地小学、初中、普通高中和中职学校的教学用计算机人机比变化不大，三地之间存在一定的差距。2020年北京市普通高中平均0.76人有一台教学用计算机，天津市普通高中平均2.52人有一台教学用计算机，河北省普通高中平均5.75人有一台教学用计算机。2016~2020年京津冀三地各阶段学校教学用计算机人机比数据见表23。

表23 2016~2020年京津冀三地各阶段学校教学用计算机人机比

地区	年份	小学	初中	普通高中	中职
北京市	2016	4.10	3.22	0.94	1.74
	2017	4.05	3.06	0.90	1.56
	2018	3.71	2.59	0.70	1.28
	2019	3.58	2.56	0.63	0.99
	2020	4.55	3.23	0.76	0.96
天津市	2016	7.26	6.34	3.01	3.67
	2017	6.98	6.23	2.85	3.35
	2018	6.89	5.98	2.71	2.80
	2019	6.45	5.93	2.45	2.53
	2020	6.36	5.81	2.52	2.47
河北省	2016	9.05	7.86	6.32	4.72
	2017	8.02	7.51	6.19	4.81
	2018	7.73	7.65	5.96	4.66
	2019	7.50	7.38	5.42	4.88
	2020	7.65	7.21	5.75	4.94

资料来源：根据2016~2020年《中国教育统计年鉴》数据计算得出。

六 总结

其一，"十三五"时期，京津冀三地经济快速发展，产业结构不断调整，人均可支配收入和人均消费支出有较大幅度增长，为教育发展提供了良好保障，也为"十四五"时期京津冀教育发展奠定了良好的基础。

其二，"十三五"时期，京津冀教育规模总体呈增长趋势，各级各类教育机构增加了5013所，招生数增加了83.04万人，在校生数增加了260.59万人。北京市中等职业教育出现了较大幅度萎缩，学校数减少了8所，招生数减少了31.62%，在校生数减少了45.92%。"十三五"时期京津冀三地各阶段学校专任教师的学历情况总体提升。京津冀三地各阶段学校专任教师学历情况、职称情况等还存在一定的差距。

其三，"十三五"时期，京津冀三地公共财政教育支出总体呈增长趋势，北京市和河北省各阶段教育生均一般公共预算教育事业费普遍呈增长趋势，天津市则总体相对稳定。河北省各级教育（除普通高校外）生均一般公共预算公用经费增长明显，其中幼儿园和普通高中增长最为突出；北京市和天津市生均一般公共预算公用经费普遍出现了负增长。京津冀三地教育经费水平还存在较大差距。

总之，建设高质量教育体系，促进教育公平与教育质量提升，是我国新时期教育发展的新主题、新方向、新目标、新任务。京津冀三地在经济发展水平、教育经费水平、师资队伍及学校办学条件等方面尚存在较大差距，区域教育协同发展面临新形势、新任务，"十四五"时期京津冀教育整体高质量发展面临较大挑战。"十四五"时期要牢固树立新发展理念，深入落实京津冀协同发展战略，围绕京津冀教育协同发展的总体目标和要求，坚定不移疏解教育领域非首都功能，着力缩小教育发展差距，着力构建稳定的教育协同发展体系，努力形成京津冀教育共建共享、互利共赢、协同发展新局面，不断加强京津冀高质量教育体系建设，促进京津冀三地教育公平与教育质量提升。

参考文献

陈璐主编《京津冀协同发展报告（2021）》，经济科学出版社，2021。
方中雄、桑锦龙主编《京津冀教育发展报告（2019~2020）——面向2035》，社会科学文献出版社，2021。

方中雄、桑锦龙主编《京津冀教育发展报告（2018～2019）——一核两翼》，社会科学文献出版社，2019。

叶堂林、李国梁等：《京津冀发展报告（2022）——数字经济助推区域协同发展》，社会科学文献出版社，2022。

分 报 告
Sub-reports

B.3
京津冀义务教育阶段学位需求预测
（2020~2028）

赵佳音*

摘　要： 本报告为笔者第二次对京津冀地区进行学位需求预测，与上一次预测相比较，这次有更多的数据来源，使用了新的修正后的预测模型，将预测聚焦在义务教育阶段。本报告考虑了"三孩"政策对学位需求的影响，对2020~2028年京津冀及各区域的学位需求情况进行了预测，并且对上一次及本次的预测误差进行了分析。通过预测可知，2020~2028年，京津冀地区整体义务教育阶段学位需求变化趋势呈现倒U形，"十四五"时期为京津冀地区学位需求的主要承压期，2027年后学位需求的降幅较大。各省市中，北京市在"十四五"时期将面临较大压力；天津市义务教育阶段学位需求总体呈逐步下降的趋势，初中教育阶段在"十四五"时期存在较大压力；河北省在

---

* 赵佳音，北京教育科学研究院教育发展研究中心助理研究员，主要研究领域为学位需求预测、教育财政、教育经济。

2026 年后义务教育阶段学位需求有较大降幅。

关键词： 义务教育　学位需求　京津冀

一　引言

教育是公共服务的重要组成部分，在京津冀协同发展过程中，对京津冀地区及其各省市的义务教育阶段进行学位需求预测是十分必要的，有助于教育及相关部门提前进行教育资源规划及布局调整。现阶段进行区域学位需求预测的研究还不多，针对京津冀地区的更少。

2020 年我国人口总和生育率仅为 1.3，与 2.1 的人口更替水平相去甚远，并且已经进入 1.5 的超低总和生育率范围。0~14 岁人口数为 2.5 亿人，而 60 岁以上老年人口数达到 2.6 亿人，倒金字塔形人口结构已经形成。[①] 根据 2021 年 5 月 11 日发布的《第七次全国人口普查主要数据情况》，我国"未来一段时期将持续面临人口长期均衡发展的压力"。2021 年 5 月 31 日，中共中央政治局关于人口老龄化的会议公布了"三孩"政策，表明"全面二孩"政策并未根本扭转我国总和生育率下降的趋势。与总和生育率不断下降相对应，多地教育部门又面临因学位缺口严重而无法满足适龄儿童上学的问题。

国家层面，现阶段主要关注的是我国的低生育率是否可以回升，未来人口红利是否可持续。而教育部门在保障国家人口政策的基础上，会特别关注所在辖区是否可以提供充足的学位，是否需要新建、改建、扩建学校。家长则更加关心自己的孩子是否可以上学、是否可以上好学、未来将面临何种升学压力。出生人口、人口生育政策与学位需求之间存在什么样的关系，未来学位需求到底有多少，还存在多大的缺口，政府、家长、学界都希望得到一个确定的、准确的答案。这一现象在京津冀地区如何反映还需要进行进一步

---

① 宋健：《实施"三孩+配套"政策 补足民生短板推动社会发展》，《人口与健康》2021 年第 8 期。

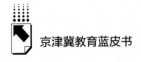
的分析。本报告对"全面二孩"政策、"三孩"政策进行了讨论，并对 2020~2028 年三省市的义务教育阶段学位需求进行了预测。

二 文献综述

美国教育部（United States Department of Education）每年都会发布 8 年期的教育统计预测报告，截至 2020 年已有 47 版。一般包括基础教育阶段的在校生数、教师情况、财政支出情况，以及对高等教育阶段在校生数的预测。预测模型及数据会根据不同的教育阶段、教育类别进行调整，但预测过程不考虑政策变化。报告还会对预测误差进行评估，其中，第 47 版公立 K12 教育在校生 1 年、2 年、5 年及 10 年的预测误差绝对值分别为 0.3%、0.5%、1.2% 和 2.6%。

国内学界对学龄人口及教育资源配置进行了广泛的探讨，涉及的教育阶段有学前教育阶段、义务教育阶段、高中教育阶段、高等教育阶段，并且关于"全面二孩"政策对学龄人口影响的探讨也有很多。同时很多研究也通过学龄人口的预测结果对教育资源配置（教师、经费、办学条件）的相关情况进行了研究。

但现阶段国内在对学龄人口的预测方面还存在一定的不足。多数研究使用人口学的预测方法对学龄人口进行预测，假设学龄人口数等于在校生数，或通过入学率过渡到学位数，但学龄人口数与在校生数并不是完全对应的。学龄人口预测的数据来源多为人口普查或 1% 人口抽样调查数据，数据更新需要 5 年或 10 年。在校生数为学年数据，人口普查和 1% 人口抽样调查数据为时点数据，两者并不完全相符，并且多数预测缺少误差分析。

三 京津冀地区人口及教育经济情况分析

京津冀都市圈是北方最大、最有活力的都市圈。2020 年，京津冀三省市 GDP 为 86393.2 亿元，约占全国 GDP 的 8.5%；人口总数为 1.1 亿人，约占全国总数的 7.8%；义务教育阶段在校生总数为 1235.21 万人，约占全国义务教育阶段在校生总数的 8.0%（见表 1）。

（一）人口及生育情况分析

京津冀常住人口总数基本稳定。与"非首都功能疏解"政策施行前相比较，北京市常住人口总数已经基本得到控制，2018~2020 年，已经有轻微下降，从 2192 万人下降至 2189 万人；天津市常住人口总数基本稳定，2018~2020 年，从 1383 万人轻微增长至 1387 万人；河北省常住人口有小幅增长，从 7426 万人增至 7464 万人，年均增长 19 万人，与河北省的人口基数相比增幅较小（见表1）。

表1 2018~2020 年京津冀人口及教育经济情况分析

指标	年份	北京市	天津市	河北省	京津冀	全国	京津冀占全国比例(%)
粗出生率 （‰）	2018	8.24	6.67	11.26	10.08	10.86	—
	2019	8.12	6.73	10.83	9.77	10.41	—
	2020	NA	NA	NA	NA	8.52	—
常住人口数 （万人）	2018	2192	1383	7426	11001	140541	7.8
	2019	2190	1385	7447	11022	141008	7.8
	2020	2189	1387	7464	11040	141212	7.8
小学在校生数 （万人）	2018	91.32	67.32	658.85	817.49	10339.3	7.9
	2019	94.16	70.20	679.11	843.47	10561.2	8.0
	2020	99.50	73.01	695.92	868.43	10725.4	8.1
初中在校生数 （万人）	2018	27.90	28.02	283.15	339.07	4914.09	6.9
	2019	30.87	30.34	297.31	358.52	4827.14	7.4
	2020	33.05	32.18	301.55	366.78	4652.60	7.9
地区 GDP （亿元）	2018	33106.0	13362.9	32494.6	78963.5	919281	8.6
	2019	35445.1	14055.5	34978.6	84479.2	986515	8.6
	2020	36102.6	14083.7	36206.9	86393.2	1013567	8.5

注：NA 指数据还未公布，一为此项没有实际意义。
资料来源：国家统计局网站。

从人口粗出生率的情况来看，2016 年落地的"全面二孩"政策的累积效果正在逐步消退。2018~2019 年，京津冀地区整体数值及趋势与全国基本相同，处于下降周期。从具体数值来看，天津市出生率为三地最低，仅为 6.67‰~6.73‰，较为稳定；北京市粗出生率从 2018 年的 8.24‰下降至 2019 年的 8.12‰；河北省虽然绝对值最大，但是下降速度最快，从 2018 年

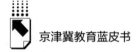
的 11.26‰ 下降至 2019 年的 10.83‰。2020 年京津冀地区的人口粗出生率还没有公布，但是从全国的粗出生率变化情况（从 2019 年的 10.41‰ 骤降至 2020 年的 8.52‰）来看，京津冀地区 2020 年较 2019 年的粗出生率还将有较大幅度的下降。考虑到河北省的人口规模，2025 年后京津冀地区的整体招生规模将有较大的缩减。

（二）义务教育在校生情况分析

京津冀及各省市义务教育阶段在校生数整体都处于快速增长期，并且增速远快于全国平均水平。小学教育阶段在校生数从 2018 年占全国的 7.9% 增长至 2020 年的 8.1%；初中教育阶段在校生数从 2018 年占全国的 6.9% 增长至 2020 年的 7.9%。从增长数值来看，北京市小学教育阶段在校生数从 2018 年的 91.32 万人增长至 2020 年的 99.50 万人，增长 8.18 万人，同期，初中教育阶段在校生数从 27.90 万人增长至 33.05 万人；天津市小学教育阶段在校生数从 2018 年的 67.32 万人增长至 2020 年的 73.01 万人，年增幅为 4.14%，同期，初中教育阶段在校生数从 28.02 万人增长至 32.18 万人；河北省小学教育阶段在校生数从 2018 年的 658.85 万人增长至 2020 年的 695.92 万人，年增长约 18.54 万人，同期，初中教育阶段在校生数从 283.15 万人增长至 301.55 万人。

义务教育阶段在校生数存在一定的波动性及周期性。以北京市为例，1978~2020 年义务教育阶段整体在校生规模峰值为 161.6 万人，而谷值为 81.6 万人，相差达到 80 万人。其中，小学峰值为 102.5 万人，谷值为 49.5 万人；初中峰值为 67.9 万人，谷值为 18.3 万人。同时在 1978~2020 年，义务教育阶段在校生数也存一定的周期性，1980~2005 年的 25 年可以视为一个周期。

（三）义务教育招生与对应年份人口出生数情况分析

人口出生的波动会使未来的招生产生波动，并且会产生累积效应。增加教育资源的供给需要较长周期，无法在短时间内完成，所以需要提前了解未来人口出生情况、学校在校生情况，厘清出生人口与招生之间的关系。这种关系并不能简单地用义务教育阶段入学率 100% 替代。

从招生与出生人口趋势来看，2013~2020年，招生规模与对应年份人口生育规模存在正相关关系。将三省市小学教育阶段招生数分别与对应年份常住人口出生数进行比较，可以看出两者呈现一定的同步性（见图1、图2、图3）。

从对应年份常住人口出生数与招生数来看，2015年以后北京市对应年份常住人口出生数小于招生数，而天津市与河北省的招生数都大于对应年份常住人口出生数。表明北京市一部分的常住出生人口并未在本地上学，而天津市与河北省承接了其他省市的出生人口到本地上学。

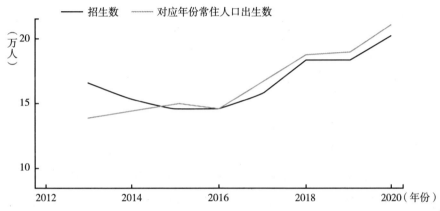

图1　2013~2020年北京市招生数与对应年份常住人口出生数比较分析

资料来源：国家统计局网站（分省年度数据）。

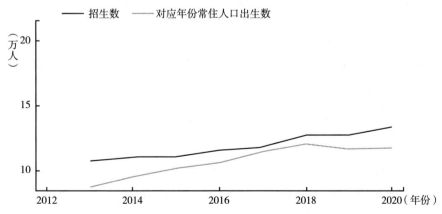

图2　2013~2020年天津市招生数与对应年份常住人口出生数比较分析

资料来源：国家统计局网站（分省年度数据）。

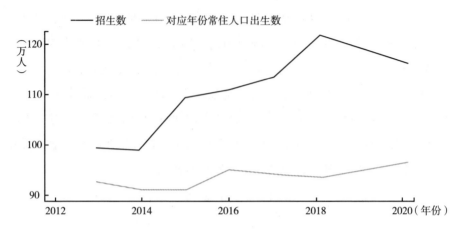

图3 2013～2020年河北省招生数与对应年份常住人口出生数比较分析

资料来源：国家统计局网站（分省年度数据）。

用2013～2020年的小学招生数、对应年份常住人口出生数，以招生数作为因变量、对应年份常住人口出生数作为自变量进行简单常规最小二乘法回归。可以得到招生数=1.2×对应年份常住人口出生数-2.3万人。自变量系数在1%水平下显著，常数项系数在10%水平下显著，标准误分别为52.28和-1.81，R值为99.21%。

（四）生育政策对出生人口及学位需求的影响分析

虽然"三孩"政策全面落地的效果还未显现，但是从"全面二孩"政策效果来看，三省市粗生育率在短暂上升后都进入了下降区间，同样"三孩"政策也无法根本改变京津冀地区生育率持续下降的趋势。从政策目标人群来看，"三孩"较"二孩"将大幅减少。首先，可能生育"三孩"的女性，需要从已经生育"二孩"的女性中产生；其次，需要考虑已生育"二孩"女性的具体年龄，如果已经超过35岁，还需考虑高龄产妇的生育风险及婴儿的存活情况。因此，从对出生人口的影响来看，"三孩"政策对人口生育率增长的影响会弱于"全面二孩"政策，对人口出生数量增长的影响，也会弱于"全面二孩"政策。

四 京津冀地区学位需求预测

学位需求预测的预测方法来源于人口预测，但又有其特殊之处。用于人口预测的方法大致有以下四类：第一类，将人口增长趋势与特定的数学分布相联系建立模型，如早期的马尔萨斯模型、费尔哈斯模型、Logistic 人口增长模型等；第二类，将未来人口数看作一个随时间变化的队列，建立离散时间模型，如凯菲茨矩阵模型、莱斯利矩阵模型、宋健人口发展方程等，这类模型为人口预测的常用模型，已经比较成熟，通过对生育、死亡、迁移等参数进行设定，对人口进行比较准确的预测；第三类，根据已知数据进行线性回归，这类模型有惠特尔自回归模型（ARMA）、多元回归模型等，但由于人口变动并非是线性的，所以长期预测效果并不理想；第四类，通过非线性模拟来预测人口数量，如人工智能网络模型、灰色模型等，这类方法适用于数据不完全、影响因素无法确定的情况，有些模型预测的结果并不稳定，但有较好的发展前景。

现阶段人口预测中最常用、最稳定的方法是队列要素预测法，使用人口平衡方程，对生育、死亡、迁移进行相应假设，并对未来人口变化进行预测，最具代表性的是 Leslie 矩阵。本报告视义务教育阶段在校生为一个系统，使用的是两阶段义务教育阶段学位预测模型。该模型主要将人口预测系统中的各要素与学位需求预测中的各要素相对应，即将招生情况与人口系统中的生育情况（"生"）相对应，升级、毕业情况与人口系统中的死亡情况（"死"）相对应，而转学情况与人口系统中的迁移情况（"迁移"）相对应。

（一）预测模型

本报告以 Leslie 矩阵为基础，根据义务教育学位系统的内在逻辑，对其数学公式以及矩阵形式进行改写。将义务教育阶段在校生视为一个完整的系统，根据学位影响要素招生数（"生"）、升级或毕业生数（"死"）、净转入学生数（"迁移"），构建义务教育系统的平衡方程，其公式为：

$$S_{(t+1)} = A \times S_{(t)} + R_{(t)} + G_{(t)}$$

其中，$S_{(t+1)}$ 为 $t+1$ 年义务教育阶段的在校生数，$S_{(t)}$ 为 t 年义务教育阶段的在校生数，A 为学生的升级率及升学率，$R_{(t)}$ 为 t 年的招生数，义务教育阶段学生不存在生育问题，所以入学情况单独列出，不在平衡方程的 A 中体现，$G_{(t)}$ 为 t 年净转入学生数。即随着时间的推移，下一年的在校生数＝当年留存的在校生数+当年招生数+当年的净转入学生数，其矩阵表达形式为：

$$
\begin{bmatrix} S_{1(t+1)} \\ S_{2(t+1)} \\ S_{3(t+1)} \\ S_{4(t+1)} \\ \vdots \\ S_{9(t+1)} \end{bmatrix}
=
\begin{bmatrix}
0 & 0 & 0 & \cdots & 0 & 0 \\
A_1 & 0 & 0 & \cdots & 0 & 0 \\
0 & A_2 & 0 & \cdots & 0 & 0 \\
0 & 0 & A_3 & \cdots & 0 & 0 \\
\vdots & \vdots & \vdots & & \vdots & \vdots \\
0 & 0 & 0 & \cdots & A_8 & 0
\end{bmatrix}
\times
\begin{bmatrix} S_{1(t)} + G_{1(t)} \\ S_{2(t)} + G_{2(t)} \\ S_{3(t)} + G_{3(t)} \\ S_{4(t)} + G_{4(t)} \\ \vdots \\ S_{9(t)} + G_{9(t)} \end{bmatrix}
+
\begin{bmatrix} R_{1(t)} \\ 0 \\ 0 \\ 0 \\ \vdots \\ 0 \end{bmatrix}
$$

其中，S_x 为 x 年级的在校生数，A_x 为 x 年级的升级率或升学率，R_x 为招生数，G_x 为 x 年级的净转入学生数；x 的取值范围为 1~9，t 为对应年份。

（二）预测假设

学位需求预测与人口预测相似，都是回答"如果……，那么……"的问题，因此假设不同，其结论也不同。本报告在预测过程中尽量使用已经公开的统计信息代替人口学的参数假设。

1. 招生数假设

义务教育阶段招生数滞后于人口出生数，根据前面的回归模型，可以确定人口出生数为因，招生数为人口出生数的果。因为现有统计年鉴中人口出生数已经公布到 2019 年，因此对应的 2021~2025 年招生数可以使用回归模型进行拟合，而 2025 年之后的招生数没有现成的人口出生数与之相对。为了提高预测的准确性，并且使假设更加符合真实情况，本报告将模型中要素——招生数的假设分为两个阶段：第一阶段为 2021~2025 年（有人口出生数统计数据与招生数相对应），第二阶段为 2026~2028 年（无人口出生数统计数据与招生数相对应）。

以北京市为例，从 20 世纪 80 年代中后期严格实行计划生育政策后，北京市常住人口出生率迅速下降，到 2000 年后逐步回升，但至 2019 年也未超过 10‰，仍处于较低水平。在 1980~1990 年，常住出生人口规模保持在 14 万~19 万人，1991~2006 年迅速下降至 11 万人以下水平，2007 年后进入快速回升期，分别在 2014 年、2016 年超过 20 万人。总体来说，"全面二孩"政策的实施对常住人口出生率的回升在短期内有一定的支撑作用，但无法改变常住人口出生率长期变化趋势，常住人口出生率很难回到 20 世纪 80 年代水平。

第一阶段（2021~2025 年），根据前面招生数对对应年份常住人口出生数的回归系数和常数项数值，计算出 2021~2025 年的招生数。

第二阶段（2026~2028 年），使用人口预测中的 Leslie 矩阵模型，对 2020~2022 年的人口数进行预测，然后代入义务教育招生数与对应年份常住人口出生数分析中最小二乘回归的系数进行计算，得到对应年份的招生数。

2. 升级率、升学率假设

政策的调整会对升级率、升学率产生一定的影响，但相较于其他教育阶段，义务教育阶段升级率、升学率政策比较稳定。本报告使用北京市、天津市、河北省 2018~2021 学年 3 年升级率、升学率的历史数据均值进行预测。

3. 净转入学生数假设

由于无法在公开统计数据中查到相关转学数据，在此次预测中本报告假设净转移值为 0，但是转学的情况已经在升级率与升学率的假设中得到了体现。

本模型的优点为，如果预测近 5 年内的义务教育阶段学位需求，只需使用教育事业统计相关数据及已存在的人口出生数，不用等待 5 年一次的 1% 人口抽样数据和 10 年一次的人口普查数据，数据可获得性好，而且可验证性高。

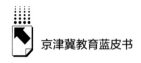

4. 预测结果

京津冀地区，2020~2028 年，义务教育阶段整体学位需求，在数量上比较稳定，没有大幅波动，变化趋势呈倒 U 形，在 2023 年达到峰值，而后加速下降。整个区域学位需求的主要承压阶段为"十四五"时期，到"十五五"时期学位需求压力迅速降低。在预测时段内，小学教育阶段学位需求总体呈下降的趋势，而初中教育阶段学位需求总体呈上升的趋势。三省市和各教育阶段学位需求变化趋势及峰值年份有所不同（见表 2）。

表 2 2020~2028 年京津冀地区义务教育阶段学位需求预测

单位：万人

	年份	2020	2021	2022	2023	2024	2025	2026	2027	2028
北京市	小学	99.5	103.4	111.1	116.7	117.4	118.0	116.5	115.9	111.1
	初中	33.0	34.3	33.9	34.2	37.3	40.2	43.6	43.7	46.7
	义务教育	132.5	137.7	145.0	150.9	154.7	158.2	160.1	159.6	157.8
天津市	小学	73.0	69.9	69.0	67.9	64.0	59.9	55.4	55.6	52.8
	初中	32.2	34.0	35.7	37.0	38.9	40.4	42.4	37.3	34.9
	义务教育	105.2	103.9	104.7	104.9	102.9	100.3	97.8	92.9	87.7
河北省	小学	695.9	682.9	678.3	678.2	654.3	629.2	604.6	596.9	577.6
	初中	301.6	310.9	322.6	336.9	348.0	355.4	356.7	332.6	320.6
	义务教育	997.5	993.8	1000.9	1015.1	1002.3	984.6	961.3	929.5	898.2
京津冀	小学	868.4	856.3	858.3	862.8	835.7	807.2	776.6	768.4	741.6
	初中	366.8	379.2	392.1	408.1	424.3	436.0	442.7	413.6	402.2
	义务教育	1235.2	1235.5	1250.4	1270.9	1260.0	1243.2	1219.3	1182.0	1143.8

北京市，2020~2028 年，义务教育阶段学位需求总体呈现先升高再降低的趋势，将在 2026 年达到峰值，总数达到 160.1 万人，与 2020 年的 132.5 万人相比，绝对值增长 27.6 万人。其中，小学教育阶段学位需求将在 2025 年达到峰值，为 118.0 万人，而后逐步下降到 2028 年的 111.1 万人，波峰与波谷之间相差 18.5 万人，占 2020 年小学教育阶段总需求的 18.6%。初中教育阶段学位需求总体呈上升趋势，到 2028 年

达到 46.7 万人，较 2020 年增加 13.7 万人，占 2020 年总需求的 41.5%。

天津市，2020~2028 年，义务教育阶段学位需求总体呈现稳步下降的趋势，到 2027 年后降幅较大。小学教育阶段学位需求呈逐渐降低趋势，将从 2020 年的 73.0 万人降低至 2028 年的 52.8 万人，减少 20.2 万人，占 2020 年学位需求总数的 27.7%。初中教育阶段学位需求呈现先上升后下降的趋势，2026 年达到峰值，为 42.4 万人，与 2020 年相比增加 10.2 万人，约占 2020 年的 31.7%。

河北省，2020~2028 年，义务教育阶段学位需求总体变动趋势呈现倒 U 形，到 2026 年后降幅较大，波峰与波谷相差 116.9 万人，占 2020 年需求总数的 11.7%。小学教育阶段学位需求呈逐渐降低趋势，将从 2020 年的 695.9 万人降低至 2028 年的 577.6 万人，减少 118.3 万人，占 2020 年学位需求总数的 17.0%。初中教育阶段学位需求呈现先上升后下降的趋势，2026 年达到峰值，约为 356.7 万人，波峰与波谷相差 55.1 万人，占 2020 年学位需求的 18.3%。

综上所述，京津冀地区整体在 2020~2028 年，义务教育阶段学位需求变化趋势呈现倒 U 形，2027 年后降幅较大，"十四五"时期为学位需求的主要承压期。各省市中，北京市将面临较大压力，小学与初中教育阶段承压时段不同，初中教育阶段波峰与波谷相比差幅达 41.5%。天津市义务教育阶段学位需求总体呈下降趋势，初中教育阶段在"十四五"时期还存在较大压力。河北省在 2026 年后义务教育阶段学位需求有较大降幅，初中教育阶段在"十四五"时期也存在一定的压力。

（三）误差分析

使用 2019~2020 学年教育事业统计数据、与本次预测相同的参数值及模型，对 2020 年数据进行预测，并与 2020 年数据进行比较，可以发现 1 年期误差绝对值均在 3% 以内，预测结果比较理想。

与 2019 年第一次对 2020 年京津冀地区学位需求的预测结果进行比较，

发现北京市、天津市的误差值均在 10% 以内，河北省的误差值较大，达到了 21%，表明本次对模型的优化达到了比较明显的效果（见表 3）。

表 3　误差分析

单位：%

地区	小学	初中	义务教育	2019 年预测
北京市	2.9	-1.5	1.7	9.8
天津市	-2.2	0.0	-1.6	-9.1
河北省	-0.6	-0.2	-0.4	-21.0
京津冀地区	-0.3	-0.3	-0.3	-16.7

五　结论与政策建议

本报告是对京津冀地区义务教育阶段进行的第二次学位需求预测，与第一次相比较：首先，对学龄人口与学位进行了区分，通过回归分析厘清了两者的数量关系；其次，使用两阶段义务教育预测模型优化了 2019 年使用的基本 Leslie 矩阵模型；最后，增加了误差分析环节，通过误差分析结果，可以看出第二次预测在精度及预测结论的可用性方面都有了较大的进步。

（一）结论

在京津冀地区学位需求方面，2022 年为"全面二孩"政策实施对义务教育阶段影响的第一年，从三省市的生育情况来看，2027 年后"全面二孩"政策对京津冀义务教育阶段的影响将彻底消退。而后"全面二孩"政策对义务教育的影响将主要集中在初中教育阶段。"三孩"政策对整个义务教育的影响将弱于"全面二孩"政策，不会产生堆积出生的结果。

"十四五"时期为京津冀学位需求的主要承压期。各省市所承担的压力有较大区别，北京市小学及初中教育阶段都将面临较大压力；天津市的压力主要集中在初中教育阶段；河北省从总量来看虽然变动趋势呈倒 U 形，但相对于义务教育阶段的学位基数，总体压力不大，需要关注初中教育阶段在前期的学位需求变化。

（二）政策建议

1. 以"改扩建为主，适当新建"为原则，保持各级各类教育资源规模适度和弹性发展

学位需求波动性及教育资源供给弱弹性之间的矛盾是当前教育资源配置过程中的突出问题。"十四五"时期为京津冀义务教育阶段学位需求的主要承压期，特别是北京市将面临较大压力，应当及时对现有学校进行改扩建，以应对学位需求变化；而 2027 年后京津冀地区将迎来义务教育阶段学位需求的骤降期，一所优质学校的建设至少需要 5~10 年，不应在这个时期盲目撤并学校，应该在原有学校基础上，增加功能教室，进行小班化改造。

2. 加强政策设计及配套支持措施

从"全面二孩"政策的实施效果来看，其并未根本改变我国生育率持续下降的趋势。育龄妇女数量、受教育程度、工作时长、城镇化、社会经济水平、育儿成本等因素都深刻地影响着人们的生育意愿及人口出生情况。因此，在"三孩"政策尤其是配套支持措施设计过程中，应充分考虑这些因素。

由于现阶段晚婚、晚育的现实，很多女性在生育"二孩""三孩"时已属于高龄产妇。青年人的结婚及生育意愿和行为受工作、住房、家庭的实际和预期影响较大，晚婚、不婚、晚育、少育、不育慢慢成为青年人的现状。因此，国家应实施"三孩+配套"政策，取消行政处罚，普降生育成本，重塑婚育文化，使孩子"生得出、养得起、教得好"。

参考文献

安雪慧、元静、胡咏梅：《"十四五"至 2035 年高中教育高质量发展要适应人口变

动》，《中国教育学刊》2021 年第 8 期。

程志伟、杨永利、贾晓灿、杜玉慧、夏振华、张卫萍、施学忠：《基于年龄-时期-队列模型的我国人口生育率趋势分析》，《郑州大学学报》（医学版）2018 年第 3 期。

高凯、刘婷婷：《"全面两孩"政策背景下我国基础教育资源供需状况研究》，《教育经济评论》2019 年第 5 期。

洪秀敏、马群：《"全面二孩"政策后北京市学龄前人口变动趋势预测》，《首都师范大学学报》（社会科学版）2018 年第 2 期。

黄文怡：《"全面二孩"政策对惠州市基础教育资源配置的影响分析》，华中师范大学 2019 年硕士学位论文。

李玲、杨顺光：《"全面二孩"政策与义务教育战略规划——基于未来 20 年义务教育学龄人口的预测》，《教育研究》2016 年第 7 期。

乔锦忠、沈敬轩、李汉东、钟秉林：《2020-2035 年中国人口大省义务教育阶段资源配置研究——以四川省为例》，《教育经济评论》2020 年第 5 期。

王广州：《中国高等教育年龄人口总量、结构及变动趋势》，《人口与经济》2017 年第 6 期。

夏梦雪：《"全面二孩"政策背景下学前教育经费需求的预测研究》，江西师范大学 2018 年硕士学位论文。

杨顺光：《"全面二孩"政策下学龄人口变动对基础教育资源配置的影响研究》，西南大学 2016 年硕士学位论文。

袁玉芝、张熙、殷桂金：《人口变动背景下北京市普及高中教育发展预测研究》，《教育科学研究》2019 年第 2 期。

张耀军：《人口是影响京津冀协同发展的关键因素》，《中国人口报》2017 年第 3 期。

周志、田楠、赵宇红：《天津市义务教育学龄人口规模预测与分析——基于多因素灰色预测模型和人口推算法》，《西南师范大学学报》（自然科学版）2017 年第 3 期。

朱真莲：《"全面二孩"政策下广东省学前教育资源配置的问题与对策研究》，广州大学 2019 年硕士学位论文。

Hussar, W. J., Bailey, T. M., "Projections of Education Statistics to 2028," NCES 2020-024, U. S. Department of Education, Washington, DC: National Center for Education Statistics.

B.4
"十四五"时期京津冀基础教育合作办学新形势与发展路径

尹玉玲*

摘　要： "十三五"以来，京津冀三地教育领域积极开展了许多协同发展实践，在基础教育合作办学方面取得了一定的进展，表现为京津冀三地签订多项教育合作协议、开展重大教育项目合作、建立基础教育协同发展的合作机制、组成不同的教育联盟、支援河北新建和合作举办学校或共建学校、推进教育领域人才交流合作。随着三地协同发展的逐步深入，三地在整合优化教育资源、生成优质教育资源造血机制、打破三地教育资源管理属地壁垒、建立三地学校深度合作模式等方面的一些深层次的问题与难点开始显现。"十四五"时期，京津冀三地教育协同发展面临新形势。基础教育合作办学需要在新目标和新思路指引下进一步完善发展路径，需要在优化合作办学顶层设计、完善合作办学政策、开拓合作办学模式、开发合作资源等上下功夫。

关键词： "十四五"时期　基础教育　合作办学　京津冀

2015年6月，中共中央、国务院印发《京津冀协同发展规划纲要》，京津冀协同发展战略正式付诸实施。"十三五"以来，京津冀三地教育领域积极开展了许多协同发展实践，那么已有的基础教育合作取得了哪些进展，存

---

* 尹玉玲，北京教育科学研究院教育发展研究中心副研究员，教育学博士，主要研究领域为教育规划、教育政策、集团化办学等。

在哪些问题与不足？"十四五"时期京津冀基础教育合作办学将面临什么样的新形势，将给合作带来什么样的新机遇和新挑战，如何在"十三五"已取得初步成效的基础上更好地开展合作，为京津冀协同发展战略实践做贡献？本研究拟对这些问题进行论述。

一 "十三五"时期京津冀基础教育合作办学取得的成效与存在的问题

（一）京津冀三地基础教育合作办学取得的成效

回顾过去的 7 年，京津冀协同发展战略总体上处于"谋思路、打基础、寻突破"的阶段。教育是公共服务体系的重要组成部分，在区域发展中发挥着先导性、全局性和基础性的作用。自京津冀协同发展战略实施以来，京津冀三地用实际行动推动教育协同发展并取得成效。

1. 签订多项教育合作协议

自 2015 年《京津冀协同发展规划纲要》发布以来，国家与京津冀三省市相关行政部门陆续出台政策，为京津冀教育协同发展提供制度保障。如《京冀两地教育协同发展对话与协作机制框架协议》为双方教育协同发展对话机制与协作机制的建立开启了新篇章；《北京市"数字学校"教育资源共享协议》《中小学校长教师培训项目合作协议》等教育合作协议为京冀两地教育在多领域加强合作提供了政策基础；京津冀三地共同签署的《推进京津冀教育协同发展备忘录》，对于加快落实《"十三五"时期京津冀教育协同发展专项工作计划》，开展京津冀对口帮扶、服务雄安新区建设等重点任务具有重要的指导意义。同时，北京市与河北省签署《关于共同推进河北雄安新区规划建设战略合作协议》。北京市承诺由财政提供专项经费，采取"交钥匙"工程方式，在雄安新区建设高水平幼儿园、小学、完全中学各 1 所，建成后移交给雄安新区，由雄安新区委托北京市的教育集团进行管理。为提高三河、大厂、香河三县市教育水平，廊坊市政府、北三县教育主管部门和北京市教委签署了《关于北三县地区教育发展合作协议》，协议规定北京市将在中小学校管理、职业教育合作办学、教师培训、学生科技体育文艺交流等四个方面对北三县进行帮扶，全力配合推进公共服务设施一体化规划建设，为服务北京城市副中心建设奠定坚实基础。2019 年，北京市牵头起草并联合天津市、河北省发布了《京津冀教育协同发展行动计划（2018—2020 年）》，印发了《2019 年教育领域疏解协同工作要点》等文件，着力有效提升三地教育协作力度。其中包括支持新建、改扩建北京城市副中心中小学 45 所，促进优质教育资源向北三县地区延伸布局。2021 年 10 月，三地教育部门签署了《"十四五"时期京津冀教育协同发展总体框架协议（2021—2025 年）》，北京市教委与雄安新区签署了《关于雄安教育发展合作协议（2021—2025 年）》。

2015 年以来京津冀三地签署的教育合作协议见表 1。

表 1 2015 年以来京津冀三地签署的教育合作协议

时间	协议名称
2015 年 10 月	《京冀两地教育协同发展对话与协作机制框架协议》
2016 年 5 月	《北京市"数字学校"教育资源共享协议》
	《中小学校长教师培训项目合作协议》
	《京冀职业教育协同发展框架协议》
	《教育督导协作机制框架协议》
2017 年 2 月	《通州武清廊坊开展教育协同发展的合作协议》
2017 年 8 月	《推进京津冀教育协同发展备忘录》
	《关于共同推进河北雄安新区规划建设战略合作协议》
2019 年 1 月	《京津冀教育协同发展行动计划（2018—2020 年）》
2021 的 10 月	《"十四五"时期京津冀教育协同发展总体框架协议（2021—2025 年）》
	《关于雄安教育发展合作协议（2021—2025 年）》

2. 开展重大教育项目合作

2015 年，北京市和河北省两地启动"京冀互派百名干部人才挂职"项目。2019 年，借助京津优质教育资源建设河北省深度贫困县教师培训基地，开展一系列交流讲学活动，进一步提升河北省深度贫困县中小学教师能力和素质；启动天津市属特色高中援建雄安新区项目；开展"通武廊"地区基础教育"同上一堂课"；持续推进中小学骨干校长教师赴京跟岗学习培训。2018 年 3 月，京冀两地开始实施首批援助办学项目，支持雄安新区建设，提高学校整体教育质量。

3. 建立基础教育协同发展的合作机制

三地教育部门已建立常态化联络机制和对接沟通机制。北京教育系统与天津、河北签订了各类合作协议 168 个，京津冀教育协同发展的四梁八柱基本形成。"通武廊"教育协同发展，为保障三地教育行政部门有效沟通，及学校间各项交流活动常规化开展，三地建立三区市教育协同发展共同体行政首长联席会议制度、轮值主席制度、秘书处工作制度和秘书长协调机制、部门衔接落实制度等四项工作制度。2015 年 10 月，河北校长和教师进京挂职锻炼、跟岗和培训机制建立。2017 年，"通武廊"教育系统校长智慧管理与综合素能提升专题研修班及"通武廊"人才培养工程——教育管理人才综合素质提升研修班开启。2020 年，根据北京市教育扶贫支援项目安排，通州区承接了廊坊市 10 名校长来京跟岗研修。2021 年上半年已有 1400 余名校长、教师参与挂职交流。三地还建立了平衡不同地区的区域协调与教育资源共享机制，推动北京教育学院、通州区教委支持北三县教师开展跟岗研修和专题培训。

4. 组成不同的教育联盟

三地教育机构组成不同的教育联盟开展相应教学活动，如"京津冀协同发展大讲堂"等系列活动受到三地的广泛关注。除政府主导以外，教育主体间的自发合作也不断增多。目前京津冀 13 所学校已成立美育联盟，长城沿线 14 所学校联合组建长城教育联盟，共同提升教育教学质量。"通武廊"是京津冀协同发展的桥头堡和试验田。2017 年 2 月，"通武廊"制定《通州武清廊坊基础教育协同发展共同体章程》，引导通州区优质教育资源向两地延伸布局，以 43 所各级各类优质学校、幼儿园为基础，共建成 10 个基础教育协同发展共同体、1 个中等职业学校联盟和 1 个幼儿园联盟。这些共同体和联盟成为三地开展活动的重要组织载体，开展管理团队互访、公开课、艺术展演、校园文化交流等各类活动近百次。① 如今，依托艺体科技活动，三区市组织开展了

---

① 《副中心与北三县教育协同谱新篇》，腾讯网，2021 年 2 月 20 日，https：//new.qq.com/rain/a/20210220A05IEU00。

多项教学研修和培训活动，促进学生间交流，推动"通武廊"教育资源共建共享。"通武廊"教育协同发展呈现生机勃发的良好态势。

5.支援河北新建、合作举办学校或共建学校

京津高水平中小学与河北省开展跨区域合作办学。北京对接支持雄安新区教育发展。雄安新区"交钥匙"建设项目顺利推进，4所援建学校（幼儿园）在派出优秀管理团队、教师互派、课程共享等方面探索出较为成熟的合作机制。天津市第一中学和雄县中学签署了对口支援合作协议，雄县中学加挂天津市第一中学雄安校区校牌。北京有80所学校与三河市所有学校开展合作对接，在教师集体备课、教学研讨、选派干部教师、跟岗研修等方面共建合作机制，同时强化学生跨区域交流，推进同伴教育。如北京实验学校（海淀）与三河市港中旅学校、通州区潞河中学与三河市燕昌中学开展跨区域合作办学，北京潞河中学三河校区和北京实验学校三河校区于2021年9月1日正式投入使用，在优质课程共享、联合考研、师生互助等方面与北京市相关学校深度合作。北京与北三县签订了多项教育合作办学项目协议，北京景山学校香河分校、北京五中大厂分校已经建立，人大附属中小学大厂校区等项目加快建设。随着优质教育资源逐步辐射北三县，三河燕郊的教育环境也迎来空前利好。

6.推进教育领域人才交流合作

京津冀三地推进教育协同发展，既开展重大项目合作，也推进教育领域人才交流。从2015年北京市和河北省合作启动了"京冀互派百名干部人才挂职"项目以来，三地教育领域干部教师队伍交流成为合作的重要内容。通过校长挂职、人才交流、对口支援、结对帮扶、专题培训等方式，河北引入先进教育和管理理念，学习新的办学模式和方法，为加快发展提供人才支持。以北京潞河中学三河校区为例。校区的校长或执行校长及部分中层管理人员由潞河中学总校选派，三河当地教体局也派出自己的教师团队，双方共同组成教育教学及管理团队。分校所有的任课教师与潞河中学的初中教师一对一结对子，与潞河中学的教师团队一起备课、教学，让新教师快速熟悉先进的教学理念和教学方式，实现快速成长。

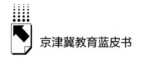

（二）京津冀三地基础教育合作办学存在的问题

京津冀教育协同发展实施 7 年来，基础教育领域合作办学取得较大成效，但随着协同发展的逐步深入，一些深层次的问题与难点有待引起重视和关注。

1. 基础教育"属地管理"体制制约教育资源优化配置

基础教育"属地管理"体制，造成了京津冀教育资源的整合优化配置难。尽管《京津冀教育协同发展规划纲要》和系列协议提出了资源优化整合的种种举措和方案，但落在实操中难免带有短期性和表面化倾向。一方面是因为合作办学的相关师资培训可持续制度还没有建立起来，京津冀教育系统干部教师队伍交流的制度和机制也不够健全，干部教师的交流还处于起步阶段，没有长远规划部署。另一方面是因为地方政府重视程度和认知的差异，以及不同类型学校之间、不同地区之间的交流不平衡，导致有些交流干部没有充分发挥作用，使得交流工作浮于表面、流于形式。而且有的教师轮岗期限一般只有一两年，时间太短，交流效果不明显。在调研中不少河北省的学校反映，"来河北支教的老师水平高，但他们来的时间太短，一般一年就回去了，他们来的目的也很明确，就是完成学校规定的交流指标。一年时间里，不光我们的学生还没有适应他的教学方法，我们老师的教学也没有因为好老师的到来而有非常大的改变"，"北京、天津来的特级教师，之所以能在他们原来的学校产生那么大的带动效应，是因为他们有很好的团队，有学校的大力支持，但到河北后，团队带不来，学校的支持力度也不一样了，他们的带动作用还是比较有限的"。

2. 短时有限的输血式合作难以生成优质教育资源造血机制

在合作办学模式里，采用"输血式"还是"造血式"合作，将直接影响合作办学的效果。在京津冀教育协同发展的前一阶段，北京、天津方面更多的是采用"输血式"办分校的方式来辐射环京和环津河北地区。一方面，北京、天津各自在"一亩三分地"思维定式下实施有限合作，再加上都是摸着石头过河没有经验，只能采用较为保守的输出资源方式开展合作；另一方面，优质教育资源造血机制的生成，既需要京津较长时间地跟进输血，又需要河北及时转变思想，积极培育良好的教育环境，制定更加多元、更加有力的制度政策支撑优质教育资源在当地消化和转化，而这正是当地政府面临的最大难题。

3. 人、财地方管理体制束缚三地教育资源共享融通

我国义务教育实行的是省级统筹、以县为主的管理体制，因此，京津冀三地在各自的行政区域内统筹安排教育资源，各负其责。长久以来三地人力和财力上的巨大落差所带来的教育差距一直存在。在京津冀协同发展的大背景下，京津两地优良的教育品牌、先进的教育理念以及科学的管理制度可以不受地域限制地进行输出，实现共享，但人力和财力的地区差别却是难以突破的最大障碍。现阶段，中央和地方各层级、各部门的管理体制尚未进一步明晰，责任分担与合作方式尚未完全厘清，要打破原来的人、财管理体制束缚，实现区域资源共享和融通，需要创新地方教育行政管理模式，在人、财、物配置的相关事宜上给予特殊政策。

4. 合作办学长效机制缺失影响三地学校深度合作模式建立

虽然目前北京、天津通过在河北建名校分校、建联盟校等，扩大了优质教育资源跨地域的辐射力，但在三地合作办学的进程中，由于合作办学制度不够健全、政府层面的政策不明，以及合作办学机构内部管理机制不顺，合作存在表面化、短期化、低水平等问题，难以在学校管理、师资培养、课程建设方面实现深度合作。

二 "十四五"时期京津冀教育协同发展面临的新形势

"十四五"时期，京津冀教育协同发展迈向更高水平，面临的新形势有以下几个。

第一，新发展理念推动京津冀协同发展迈上新台阶，对京津冀教育协同发展新思路提出了要求。国家"十四五"规划纲要明确指出，要加快推动京津冀协同发展。"十四五"时期京津冀协同发展将在北京非首都功能疏解、交

通一体化、产业升级转移、生态环境保护、协同创新等方面面临一些新的任务。因此，始终抓住疏解北京非首都功能这个"牛鼻子"，大力推动北京非首都功能疏解，深入推进京津冀三地在产业升级转移、生态环境保护、交通一体化、科技创新等方面的合作势在必行。从已经绘就的蓝图看，区域建设协同、政策体系协同、交通网络协同、生态环境协同、产业创新协同对于百姓比较关心、影响其切身利益的，诸如教育、医疗、大气污染等问题会更加重视和下大功夫。教育协同发展是实施京津冀协同发展国家战略的重要内容，因此，"十四五"时期创新、协调、绿色、开放、共享的新发展理念对推动京津冀协同发展迈上新台阶、谋划教育协同发展新思路至关重要。

第二，新常态下经济高质量发展主题，要求京津冀教育协同发展注重质量提升。党的十九届五中全会提出，"十四五"时期经济社会发展要以推动高质量发展为主题，以深化供给侧结构性改革为主线，坚持质量第一、效益优先；经济、社会、文化、生态等各领域都要体现高质量发展的要求。"十四五"时期，我国将继续深入推进区域协调发展战略。京津冀协同发展是重大国家战略，要实现京津冀协同高质量发展，需要三地产业结构发生质的变化，工业发展也要从注重规模和体系完整性向注重质量和基础能力转变，以推进区域经济高质量发展。在这样的大背景下，北京非首都功能疏解进入深水期，对京津冀协同的配套要求更高，要求京津冀教育协同发展从"十三五"时期的速度规模型向质量效益型转变，积极谋求三地教育一体化，建设高质量教育体系。

第三，京津冀协同发展再提速，三地构建教育协同发展新机制的任务日益紧迫。过去7年来，北京、天津、河北签署了一系列合作协议，着力推进交通、环保等重点领域率先突破，从交通先行、经济增效，到生态向好、服务共享，有力有序有效地推动京津冀协同发展。尤其是互联互通交通基础设施建设提上日程，"轨道上的京津冀"日益形成。京津冀合作示范区等一批重点合作项目也在有序加快推进。为推动京津冀协同发展再提速，2022年2月，国家开发银行设立了4000亿元专项贷款支持北京非首都功能疏解。该专项贷款重点支持北京城六区各类企事业单位疏解转移，北京城市副中心建设及北京通州区与河北省北三县一体化发展，河北雄安新区安置房、保障性租赁住房建设及公共服务配套、交通路网、生态环保等重点工程建设，天津滨海新区及特色园区建设，京津冀三地交通互联互通、生态保护协同发展，等等。由此可以看到国家对京津冀提速发展的决心之大，信心之足。这笔钱除了用于产业协同发展、搭建产业疏解合作平台、推进产业转移疏解项目，还要坚持以人民为中心，更加聚焦于基本公共服务均等化、基础设施通达程度比较均衡和人民生活水平大致相当等三大基本目标，大力建设公共服务配套设施，推进三地教育协同发展取得新成效，这既是机遇也是挑战。新的历史背景下，三地教育所要解决问题的难度系数显然在增加。三地要谋求长远可持续发展，需要真正走出自己的"一亩三分地"，积极探索协同发展的新机制和新模式，用创新突破瓶颈和壁垒，制定跨区域的技术、人才等要素流动和优化配置的政策措施，促进优质教育资源的共建共享。

三 "十四五"时期京津冀基础教育合作办学新目标与发展路径

"十四五"时期，京津冀三地推进基础教育协同发展，持续深化基础教育合作办学，促进更多重大合作项目落地落实。统筹规划京津优质教育资源，使更多的北京、天津优质中小学采取教育集团、学校联盟、对口帮扶、开办分校等方式开展区域办学合作，扩大教育资源向外辐射的范围。三地共建教师培养培训基地，在师资队伍建设、人才培养模式创新、深化教学改革、加强课程建设等方面不断深化合作。三地通过校长挂职、人才交流、对口支援、结对帮扶、专题培训等方式，实现教育领域人才全方位、多层次、常态化、制度化、规范化交流。拓宽教师人才培养方式，依托京津地区一流高校、教育集团及培训机构，通过委托培养和定向培养等方式，有针对性地帮助河北省培养教育领域的紧缺人才。利用"走出去"和"请进来"两种方式促进京津优质教学、科研资源共享。利用互联网推进基础教育优质数字化教学资源共享。

"十四五"时期京津冀基础教育合作办学的新思路:一是合作办学要用"引培"结合的思路,二是教育基础设施建设要用政府主导的思路,三是推动京津优质公共服务向河北辐射扩散要用"互联网+"的思路,四是建立长期相对稳定的区域治理机制要用机构改革的思路,五是全面深入推进体制机制改革要用分层分类落实落细的思路。

未来,京津冀基础教育的合作办学,需要在优化合作顶层设计、完善合作政策、开拓合作模式、开发合作资源等上下功夫,进而提升三地基础教育合作办学的规范性、专业性和持续性。

(一)优化基础教育合作办学顶层设计

为深入贯彻落实京津冀协同发展战略,推动京津冀教育协同发展,三地联合印发了《京津冀教育协同发展行动计划(2018—2020年)》。经过近三年的工作推进,三地认真落实行动计划取得明显成效。京津两地还出台了《京津冀协同发展教育专项规划》,为全面推动京津冀教育协同发展制定了时间表和路线图。《首都教育现代化2035》《天津市教育现代化"十四五"规划》等重要文件中都专设了章节对京津冀教育协同发展进行工作部署。对于基础教育领域,三地努力的重点是优化提升教育功能布局,推动基础教育优质发展,那么,如何谋长远,在体制机制、统筹规划上形成完整的基础教育协同发展工作体系;如何抓关键,高标准规划和建设河北基础教育,切实实现疏解协同双促进;如何出实招,不断推进协同项目落地。解决这些问题还需在基础教育优质资源共建共享、干部教师交流培养制度化、学校联盟建设和联合育人机制更加多元等方面深入开展研究。应做好顶层规划和细节方案设计,用新思维、新理念、新举措解决操作层面的重大难题,将京津冀区域合作这盘大棋局下好。

(二)完善基础教育合作办学相关政策

基础教育合作办学已迈向高水平,必须加快完善相关政策。第一,根据北京疏解转移人口子女的入学需求,积极完善基础教育配套服务政策和设施。河北省各级政府和教育行政部门要将疏解转移人口子女纳入当地教育发展规划,优先安排教育经费、优先保障学校建设用地,进一步完善新校区建设及运行资金、建设用地、教师工作生活、学生学籍等方面的政策保障机制,完善教育配套服务设施,做好疏解转移人口子女异地就学衔接工作。第二,深入推进京津冀三地中小学、幼儿园教师和校(园)长挂职交流轮岗,完善干部教师交流激励机制,落实好相关的奖励、补助和特殊待遇政策。第三,落实京津冀教育对口帮扶项目,地方政府设立"教育对口支援支持经费",作为对口支援所需的人员经费和公用经费。对到河北省中小学、幼儿园巡回支教的优秀教师、校(园)长给予一定的精神和物质奖励。

(三)创新"通武廊"基础教育协同发展的有效模式

"通武廊"是京津冀协同发展的桥头堡和试验田。要加快落实《通州武清廊坊基础教育协同发展共同体章程》,完善跨行政区划的教育协同发展有效模式和路径,建好 10 个基础教育协同发展共同体,继续推进各共同体、联盟开展管理团队互访、公开课、互派干部挂职锻炼、深入课堂体验教学、艺术展演等交流活动。签订京津冀基础教育优质数字化资源互通协议,实施京津冀数字学校优质资源共享项目。三地教育主管部门加快出台《通武廊基础教育协同发展共同体督查办法》,助推三地解决教育改革和发展共性问题。引导北京优质教育资源延伸布局,继续推动京津优质中小学(幼儿园)采取教育集团、学校联盟、结对帮扶、委托管理、开办分校等方式与河北廊坊中小学(幼儿园)开展跨区域合作办学。试点三地教师资格、职称职务互认,促进"通武廊"教育合作由点到面发展,切实发挥"小京津冀"的试验示范作用。

(四)全面推进北三县与通州区基础教育协同发展向纵深拓展

北三县与通州区协同发展向纵深拓展,是推进京津冀协同发展的有力抓手。"十四五"时期,北三县迎来协同发展的重要时期,要抓住深化改革的攻坚期、结构调整的关键期和增长速度的换挡期等有利时机,主动融入北京城市副中心建设，进一步加强常态化对接，建强承接平台，做好功能配套，全面实现对接发展、融合发展、共赢发展。第一，依托自身优势做好功能配套，全面提速中国人民大学新校区大厂拓展区项目建设，推动北京城市副中心新的一批优质教育资源向北三县延伸布局，以联合办学、建立分校等方式加强基础教育领域合作。第二，以北京城市副中心建设为统领，探索协同机制，将已合作办学的北京潞河中学三河校区和北京实验学校三河校区打造成品牌学校。按照与北京城市副中心优质学校"思想同脉、管理同规、课程同标、教学同效、教育同质"的严控标准，发挥各自比较优势，加强协调互补，实现错位发展。第三，支持有条件的在京中央部属高校与北三县共建附中、附小、附幼。第四，重点强化通州区与北三县学生、教师、干部的全方位交流，特别是在体育、科技、艺术等领域的交流。第五，推进形成基础教育发展共同体、中等职业学校联盟和幼儿园联盟。定期开展教育干部挂职锻炼、课程观摩、学校文化建设、课程体系与名师资源共建共享、专家名师引领教师群体研修、师生互访等系列活动。组织部分骨干校长开展高级研修培训，加强校长间的业务交流，促进校长队伍科学化、专业化发展。

（五）借助优势资源推动干部教师培养交流常态化、制度化

第一，拓宽河北教师来源渠道。北京、天津与河北三地共商师范类大学生定向培养方案。第二，充分利用退休校长、教师优势资源。落实国家《银龄讲学计划实施方案》，通过"老校长下乡"传帮带、优秀退休教师到河北乡村支教讲学计划，每年选派一定数量的优秀退休校长、教研员、特级教师、高级教师到河北贫困地区学校支教，提升当地教育质量。第三，健全京津冀干部教师队伍交流制度和机制。加快制定三地校长、教师跨地区挂职锻炼、定期定点交流轮岗制度，完善河北校长、教师赴京跟岗和培训机制，推进三地交流合作。

（六）开发合作资源构建多元化联合育人机制

京津冀基础教育协同发展是一个复杂的系统工程。三地合作办学，除了

要发挥政府和学校的主导作用，也需要积极开发社会资源，构建多元化联合育人机制。政府要鼓励全社会共同关心和支持基础教育发展，通过政府采购、建立专项建设基金、财税政策等手段鼓励和支持京津民营企业和社会组织积极投身河北省基础教育建设。制定普惠性民办幼儿园认定和管理办法，以政府补贴的方式，引导和支持民办幼儿园提供普惠性学前教育服务。创建多样化的办学模式，开展引入社会力量资助合作办学试点，积极探索学校基础设施建设、学生资助等方面的经费多元化投入机制。汇聚科研机构和企业等各方力量不断拓展合作平台，探索资源共享和服务供给新机制。利用信息技术扩大优质教育资源覆盖面，在校园数字课堂、教师培养培训、教育"互联网+政务服务"、智慧校园、校园大数据安全等方面签署战略合作协议，实施京津冀数字学校优质资源共享项目，全面提升区域教育信息化的支持服务能力，推动京津冀基础教育均衡发展。

参考文献

方中雄、桑锦龙主编《京津冀教育发展报告（2018~2019）——一核两翼》，社会科学文献出版社，2019。

薛二勇、刘淼：《京津冀基础教育：推动有序有效合作》，《中国教育报》2018年5月29日，第8版。

《扎实推进通州区与北三县一体化高质量发展》，《宏观经济管理》2022年第1期。

《京津冀基础教育协同发展：实现优质资源共享》，教育装备采购网，2017年3月24日，https://www.caigou.com.cn/news/2017032469.shtml。

《协同发展教育 共享优质资源》，河北新闻网，http://hbrb.hebnews.cn/pc/paper/c/201803/13/c56847.html。

B.5
2021年北京市推进京津冀职业
教育协同发展实践研究

侯兴蜀*

摘　要： 为全面了解 2021 年北京市推进京津冀职业教育协同发展的实践
情况，本报告汇总和分析了 2021 年第 1~4 期《京津冀职业教育
协同发展简报》、北京市 14 所高等职业学校和 20 所中等职业学
校撰写的《2021 年京津冀协作报告》的相关信息。2021 年北京
市继续积极推进京津冀职业教育协同发展。协同发展地域广泛且
重点突出，服务内容与形式多样，辐射作用显著。存在的主要问
题是受疫情影响协作有所减少，实践有待进一步深入，支持政策
还不充分。2022 年北京市职业院校仍计划继续积极推进京津冀
职业教育协同发展。为支持这些意愿，建议加大精准招生力度、
鼓励先进主体先行先试、加强合作平台建设、构建跨区域职业培
训体系、制定具体实际措施、加强协作经验学习，以增强职业教
育服务京津冀协同发展的能力。

关键词： 职业教育　协同发展　京津冀

　　2021 年北京市克服了疫情带来的不利影响，继续稳步推进京津冀职业
教育协同发展。协同发展地域广泛且重点突出，其中包括服务雄安新区建

---

* 侯兴蜀，北京教育科学研究院职业教育研究所副研究员，主要研究领域为职业教育战略、规
划与政策。

设、推进"通武廊"合作、服务北京2022年冬奥会。协作内容与形式多样，涉及人才培养、师资提升、资源共享、社会服务等。40所北京市中等和高等职业院校参与其中，既有持续的校际自主合作，也有政府确定的"结对子"帮扶；既有联盟（集团）协作，也有校地合作。虽然面临一些实际困难，但2022年北京市职业院校仍将继续积极推进京津冀协作。

一　2021年北京市推进京津冀职业教育协同发展的主要进展

（一）协同发展地域广泛且重点突出

1. 以京冀合作为主涉及京津冀百余所学校

2021年，北京市40所中等和高等职业院校与天津市或河北省地方政府、职业院校、企事业单位开展合作，涉及天津市18所职业院校和河北省10个地级市（相对集中于保定、石家庄、邢台、张家口、承德、廊坊，而沧州、邯郸、唐山、秦皇岛较少）的87所职业院校。2015年以来，参与京津冀职业教育协同发展的北京市职业院校总体呈增长趋势，在2019年达到峰值50所；河北省和天津市职业院校数量起伏不定（如图1所示）。

2. 服务重点区域发展和冬奥会筹备

（1）服务雄安新区建设

根据北京市教育委员会2021年"雄安新区职业教育教师专业发展提升项目"的安排，北京金隅科技学校组织了2021年京雄职业教育教师优秀论文评选活动，专家组从97篇推荐论文中评审出57篇获奖论文。作为雄安新区职业教育帮扶项目实施单位，北京金隅科技学校举办了京雄职业学校班主任专业能力比赛，班级建设方案评比和典型工作案例评比的各16个作品均来自容城县、安新县和雄县职业技术教育中心。开展雄安新区3县职业技术教育中心管理干部和教师专业能力培训工作，全年培训395人次。根据职业教育提质培优行动计划要求，开展线上课堂典型案例

图1 2015~2021年参与京津冀职业教育协同发展的京津冀职业院校数

资料来源：第1~28期《京津冀职业教育协同发展简报》，2015~2021年历年北京市推进京津冀职业教育协同发展汇总表或年度报告，京津冀职业院校官方网站。

设计、实施、总结、提炼专题培训，121名教师通过线上直播学习3天。为21名教师配发了《职业教育新型活页式、工作手册式、融媒体教材系统设计与开发指南》，同时121名教师参加了"新型活页式、工作手册式、融媒体教材设计方法与编写要点落地工作坊"线上培训，并获得了培训合格证书。此外，还对153名雄安新区教师开展了提质培优背景下的课程思政系统化线上培训。

北京市丰台区职业教育中心学校接待雄安新区管理委员会公共服务局和雄安新区的职业培训学校领导到校参观交流。携手北京星巴克咖啡有限公司，开展两期各为期1个月的"丰职-星巴克"京津冀技术技能人才培养项目，构建了咖啡专业知识、咖啡英语、咖啡服务礼仪和咖啡体验与实操等整套课程体系，雄安新区的职业学校学生34人、教师2人受益，首届项目学生已经走上实习岗位，为2022年冬奥会贡献力量。对标大赛标准，对雄安新区30名职业教育优秀班主任在京开展为期7天的能力提升培训。结合容城县职业技术教育中心基础办学条件，协助完成物联网技术应用、跨境电子商务和数字影像技术应用等新专业的申报。

北京经济管理职业学院面向雄安新区的非核心功能产业，为雄安新区的新农民、外来务工人员开展了多类型、多层次的技术技能培训。

（2）推进"通武廊"合作

北京财贸职业学院发挥国培、市培基地功能和专业资源优势，面向48名廊坊职业院校教师开展"1+X"物流管理职业技能等级证书师资培训、"1+X"数字化管理会计职业技能等级证书师资培训、会计专业"双师型"教师培训，大部分参训教师学习成绩合格，取得了相关专业资格证书，为教学注入了新鲜血液。安排廊坊燕京职业技术学院两批共2名中层干部、4名骨干教师、1名辅导员到北京财贸职业学院进行为期一周的跟岗研修，跟岗人员全程参与教学、教研活动和行政管理、学生管理等工作，提升业务能力。廊坊燕京职业技术学院与北京财贸职业学院教学管理人员共同参加了北京职业院校教学管理通则线上培训。北京财贸职业学院还与廊坊燕京职业技术学院等5所河北学校共同申报了河北省教育厅2021年教育信息化教学应用实践共同体项目——区域一体化背景下京冀高职英语在线开放课程的共同体建设与实践项目。

北京市通州区教育委员会主办，北京新城职业学校承办，天津市武清区职业教育中心、廊坊市电子信息工程学校、香河县职业技术教育中心、大厂回族自治县职业技术教育中心协办了2021年"丹佛斯"杯通武廊职业学校技能大赛。大赛设置了学前教育专业、职业生涯设计技能、电子商务运营技能、数字影音后期制作技术、汽车机械拆装、汽车营销、职业礼仪相关的7项学生赛及思政课教师基本功、班主任基本功2项教师赛。此次大赛展示了"通武廊"三地的职业教育成果，促进了三地职业学校相互交流和学习。

北京经济技术职业学院选派8名学前教育专业学生参与三河市教育体育局大学生支教项目，为三河市学前教育教师队伍建设做出了贡献。2021年是该学院与三河市燕达金色年华健康养护中心校企深度合作的第4年，双方根据养老行业人才需求，不断优化人才培养模式。该学院与三河市人力资源和社会保障局、燕郊高新区人力资源管理局签署了校地共建协议，为域内企业搭建用工平台，促进高校毕业生高质量就业，推进院校与企业人才共育。

（3）服务北京 2022 年冬奥会

北京汇佳职业学院与万龙度假天堂合作成立汇佳＆万龙滑雪产业与教育学院，培养冰雪相关专业人才，带动冰雪运动推广普及。北京市劲松职业高中与张家口市职业技术教育中心联合培养休闲体育专业人才。中国音乐学院附属中等音乐专科学校紧扣北京冬奥会主题，将音乐艺术与体育精神相结合，积极探索创新课程思政模式，取得了良好示范效应与社会影响，在读学生创作了北京 2022 年冬奥会火炬接力推广歌曲《Flame of Hope》。

（二）协同发展内容与形式多样

1.计划内招生

北京电子科技职业学院在河北省计划统招 225 人，在京外各省区市中排名第一，招生涉及通信技术、汽车制造与装备技术、广播影视节目制作等 23 个专业。北京科技经营管理学院京外计划招生 170 人，其中河北省 70 人，占比为 41%，2018 年以来该学校在河北省计划招生占比逐年提高。

北京财贸职业学院将电子商务、旅游管理、建设工程管理和人物形象设计 4 个专业纳入京津冀跨省市高职单独招生范围，天津市春季考试计划招生 21 人，河北省高职单独考试计划招生 160 人，共录取津冀普通高中和中等职业学校毕业生 181 人，计划完成率 100%。北京汇佳职业学院在河北省、天津市高职单独考试中，共投放 120 人招生计划（河北省 100 人、天津市 20 人），录取率为 100%；总报到 81 人，报到率为 67.5%，其中河北省报到 66 人，报到率为 66%，天津市报到 15 人，报到率为 75%。

2.联合办学和学生访学

北京市大兴区第一职业学校与冀南技师学院（原名为邯郸理工学校）开展计算机平面设计专业"1+1+1"模式的学生联合培养，7 名冀南技师学院二年级学生进京学习。通过专业实训周、联欢会、运动会、德育展示、专业技能展示等活动，7 名学生在遵规守纪、文明礼貌、气质形象方面变化较大。自 2016 年 9 月，已有 379 名学生到北京市大兴区第一职业学校学习，其中 1 名学生在计算机维修方面特别擅长，北京市大兴区第一职业学校为其建立了工作室，至今一直发挥着作用。

北京市密云区职业学校与涞源县职业技术教育中心在数控技术应用、会计、供用电技术3个专业开展"1+2"形式的合作，在汽车运用与维修专业开展"2+1"形式的合作；与承德县综合职业技术教育中心在中餐烹饪与营养膳食专业开展"1+2"形式的合作；与张家口正大新能源中等职业学校在客户信息服务专业开展"2+1"形式的合作；与滦平县职业技术教育中心在汽车运用与维修专业开展"1+2"形式的合作。此外，北京市密云区职业学校还接收承德县综合职业技术教育中心、滦平县职业技术教育中心、涞源县职业技术教育中心、张家口正大新能源中等职业学校4所学校的252名技能访学学生在校学习1年，推荐31名学生实习就业，辅导交流学生参加河北技能大赛4人获奖，进行干部教师交流学习11人次，跟岗教师1人学习汽修专业教学1年、参加线上教研活动4次。252名技能访学学生中有建档立卡学生51人。

北京市丰台区职业教育中心学校继续推进面向河北省学生的技术技能提升项目。遴选威县职业技术教育中心27名中餐烹饪专业学生和4名学前教育专业学生到校访学，学生通过企业参观、专家讲座、大师授课、专业实训、技能大赛等活动，了解全聚德企业文化、学习全聚德技术技能，并在全聚德集团完成跟岗和顶岗实习，毕业时优秀学生可以到全聚德集团就业。继续实施沽源、曲阳、石家庄、容城、沧州、保定等地职业学校学生技术技能提升项目。部分访学学生通过参加国家重大政治活动的志愿服务，学习行业规范要求，展现青春活力。北京市丰台区职业教育中心学校借助"丝路工匠"职业院校国际合作联盟与北京星巴克咖啡有限公司聚焦培养咖啡服务业紧缺的专业人才，探索"校+校+企"合作模式，18所河北职业院校参与前期调研，在容城县职业技术教育中心、沧州工贸学校、沽源县职业技术教育中心完成首届项目班的初选和线上遴选工作，3次与星巴克公司领导赴三地职业学校完成线下遴选面试工作，最终22名学生入选该项目培养计划。

北京市商业学校完成与青龙满族自治县职业技术教育中心的联合办学计划，共招收58名2020级学生（汽修班31名、电商班27名）。北京市教育委员会批复的汽车运用与维修专业（新能源技术方向）30个联合办学招生

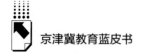

指标也全部完成。目前，在校青龙学生共4个班110余人，按照与北京市学籍学生同样的教学内容和要求接受1~2年的培养。

北京市电气工程学校与曹妃甸区职业技术教育中心开展"1+2"学生联合培养，并帮助学生在京实习和就业；接收唐县职业技术教育中心3名学生和2名教师来校学习茶艺知识和技能，学生培训后参加了河北省高职院校"中华茶艺"技能比赛。

北京青年政治学院继续与天津理工大学合作举办高等教育自学考试专本衔接助学项目，共同制定培养方案，共享课程资源，实施自考专接本助学辅导。为了鼓励在校生继续学习，该学院制定了《北京青年政治学院在校生参加高等教育自学考试奖励办法》。2021年该学院组织了11次实践课、互认课考试，组织学生参加论文开题4次、答辩4次，对138名自考学生进行学业优秀奖评选与表彰。全年148名学生取得本科毕业证书，43名学生取得学士学位证书。

北京市延庆区第一职业学校完成对张家口正大新能源中等职业学校131名学生的专业技能提升培训，涉及美发与形象设计、美容美体、汽车运用与维修、学前教育、计算机应用、建筑工程施工、高星级饭店服务与管理、旅游服务、烹饪专业，其中69人经两校安排已走上实习岗位。

北京市劲松职业高中对来自唐山市第一职业中专的24名学生（西餐专业15名、中餐专业9名）开展技能强化培训，并合作开展综合评价，这是两校合作以来第6批来京接受培训的学生，累计已培训近250人。北京金隅科技学校接收雄县职业技术教育中心和涞源县职业技术教育中心学生访学，共计4个访学班90人，涉及建筑工程施工、计算机与数码产品维修、人工智能技术应用、电子商务4个专业。北京市怀柔区职业学校接收73名丰宁满族自治县职业技术教育中心新生来校进行为期3年的游学培训，目前共有142名丰宁在校生。

3. 学生同台进行技能竞赛

北京市商业学校发起2021京津冀直播销售技能邀请赛，青龙满族自治县职业技术教育中心等17所中高职院校的45支队伍（共90名学生）受邀参赛，电子商务专业学生的实操技能得到提高。北京市经贸高级技术学校作为北京市商务软件解决方案项目代表队，受邀参加2021年"天津技能周"启动仪式暨京津冀技能交流活动。为了备战全国职业院校技能大赛化学实验技术赛项，天津渤海职业技术学院参赛选手赴京与北京电子科技职业学院生物工程学院参赛选手进行了为期2天的模拟比赛。

中国音乐学院附属中等音乐专科学校举办了第六届"鹂鸣春晓"全国作曲比赛，包括天津音乐学院附中在内的京津冀院校以及全国中等音乐艺术院校积极参赛，来自9所学校的20名选手获得奖项。比赛提升了学生的艺术综合素养、作曲专业技能和艺术实践水平。鹂鸣春晓青少年作曲比赛公众号已于年内开通，可通过云端分享学习资源和回看赛事，共同探索音乐理论教育教学前沿。

4. 教师能力提升

受教育部教师工作司委托，北京信息职业技术学院组织了职业教育创新团队建设在线培训示范班，参训学员为师资管理人员、学校领导、信息中心主任、教学团队骨干、"1+X"试点院校教师，共开设了3期56门课程，京津冀三地近百所职业院校共3219人参加了培训，了解了构建国家、省市、院校教学创新团队的工作要求。北京电子科技职业学院举办了河北骨干教师培训班（46人、164课时）和河北高职学校三全育人创新能力培训班（120人、40课时）。北京交通运输职业学院组织威县、怀来县的10位职业院校教师参加为期5天的汽车类专业教师教学能力提升线上培训。张家口市职业技术教育中心、涞源县职业技术教育中心、天津市中华职业中等专业学校的6位教师参加了北京市外事学校举办的调酒师培训班，完成了24学时培训任务并取得了合格证书。

北京市房山区房山职业学校接收曲阳县职业技术教育中心干部挂职跟岗。挂职干部全面参与学校的教育教学及管理工作。两校约定，挂职干部将继续到校每月挂职3天，并将此项工作常态化。沧州市第一职业中学副校长在北京市昌平职业学校跟岗研修。主要研修内容包括：参观校园，实地考察实训基地；多次深度座谈交流，全面了解学校的办学理念、师资队伍建设、教育教学及管理等工作；现场观摩，了解教育教学情况。学校对跟岗干部开

放所有的教育教学活动。冀南技师学院 1 名教师在北京市大兴区第一职业学校挂职专业主任。

北京市电气工程学校派出副校长对唐山市第一职业中专智能楼宇专业骨干教师开展了 2 轮培训，协助其开发工作过程导向的课程体系，为专业教师进行为期一周的技术培训，参训教师全部通过考核，智能楼宇专业已按照最新的人才培养方案落实全部课程教学任务。唐县职业技术教育中心 2 名教师随学生一起在北京市电气工程学校学习茶艺知识和技能。阳原县职业技术教育中心每年都选派干部到北京市电气工程学校交流学习。

北京市财会学校与张北县职业技术教育中心结对帮扶。北京支教团队通过听评课、大赛指导、师徒结对、项目培养、追踪帮扶等方式帮助其培养一批教科研骨干。实施青年教师培养青蓝工程，北京支教团队组成的听课专家团全程参与听课、评课，悉心指导每一位青年教师。开展"推进课程思政、落实立德树人"师德师风建设系列活动、京张英语课堂教学交流展示系列活动、党课讲座等。北京支教团队一行 6 人高质量完成一系列送教任务。北京市外事学校派出 1 名骨干教师赴阜平县进行为期 6 个月的支教工作，完成听课、评课、教科研指导。

5. 专业共建

北京科技职业学院同河间市职业教育中心、永年区职业技术教育中心、三河市职业技术教育中心，共建航空服务、大数据与会计、电子商务等专业。4 校共同开展教学研究，通过线上和线下的方式派遣师资，开展专业课教学 32 次，完成 500 余课时教学任务。为合作校建设 2 个共 900 平方米的实训室，解决了学生校内实习实训的难题。对合作校师生通过网络平台实施 4 次思政教育教学，开展 6 次科学防控疫情教育。牵头打造学生升学、实习实训、就业平台，全年为这 3 所学校共 200 余名学生提供 3 次实习实训机会，为 120 名学生提供升学就业机会，为 500 余名学生提供近 1000 家企业招聘信息。北京科技职业学院还为永年区职业技术教育中心和河间市职业教育中心分别引进 5 家与其深度合作的企业，共同开展产教融合，拓宽学生就业渠道。

北京市平谷区职业学校派出机电专业教研组长到望都县职业技术教育中心担任 2000 级汽修专业课教学工作。支教期间，该教师精心备课、上课，参加教学研讨，分享教学理念，指导汽修专业以及机电专业学生进行理实一体化的实践应用，组织专业教师集体备课，指导教师制作微课，还多次开设公开课，得到了望都县职业技术教育中心教师的认可。北京市财会学校 1 名教师主动申请到阜平县职业技术教育中心支教。北京市房山区第二职业高中 1 名汽车专业教师支教涞水县职业技术教育中心。

北京劳动保障职业学院联合京津冀开设人力资源管理专业的职业院校持续建设国家级人力资源管理专业教学资源库。河北政法职业学院作为该资源库主要参建单位，负责员工关系管理课程的开发与推广，已累积建设上百条动态教学资源。河北青年管理干部学院和河北女子职业技术学院作为资源库建设的一般参与单位，积极利用资源库课程开展教学。北京市劲松职业高中协助唐县职业技术教育中心搭建线上教学资源，帮助其克服了特殊时期教育教学实施存在的困难。

北京市商业学校联合北京祥龙博瑞汽车服务（集团）有限公司与阜平县职业技术教育中心共建汽车专业产教融合生产性实训基地。该基地整合了北京市商业学校汽车专业现代学徒制教学模式和祥龙博瑞汽车服务有限公司企业化管理模式。应阜平县职业技术教育中心提出的酒店专业实训基地建设的要求，北京市外事学校协助其制定《实训室建设设备预算清单》《酒店专业实训楼装饰概算》等 6 份文件，供其在实训基地建设过程中参考使用。

北京市房山区房山职业学校采取线上形式与曲阳县职业技术教育中心开展学前教育等专业建设研讨交流和基于"一校一品""阳光教育"等内容的德育工作交流，共开展了 5 次，参与干部教师 12 人次；代表北京市房山区教育系统，参与京冀教育系统在阜平县举办的"薪火好少年 奋进新时代"——京冀牵手关心下一代主题教育活动，40 余名师生演唱了《没有共产党就没有新中国》这一发源于房山区的经典红色歌曲，增进了两地的友谊。北京市爱莲舞蹈学校邀请河北、天津两省市的中小学艺术特长生教师和艺术培训机构及少年宫等的艺术教师参加"陈爱莲中国舞教法"观摩和示范课活动,引起了强烈反响。北京商贸学校与曲周县职业技术教育中心、易县职业技术教育中心,北京市劲松职业高中与唐山第一职业中专,北京市电气工程学校与曹妃甸区职业技术教育中心,中央音乐学院附属中等音乐学校与天津茉莉亚学院,北京市对外贸易学校与邢台现代职业学校、内丘县职业技术教育中心、宁晋县职业技术教育中心、邢台县职业技术教育中心、临城县职业技术教育中心、平乡县职业技术教育中心等7所职业学校,开展专业教学方面的交流。应雄县职业技术教育中心的邀请,北京金隅科技学校参加了津雄职业教育论坛并交流发言。

6. 社会培训

北京财贸职业学院京冀创新教育学院开展京保教育培训,促进保定市基础教育优质发展。全年累计培训458人,共计5055人次。其中,与中联集团教育科技有限公司联合举办的新一代信息技术应用培训,有60人参训,共计1871人次;与河北省保定幼儿师范高等专科学校合作开展2期"2021年保定市幼儿园骨干教师培养对象培训",累计培训398人,共计3184人次。

应阜平县政府提升红色教育基地场馆解说员业务能力、提高会议接待服务水平的需求,北京市外事学校派出特级教师、市区骨干教师赴阜平县开展定制培训,还在培训现场结合当地政府新的需求,进行展览馆讲解、宴会服务培训,当地有200余人参训,效果良好。

北京劳动保障职业学院举办了为期3天的京津冀地区养老机构管理者(院长)能力提升高级研修班。福利院、养老院、照料中心、大型养老社区以及家居护理服务养老机构的高级管理人员共50人参加。培训内容包括养老机构品牌营销、优化老年心理教育与社会心理服务等。完成规定的课程内容后,每人还提交了3000字左右的学术论文或经验交流材料。研修班结束后,学员普遍反映对工作有很大的启发和指导意义。

北京经济管理职业学院对接河北省退役军人事务厅,合作共建退役军人就业创业省级培训基地,先后承接河北省、廊坊市、固安县、永清县退役军人就业创业适应性培训和职业技能培训任务，完成廊坊市退役军人事务局"适应性+就业创业培训班"、廊坊市"2021年计划分配军转干部适应性培训班"等多个培训项目，得到了参训学员和委培方的认可。目前学校已获批河北省退役军人职业技能培训机构等3项资质。

北京农业职业学院下属的北京市农业广播电视学校带领昌平分校开展农民中职教育教学改革，采取素质培训与农业生产技能计划并行的模式，组织昌平区家庭农场经营者、合作社理事长、休闲农场主、农业观光园负责人等近30人到河北省承德市滦平县绿康园果蔬专业合作社家庭农场开展"党建引领，素质培训+经营管理实践教学"活动。2021年1~11月，北京市农业广播电视学校为京津冀951名学员开设"空中课堂"47次，内容涉及农村地区疫情防控知识、设施蔬菜管理技术等，学员利用手机"新农具"随时随地学习新技术和文化知识。京津冀建立了138个共享实训基地，进一步推动三地农广校基地资源共享。京津冀三地农广校共同组织师资培训，提高三地农广校系统教师政策理论水平。三地农广校共同建设了包含426人的培训师资库，其中有北京农业职业学院和京津冀三地农广校专业教师、实训基地和田间学校负责人以及各地区农业领域专家学者，拓宽了农民教育培训师资范围。

怀柔区职业学校农广校与河北承德农广校合作开展培训，提升新型职业农民农产品经营和销售技巧，带动农民因地制宜谋划致富产业。承德农广校高素质农民培育班（由承德市各县农广校的校长、农民合作社社长共计50名学员组成）来到怀职农广校响水湖基地参观学习，响水湖基地总经理讲授了一堂关于创新农旅项目带动产业发展的课，开阔了学员的视野和思路。

7. 咨询与科技帮扶

北京电子科技职业学院与天津职业大学共同参与雄安新区"十四五"时期的教育发展规划编制工作。

北京农业职业学院以技术支持带动产业发展。该学院生物防治研究所团队与秦皇岛市林业局协作开展释放天敌昆虫卵进行树木害虫生物防治的技术推广，在秦皇岛市的滨海森林公园、经济技术开发区共释放天敌昆虫花绒寄甲卵 20 万粒左右、异色瓢虫卵 16 万粒左右。同时利用海港区祁连山北路的行道树进行了修枝防治害虫技术的示范。派出专业技术骨干作为科技挂职服务工作专家，对接赤城县河北锐洪特食品加工有限公司，负责北京科特派赤城产业扶贫工作站豆制品生产加工项目科技扶贫。针对赤城县豆腐产业质量不稳定、生产效率低等问题，依托学院赤城传统豆腐产业化品质控制关键技术研究及示范科技帮扶项目，示范推广食品标签审核、食品安全管理体系等技术，培训农户 60 余户，直接带来经济效益 18 万元，实现增效 6.2% 以上，促进了赤城县豆腐产业的发展。

8. 学校结对帮扶

落实高职"结对子"工作。河北能源职业技术学院 2019 级城市轨道交通工程技术专业和城市轨道交通运营管理专业共 100 名学生到北京交通职业技术学院进行了为期半年的专业课学习；两校教师见面交流教学工作 2 次，线上交流 4 次，更多交流通过微信完成。北京政法职业学院与河北政法职业学院召开线上课程思政研讨会，讨论课程思政教学设计、课程思政与专业课有机融入等，推进了两院课程思政与专业课程同向同行。北京信息职业技术学院与石家庄财经职业学院加强了数字资源、网络课程资源、教师信息化能力提升等方面的合作。

北京市商业学校接续开展针对青龙县的职业教育帮扶工作。双方签署了职业教育交流与合作协议，将在"十四五"期间通过联合招生合作办学、干部师资培训、专业交流互访、短期游学活动等方式，联合培养青龙县当地急需的专业人才，提升青龙满族自治县职业技术教育中心信息化应用水平、新能源汽车运用与维修水平和师生职业素养，共同扶持青龙当地的乡村产业发展。

9. 集团（联盟）建设

作为北京电子信息职业教育集团理事长单位，北京信息职业技术学院积极推动京津冀职业院校开展校企合作、专业建设、人才培养、学生就业和科技创新。集团组织召开学术年会，交流行业发展前沿动态和校企合作成功经验；改版集团网站，宣传各成员单位校企合作和专业建设成果；收集集团单位科研和创新创业成果，组织评审认定；收集集团内各单位 2020 年工作数据。截至 2020 年底，集团内企业办学 73 个，共建产教融合实训基地 128 个，新开发校企合作共建课程 108 门，集团院校整体就业率达 97.59%，毕业生本区域就业率为 94.65%，集团内企业职工培训总数为 37394 人，当年合作取得技术创新成果 251 个，促进了京津冀三地职业院校电子信息类专业的建设和发展，为行业输送了大批优秀技术技能人才。作为京津冀信息安全产教融合联盟理事长单位，北京信息职业技术学院充分发挥引领作用，利用联盟平台成立"北信-360 协同创新中心"，将 360 集团在信息安全产业生态的典型技术、成果、案例通过校企对接进行教学转化，助推工程化人才培养；与华为公司合作开展"百舸计划"，定向培养华为生态圈所需人才，共同完成 30 余人就业短期培训，15 人在华为生态圈就业；与教育部高校毕业生就业协会共同筹备信息安全职业教育集团人才培养论坛，以提高京津冀信息安全产教融合联盟、全国信息安全职业教育集团在全国信息安全人才培养领域的影响力。

北京电子科技职业学院承办了教育部"双高"院校建设工作推进会，会议期间召集京津冀职业院校举办分论坛，研讨京津冀职业教育协同发展问题。北京电子科技职业学院和北京信息职业技术学院参加京津冀"双高"建设联盟，共鉴、共享"双高"建设经验和成果。北京信息职业技术学院参与"双高"计划绩效评价指标研究，形成了一套适合职业教育发展的项目绩效评价体系。

北京青年政治学院加入"一带一路"康养职业教育集团，主持"产教融合国际康养人才培养助力健康行动"圆桌对话，携手天津职业大学等京津冀鲁院校共同研讨"一带一路"康养人才培养；作为京津冀出入境服务领域产教联盟牵头单位，持续推进相关合作项目。

北京交通运输职业学院参加北京市委组织部扶贫项目，与怀来职教中心·高级技工学校签订"一对一帮扶"合作意向书，并吸纳其加入北京交通职业教育集团。京津冀沪宁晋川交通职业教育集团联盟主办"传承红色基因·励志青春报国"优秀学生校际交流活动，京津冀等地学校师生代表

60 余人参观西柏坡中共中央旧址、雄安新区等地，接受红色革命精神洗礼。该联盟思想政治工作委员会开展思想政治课程青年教师课程展示活动，进一步提高联盟院校思政课青年教师教学能力。该联盟道路桥梁工程技术专业委员会召开专业建设研讨会，就产业转型背景下道桥专业（群）数字化改造、"1+X"证书、"岗课赛证"融通建设、资源库建设与应用、职业本科专业建设等议题进行了交流，分享了相关成果、做法、经验、案例。

北京市丰台区职业教育中心学校作为中国职业技术教育学会智慧物联网专业委员会副主任单位和秘书处单位，在第二届会员代表大会举办之际，吸纳津冀职业院校 12 所，其中本科 2 所、高职 8 所、中职 2 所，不断深化物联网行业、企业与院校之间的交流和协作；作为中国职业技术教育学会智能融媒体专业委员会副主任和秘书处单位，在专委会成立筹备期间，吸纳津冀职业院校 20 所，其中本科 1 所、高职 8 所、中职 11 所。邀请青龙满族自治县职业技术教育中心加盟中国职业技术教育学会数字商务专业委员会并参加第四次会员代表大会，拓展其领导干部的视野。

北京市商业学校先后发起组建了京津冀财经专业职教联盟、京津冀儿童教育创新发展联盟、京津冀电子商务产教联盟、京津冀交通服务产教联盟 4 个专业联盟，邀请了青龙满族自治县职业技术教育中心在内的 10 多所河北职业院校加盟，并通过电子商务大赛、家校共建培训等联盟活动，提高河北相关职业院校教学水平。参加全国临空经济产教融合校企合作现场推进会，并加入全国临空经济产教融合发展联盟和全国临空经济与职业教育研究院，积极承担联盟理事等相关工作。北京现代服务业职业教育集团和京津冀电子商务产教联盟主办了产教融合跨境电商人才培养研讨会，围绕阿里巴巴跨境电商人才培养计划与服务支撑，共同探讨跨境电商人才培养的产教融合模式与路径，全国相关院校领导、电子商务相关专业负责人等 82 名代表参会。

北京金隅科技学校邀请保定市第四职业中学等 5 所京保石邯职业教育联盟学校参加了学校组织的教师教学能力比赛，还组织该联盟成员校教师线上参与北京市职业院校教学管理通则培训会。

北京经济技术职业学院加入燕郊高新区中省直高校联盟理事会。该理事会发挥属地高校、企业优势，推动理事会单位在党建、人才共享、设施共享、服务平台等方面深度合作，共同促进理事会单位和燕郊高新区经济社会发展。

北京市密云区职业学校与其他天津市宝坻区产教融合职教集团"密宝唐"职教联盟成员单位通过集团构建的交流平台共享信息资源。

北京科技职业学院成立京津冀职业教育联盟工作小组，通过论坛、互访的方式同张家口职业技术学院、石家庄信息工程职业学院、河间市职业教育中心、三河市职业技术教育中心、永年区职业技术教育中心进行交流和研讨。

10. 校地合作

北京经济管理职业学院与固安县政府按照双方签订的校地全面战略合作协议，成立战略合作推进工作领导小组，统筹协调双方在科技创新、人才培养、区域公共服务、基础设施建设等领域的重点合作事项的工作。固安县主要领导实地调研固安校区，并就学校办学过程中的实际需求与学校进行了沟通交流。北京经济管理职业学院与固安县政府共同发起建设了固安人力资源服务产业园，北京经济管理职业学院对园区进行调研，按照园区需要对接专业建设，实现学院服务园区的项目不断落地。北京经济管理职业学院加大对固安县职业技术教育中心的专业扶持、队伍帮扶、师资培训力度，该中心学生在北京经济管理职业学院考点参加计算机等级考试。两校互相挂牌，实习实训室开放共享，教师交流培训和相互挂职，中高职衔接等项目得到有效推进。合作共建永定河文化研究院，围绕永定河生态恢复与涵养开展专项调查研究，共同规划研究相关产业经济项目开发，开展非物质文化遗产传承与保护研究。推进固安县非物质文化遗产现状调研与保护开发研究，打造区域内传统文化的示范基地——非遗馆，建成"文化展示、参观学习、互动体验"三位一体的特色文化博物馆。定期举办"走进非遗"非遗文化日，邀请一批区域内非遗传承人开展具有鲜明特色的文化宣讲、展览等活动。开设"中国文化"体验课程，定期面向社会开展乐享非遗微课堂、文化宣讲，同时输送非遗文化表演，积极参与区域民俗文艺展演、文化大礼堂建设。召开永定河文化研究院座谈会，举办永定河文化研究学术论坛，推动永定河生

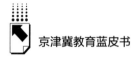

态、文化环境整体提升，打造京津冀生动交融的文化纽带，增强沿线居民的获得感和幸福感。

此外，部分学校签署合作协议或积极探讨合作意向。北京劳动保障职业学院与北京支持雄安产业发展促进会会员学校河北雄安一方职业技能培训学校签署合作框架协议。北京汇佳职业学院先后与定州市职业技术教育中心、定州技师学院、张家口市职业技术教育中心、河北省冰雪运动学校、滦平县职业技术教育中心、平泉市职业技术教育中心等学校接洽，针对学院参加跨省单招的学前教育、冰雪运动及人工智能等专业的招生、专业共建、升学对接、教学资源共享、师生相互交流学习等方面内容深入探讨合作意向，经过多次互访，已达成口头合作，合作内容相关工作正在进一步研究探讨中。北京市爱莲舞蹈学校先后与涿鹿县职业技术教育中心等探索建立姊妹校联合体，并初步达成了北京市爱莲舞蹈学校专业教师到合作校进行舞蹈教学的意向协议。北京青年政治学院与中国普天信息产业股份有限公司和天津爱德励科技有限公司等智慧养老示范企业深度接洽，探索在跨区域人才培养、社会服务、技术创新等方面的合作路径。

（三）辐射作用显著

北京市商业学校为青龙满族自治县职业技术教育中心电子商务专业建设做了大量工作，从之前的参赛观摩到正式参加比赛，再到最近两年连续获得较好的参赛成绩，其专业建设水平持续提升。

北京汇佳职业学院利用集团办学优势，充分挖掘机构内各年龄段、各学科优势教育资源，与幼教机构和职业院校合作进行幼儿园阶段0~3岁婴幼儿托育教师课程开发，开展与河北、天津各级各类院校的专业共建、短期访学合作，将学院特色优势专业建设成果、国际化教育理念、先进教学设施设备转换成合作内容，实现与合作院校资源共享和互补。

北京市财会学校坚持将教育帮扶纳入学校全年工作计划，坚持每周简报、日常管理、定期研商相结合，统筹协调优秀管理干部和骨干教师赴帮扶地，党政工关心派驻人员，使其解除后顾之忧全身心投入工作；校长多次带领学校专业带头人、骨干教师、教学科研干部等赴帮扶地，有计划、有重点开展帮扶工作。通过"后方"与"一线"的完美配合，这支被赋予新内涵的"支教团队"在工作中形成了许多宝贵经验，带动当地教学理念明显转变、办学水平显著提升。

雄县访学学生参加高职单考获得优异成绩。2018年，雄县职业技术教育中心楼宇智能化设备安装与运行、建筑工程施工、计算机数码产品维修、电子商务、航空服务5个专业的88名同学以访学形式在北京金隅科技学校学习。两校高度重视合作育人，针对高考班制定有针对性的工作方案，安排教学经验丰富的教师团队授课，创设良好的育人环境和学习氛围。经过两校3年的精心培养，2021年88名学生参加河北省高职单招考试，77人被录取，录取率达88%。

涞水县职业技术教育中心1名主任在北京市房山区第二职业高中挂职锻炼，通过听课、教研了解教育教学工作和学校管理，并将学校专业建设、校企合作、产教融合、教学管理等方面的经验借鉴到其所在学校的相关工作当中。涞水县职业技术教育中心校长带队去北京市房山区第二职业高中调研对接时表示对该主任挂职期间的工作非常满意。

二 北京市推进京津冀职业教育协同发展存在的主要问题

（一）实践有待进一步深入

京津冀职业教育资源丰富，协同发展起步较早，但部分合作层次较低。职业教育联盟在高质量、深层次协作模式方面需要加大创新探索力度，有待进一步加强实体化运行机制建设，以不断拓展京津冀协作深度和广度。资源共享还比较困难，比如缺乏师资共享信息平台、师资共享协调机制、师资流动激励机制。部分学校在寻找合作学校时主要依靠学校与学校自由组合，带有一定的盲目性和不确定性。

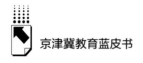

（二）支持政策还不充分

北京经济管理职业学院在固安校区的固定资产投资、在河北地区的招生指标（固安校区）、扩招、自主招生、"3+2"中高职衔接等方面受到相关的制度约束。北京市爱莲舞蹈学校具有招收 600 名学生的资格和空间，但按照现行招生计划，每年只能招收 30 名六年制舞蹈专业学生，即使学生不流失，在校生规模为 180 人，仍可容纳 420 名学生入学。学校专业课和文化课师资力量雄厚，与天津、河北实现合作办学具有很大潜力，但双方合作办学受招生计划、学籍互认等深层次因素的制约。部分学校（包括京津冀职业教育联盟的北京市牵头学校）尚没有专项工作经费，不能使协作活动制度化、常规化和高效开展，合作的热情、力度、深度和广度受到了一定的抑制。

（三）受疫情影响协作有所减少

为减少疫情防控的压力和人员的流动，线上协作帮扶活动相比增加很多，但线下活动次数有所减少。受到疫情和支援合作项目调整等因素影响，部分学校未与津冀地区开展合作。

三　北京市推进京津冀职业教育协同发展的建议

34 所提交 2021 年京津冀协作报告的北京市职业院校均有在 2022 年继续推进协作的计划，主要包括合作办学、专业共建、开展学生交流、提升社会服务水平、促进雄安新区建设发展、加强集团（联盟）建设六个方面的内容。为支持职业院校继续推进京津冀协作，结合京津冀协同发展战略总体要求，本报告提出以下建议。

（一）加大精准招生力度

由北京市发展和改革委员会、北京市教育委员会统筹安排，增加集中连片贫困地区的定向招生名额，投向京津冀特别是首都急需的学前教育、养老服务和社区服务领域。借助北京市特色高水平职业院校、特色高水平专业（群）的资源优势，探索"3+2""3+2+2"学历教育京冀联合培养模式，对跨省就读的学生在免学费、助学、培训补贴等方面逐步实行同城待遇。继续扩大北京市国家级"双高"项目建设学校在京津冀地区的普通高考招生计划。

（二）鼓励先进主体先行先试

通过资金、项目、评价等方面的政策鼓励和支持北京金隅科技学校、北京市丰台区职业教育中心学校、北京市商业学校、北京市外事学校、北京市劲松职业高中、北京市密云区职业学校、北京市电气工程学校、北京新城职业学校、北京市房山区房山职业学校、北京市昌平职业学校、北京财贸职业学院、北京交通职业技术学院、北京信息职业技术学院、北京劳动保障职业学院、北京经济管理职业学院、北京农业职业学院、京津冀沪宁晋川交通职业教育集团联盟等一批勇于探索的学校和集团（联盟），在京津冀职业教育协同发展方面先行先试，发挥引领带动作用，继续探索道路、积累经验、贡献力量。

（三）加强合作平台建设

支持成立更多京津冀专业性职业教育联盟，并有效发挥其作用。比如，积极构建京津冀中等艺术教育协同发展联盟，开展多种形式的院校合作和校地合作。充分挖掘地方特色艺术资源，努力搭建中等艺术教育资源共享平台。开展艺术人才联合培养，形成京津冀院校师资、生源资源优势互补。建立教师互聘、学生交流和短期访学机制，发挥京津冀艺术院校学科互补优势。搭建并丰富线上艺术资源，开启"京津冀艺术教育资源智库"建设。协作提升教师能力素质，定期选派优秀教师到天津、河北开展学术讲座，同时有序接收天津、河北专业教师到中央音乐学院附中研修。

加强京津冀职业教育对接产业服务平台建设，推动职业院校、职业教育

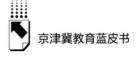

园区与产业聚集区融合发展。

充分利用信息化技术构建线上区域协作空间。受疫情影响，跨省域人员流动减少并可能形成常态化，因此需要充分发挥京津冀信息化优势，搭建远程线上交流平台，构建线上共享型校企合作、校际合作空间。

（四）构建跨区域职业培训体系

发挥北京职业教育资源优势，结合"1+X"证书与学分银行政策的落地，制定跨区域、组合式、体系化培训课程与成果互认机制，通过信息化手段降低跨区域培训成本，提高跨区域培训流动性，打破区域壁垒，构建跨区域多层次的产业人才培训体系，真正实现京津冀职业教育资源优势互补。

（五）制定具体实际措施

加大对京津冀职业教育协同发展和对口帮扶项目的资金支持，增强项目对技术技能人才培养和产业产品开发的支撑力度。继续举办京津冀邀请赛等学生技能竞赛项目。扩大校际交流互访合作，实现教师和管理人员"嵌入式"对接。鼓励师生暑期进行京津冀社会调研，为京津冀协同发展建言献策。

（六）加强协作经验学习

加强京津冀职业教育协同发展工作的研究成果推广。开展京津冀职业教育协同发展工作总结交流会，邀请相关院校分享协作经验，提供学习借鉴平台。组织人员交流培训，学习全国区域合作典型案例。打造一批品牌论坛，比如思想政治课青椒论坛（高职序列）。

参考文献

胡秀：《长三角地区职业教育合作发展机制探析——基于历史和现状的考察》，《职教论坛》2013 年第 4 期。

胡秀锦：《区域职业教育合作模式与实现机制研究》，《教育发展研究》2012 年第 19 期。

齐子翔：《京津冀协同发展机制设计》，社会科学文献出版社，2015。

邢晖等：《跨区域职业教育合作办学模式研究》，现代教育出版社，2012。

闫志利、韩佩冉、侯小雨：《京津冀职业教育一体化研究》，中国社会科学出版社，2018。

地 区 篇
Regional Reports

B.6
北京城市副中心教育资源
配置进展与面临的矛盾[*]

曹浩文　李　政^{**}

摘　要： 北京城市副中心通过高起点新建和改扩建学校、改造薄弱学校、整体提升教师队伍素质、借助现代信息技术推动教育变革与创新等举措，不断提高教育资源配置。教育资源配置成效包括：教育资源先行配置，教育的基础性和先导性地位充分显现；教育资源优化配置，教育引导人口合理分布的作用初步发挥；教育资源精准配置，为"三元结构"下教育质量整体提升探索路径。但是北京城市副中心教育资源配置也面临一些矛盾，包括利益相关者的高期待与教育发展基础薄弱的矛盾、外

*　本报告是北京市教育科学"十三五"规划2018年度优先关注课题"北京市城市副中心教育资源配置的策略与路径研究"（项目编号：BEGA18038）的成果之一。

**　曹浩文，北京教育科学研究院教育发展研究中心副研究员，博士，主要研究领域为教育政策的经济分析；李政，北京教育科学研究院教育发展研究中心副研究员，主要研究领域为教育规划和教育政策。

部要求快出成效与教育资源见效慢的矛盾、改革创新要求高与改革手段单一的矛盾、不同区域之间的矛盾、资源投入需求大与财政收入下降的矛盾。建议引导利益相关者形成对北京城市副中心教育的合理预期，完善北京城市副中心教育改革和创新的顶层设计，建立副中心学校自主革新的激励和支持机制，继续坚持差异化扶持策略，完善教育经费保障机制。

关键词： 北京城市副中心　教育资源配置　三元结构

北京城市副中心（简称副中心）建设是千年大计和国家大事。它对治理"大城市病"、推动京津冀协同发展、建设以首都为核心的世界级城市群有重要意义。教育尤其是基础教育作为重要的民生工程，在副中心建设过程中起着重要作用。及时总结和提炼副中心教育资源配置经验，不仅有助于副中心教育质量提升，还对河北雄安新区以及其他城市副中心建设有重要借鉴意义。本报告首先梳理副中心教育资源配置的进展，然后分析副中心教育资源配置面临的矛盾，最后提出改进建议。

一　北京城市副中心教育资源配置进展

副中心是为调整北京市空间格局、治理"大城市病"、拓展新发展空间而建设的，它坐落在北京市通州区辖区范围内。副中心总面积155平方公里，它的外围控制区即通州全区总面积906平方公里。副中心与通州区既明显不同，又息息相关。副中心不是"在一张白纸上画蓝图"，而是依托通州区原有发展基础。反过来，副中心建设对通州区发展有重要影响，是通州区发展的重要契机。由于副中心没有单列的统计数据，本报告在必要时使用通州区数据代替副中心数据。教育资源是指一切能为教育过程所利用的各种资源。它既具有资源的一般属性，例如稀缺性、流动性、多用性、不均衡性、

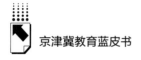

潜在性；也拥有教育资源的独特属性，例如复杂性、外部性、投入回报的迟效性和长效性、地位性。[①]

（一）副中心教育资源配置的举措

自 2015 年副中心启动建设以来，教育资源配置作为副中心建设的重要组成部分，是先行规划和启动建设的一部分，主要举措包括以下几个。

第一，高起点新建、改扩建一批学校。副中心新建、改扩建了大量学校，这些学校涵盖幼儿园至普通高中各阶段。大部分学校为引进的名校校区或分校，有 3 所为新命名的学校。新校区或分校与名校实行"一个法人、一体化管理"模式，即统一招生代码、统一教材教学、统一课程设置、统一考试评价和统一培训科研，每个新校区或分校均有名校派遣的师资和管理团队。3 所新命名的学校分别是北京学校、北京第一实验学校和北京第一实验中学。它们都是北京市教委直属学校，而且都是体制改革学校，将从人事管理、经费使用、招生政策和学生培养等方面开展改革实验，探索新的办学模式。这些新建、改扩建学校是副中心优质教育资源的集中体现，也是利益相关者关注的焦点。

第二，改造薄弱学校，提升通州区原有学校的办学水平。让通州区全体人民群众都享受副中心建设带来的红利，提高他们的教育获得感，改造和提升通州区原有学校的办学水平非常有必要。通州区主要采取的对策包括：迅速提升普通高中办学水平，吸引优秀生源；对个别学校进行更名，引进名校优质教育资源；推动城区优质学校与通州区学校建立对口合作关系，在课程资源、学科教研、教学管理、校本科研和德育工作等方面开展一对一的支持；推进义务教育学校管理标准化建设，开展学校管理诊断；委托专家团队开展入校诊断，制订"一校一策"教育质量改进计划；等等。在副中心建设之前，通州区仅有市级示范普通高中学校 3 所，新建、改扩建学校以及对个别学校更名后，通州区市级示范普通高中学校达到 10 所，全区仅 1 所普

---

① 许丽英：《教育资源配置理论研究》，博士学位论文，东北师范大学，2007。

通高中学校不是市级示范普通高中学校。

第三，优化增量与盘活存量并举，提升教师队伍素质。高素质的教师队伍是教育质量提升的"源头活水"。通州区教师队伍存在总体超编与结构性缺编并存、来源不足与专业性下降（非师范专业教师、"教非所学"教师比例不断提高）、年龄结构和学历结构不合理等问题。针对这些问题，北京市和通州区主要采取两方面举措，一是实施教师招聘制度改革，优化师资增量。具体包括成立教师服务中心，探索通过政府购买服务方式，拓展编制外教师资源的供给；通过逐年核销工勤岗和教辅岗人员编制、分类推进经营类事业单位转企改制、事业编制跨行调剂等途径，腾出编制优先用于教师招聘；分配进京指标时向通州区倾斜；返聘城区退休教师到通州区任教，鼓励城区优秀教师到通州区交流轮岗；面向全国引进一定数量的名校长、名教师；等等。二是依托教师素质提升计划，盘活师资存量。具体包括推进教师"区管校聘"和校长、教师交流轮岗；开展"教非所学"教师专题培训；支持义务教育阶段教师参加跟岗脱产培训；支持教师参加城区的教师研修活动；支持骨干教师送教到校；支持干部教师学历提升；等等。

第四，借助现代信息技术，推动教育变革与创新。现代信息技术在推动教育资源共享、人才培养模式创新、教育教学方式变革和教育治理方式变革等方面具有重要优势。通州区依托北京师范大学未来教育高精尖创新中心，开展"互联网+"助力通州区教育综合改革项目。项目运用移动互联网、大数据和云计算等为代表的新一代信息技术，整合北京市骨干教师、北京师范大学九大学科团队及教育技术学科的优质资源，为通州区各级各类学生、教师和教研员等提供学生学科能力和综合素质测评、学习和测评大数据分析、在线教师辅导、在线学习资源、教师开放型在线培训和系列专题培训等。尤其是在疫情期间，该项目为通州区学生、教师和教研员"停课不停学""停课不停教""停课不停研"提供了有力保障。

（二）副中心教育资源配置的成效

2019年，北京市首批35个市级部门、165家主体单位有序迁入副中心，标志着副中心建设取得重要阶段性成效。副中心教育资源配置注重"先行""优化"和"精准",在实践中逐步探索形成教育资源配置的"副中心模式",对河北雄安新区以及其他城市副中心教育发展具有借鉴意义。

第一,教育资源先行配置,教育的基础性和先导性地位充分显现。教育是最大的民生。在谋划和启动副中心建设之初,教育资源配置就被提上日程,主要表现在以下几个方面。一是规划先行一步,规划适度超前。北京市委托北京市城市规划设计研究院等专业机构,高标准编制《北京市通州区教育设施专项规划(2017—2035 年)》。适应副中心 12 个民生共享组团的布局,按照规模适度超前、布局相对均衡、服务全面覆盖的原则,规划新建基础教育学校 142 所,其中幼儿园 83 所、小学 32 所、中学 27 所。此外,还规划建设几所高水平国际学校和 1 所国际一流的特殊教育中心。由于规划先行一步,在首批市级单位迁入之时,一部分优质学校已经在副中心"虚位以待",为疏解人员子女入学做好充分准备。二是北京市委市政府高度重视,市级统筹作用充分发挥。副中心建设之初,北京市委市政府组织中心城区教育行政部门负责人以及优质学校校长实地考察副中心,向他们宣讲副中心的发展规划和相关政策,鼓励他们积极参与和支持副中心教育发展。东城区、西城区和海淀区等传统教育强区都纷纷支持副中心教育发展,形成全市支持副中心教育发展的合力。以往任何一座城市的建设都没有像副中心这样优先规划和重视基础教育的发展。以往的城市在发展中建设配套学校,主要走"人口迁移—住宅建设—配套学校建设"的路子,甚至城市建设起来了,配套学校还不见踪影。而副中心建设尤为重视"学校先行建设—吸引人口迁移—促进职住平衡"的思路,教育在城市发展中的基础性、先导性和全局性作用更加凸显。

第二,教育资源优化配置,教育引导人口合理分布的作用初步发挥。根据人口迁移的推拉理论,人口迁移方向与迁移速度取决于某些推拉力量的作用,而这些力量来自迁出地和迁入地对人口的有利因素与不利因素之间的对比。[1] 教

---

[1] 童玉芬、马艳林:《城市人口空间分布格局影响因素研究——以北京为例》,《北京社会科学》2016 年第 1 期。

育资源尤其是优质教育资源，对人口迁移具有重要的拉力作用。副中心教育资源优化配置，对吸引北京市常住人口在通州区居住和生活起到重要作用，主要表现在以下几个方面。一是市级机关公务员子女在副中心入学。2019年，副中心共计接收搬迁公务员子女 607 人入学。其中，学前教育阶段 179人、小学 201 人、中学 32 人，转学 195 人。未来，随着副中心职工周转房建设的推进、副中心学校的进一步发展以及更多产业迁入，更多的疏解人口子女将在副中心入学。二是北京市其他区学龄人口流入通州区。以小学为例，小学入学人数和毛入学率都显示通州区的教育吸引力在提高。通州区小学入学人数从 2014 年的 9713 人上升到 2018 年的 14034 人，增长 44.5%，远高于全市平均水平，仅略低于西城区。通州区 2017 年和 2018 年①的小学毛入学率分别为 123.8% 和 134.3%，远高于全市平均水平，仅低于东城区和西城区。② 这表明通州区教育资源吸引力的增强，有效缓解了中心城区教育资源的压力。

第三，教育资源精准配置，为"三元结构"下教育质量整体提升探索路径。副中心具有鲜明的"三元结构"特征，即在城乡二元结构基础上再加上副中心，"三元结构"下教育发展基础和条件、教育资源保障水平等存在差异。副中心需要妥善处理好教育高地与教育薄弱地区的关系，做到引领与追赶齐头并进。为了同时扶持各类学校发展，整体提升教育质量，副中心教育资源配置必须"精准"。一是注重调查研究，客观了解发展基础。为了全面了解通州区教育发展现状、存在问题、与中心城区的差距以及发展需求等，通州区通过实地调研、统计数据分析和比较、问卷调查和专家咨询等多种方式，对区域内各级各类学校的学位供给、教师队伍建设、教育经费、教育教学质量与改革等问题开展深入研究，形成专题研究报告，为精准施策提供科学依据。二是注重分类施策，为不同类型学校制定差异化扶持策略。在前期调研

---

① 北京市从 2011 年开始统计分区常住出生人口，所以最早只能计算 2017 年的区级小学毛入学率。

② 袁连生、何婷婷：《2006—2015 年北京市义务教育区县均衡进展研究》，《教育学报》2018年第 2 期。

的基础上，通州区将学校分为四类：第一类是副中心新建学校，它们重在迅速组建优秀管理和师资团队，提升学校吸引力；第二类是通州区原有优质学校，它们重在进一步巩固和提升办学水平，发扬通州区本土优秀教育文化；第三类是通州区原有薄弱学校，它们重在提升教育教学和管理水平，缩小与优质学校的差距；第四类是大量农村学校，它们重在实现城乡一体化发展，为通州区建设新型城镇化示范区提供保障。四类学校的发展特点和需求不同，教育资源投入的重点和方向也不同。河北雄安新区及其他城市副中心，可以借鉴副中心的经验，分类推进、整体提升"三元结构"下的教育质量。

二 北京城市副中心教育资源配置面临的矛盾

虽然副中心教育资源配置取得重要进展，但是随着教育资源配置的推进，副中心教育由大幅"画图纸"和全面施工阶段转入"内部精装修"阶段，一些固有矛盾和新发矛盾集中显现，成为制约其进一步发展的风险。

（一）利益相关者的高期待与教育发展基础薄弱的矛盾

利益相关者对副中心教育充满关注和期待。中共中央、国务院和北京市都表示，要坚持世界眼光、国际标准、中国特色、高点定位，以创造历史、追求艺术的精神，以最先进的理念、最高的标准、最好的质量推进副中心规划建设，将副中心打造成国际一流的和谐宜居之都示范区、新型城镇化示范区和京津冀区域协同发展示范区。

但是与利益相关者的高期待相比，副中心的教育发展基础薄弱。受数据可得性限制，本报告从人力资源充足性、人力资源优质性、财力资源充足性和物力资源充足性四个维度构建指标体系，发现通州区教育资源投入的许多指标在北京市16个区中排名靠后。如表1所示，通州区基础教育各阶段生师比在全市排名第10至12位，教学名师占比排名第11位，生均一般公共预算教育事业费排名第11至15位，班级规模排名第9至16位。通州区需要在较短时间内从一个教育发展相对落后的区发展成为教育强区，任重道远。

表1　2018年通州区教育资源投入指标在全市的排名

维度	指标	排名
人力资源充足性	学前教育生师比	11
	小学生师比	12
	普通高中生师比	11
	职业高中生师比	10
人力资源优质性	基础教育教学名师(特级教师、市级学科带头人、市级骨干教师)占教职工总数的比重	11
财力资源充足性	学前教育生均一般公共预算教育事业费	15
	小学生均一般公共预算教育事业费	15
	初中生均一般公共预算教育事业费	15
	普通高中生均一般公共预算教育事业费	11
物力资源充足性	学前教育班级规模	9
	小学班级规模	16
	初中班级规模	12
	普通高中班级规模	15

资料来源：2018年《北京市教育事业统计资料》和《2019北京教育年鉴》。

（二）外部要求快出成效与教育资源见效慢的矛盾

外部形势要求副中心教育尽快产生成效。2019年首批市级机关迁入副中心，其他的市级机关也会陆续迁入，未来还会带动更多的产业入驻。搬迁的公务员家庭及其他疏解人口、回迁居民家庭和"回流"家庭都迫切希望在通州区就近接受高质量教育。如果通州区教育无法吸引疏解人口在通州区安心居住和生活，疏解人口就会白天在副中心工作、晚上在中心城区生活，会产生新的潮汐式道路拥堵现象，不利于副中心实现"职住平衡"。韩国"行政首都"世宗市的建设经验说明了教育资源配置对副中心建设的关键作用。世宗市历时5年建成，但是由于生活配套设施不足、教育质量无法与首尔市媲美，搬迁的公务员仅将世宗市作为个人上班的地方，子女教育等仍然留置首尔市，每天不惜花费数小时往返两地。[1]

---

[1]　冯奎:《通州副中心建设要借鉴国内外经验教训》，《中国发展观察》2015年第7期。

但是与外部要求快出成效相比，教育资源的成果见效缓慢。一是物质性资源（例如校舍、教学设备设施等）投入简单易操作、短时可见，但非物质性资源投入难以跟进、掣肘较多。以教师队伍建设为例，副中心大量新建学校起点高，亟须组建高水平教师队伍。但受长期以来的进京户口指标限制、教师编制数量限制、教师待遇保障机制限制等，通州区无论是在校园招聘上还是在社会招聘上都难以吸引高素质师资，满足新建学校的迫切需求。二是资源投入相对容易，但资源投入转化为成效需要一个长期过程，而且成效是什么、如何测量和比较等问题难以达成共识。尤其是学前教育与义务教育阶段，由于缺乏统一的高考成绩等客观、可比的指标，家长更多凭借学校长期办学过程中积累形成的品牌声誉以及家长群体的口碑来择校。副中心新建学校虽然引进了大量品牌名校，但是名校教育资源到底在多大程度上辐射新校区，引进的名校教育资源能否在副中心生根发芽，能否成长为与名校水平相当的优质学校，这些都有待时间检验。

（三）改革创新要求高与改革手段单一的矛盾

副中心要想在短时间内实现教育的跨越式发展，需要改变常态化发展思维，走常态化和非常态化发展相结合的思路；需要突破既有政策"条条框框"的限制，勇于创造政策红利；需要大胆创新教育体制机制，解决制约教育发展和人民群众关心的热点难点问题。

但是与改革创新要求高相比，副中心现有的改革手段仍显单一。一是与全国许多地区优化教育资源配置的手段相同，副中心也主要采取引进品牌名校的手段。这种手段能够在短时间内迅速引进优质教育资源，但是无法解决提升教育质量的所有问题。教育行政部门主导的"政策明确、反应迅速、运行快捷、宣传紧跟"的名校办分校模式[1]，不能止步于硬件建设和校名"挂牌"，而应该打持久战，逐步将名校优秀的办学思想、理念、文化和价值观输出到分校，帮助分校提高办学能力。副中心亟须在总结前期名校办分

---

[1] 吴颖惠：《名校办分校不是一"分"就灵》，《教书育人》2014年第24期。

校等改革经验的基础上，进一步推进改革，形成名校办分校的"副中心模式"。二是一些制约教育发展的体制机制问题，在副中心同样未得到破解。在办学体制方面，需要落实和扩大学校的办学自主权，激发学校办学活力。在经费使用和管理体制方面，需要提高学校的经费使用自主权，合理优化学校内部经费使用结构，提高人力资源投入和教育教学投入。在教师聘用和管理体制方面，需要打破编制总量对教师聘用的束缚，创新教师聘用制度，扩大学校用人自主权，建立和完善教师激励制度。如果不在上述方面实行改革，单纯依靠常态化发展思路，副中心教育跨越式发展就难以实现。

（四）不同区域之间的矛盾

副中心内部以及副中心与周边区域之间存在矛盾。一是副中心与中心城区之间的矛盾。副中心希望中心城区加大教育资源疏解力度，加大对副中心教育的支持力度，但中心城区优质教育资源总量有限，在多年的名校办分校、教育集团化办学、委托管理等办学模式改革中存在稀释风险。而且，中心城区之间教育竞争激烈，各中心城区自身的教育发展优势迫切需要巩固和提升。这些都制约了中心城区对副中心教育的扶持力度。二是副中心核心区与外围区的矛盾。在资源有限的条件下，副中心核心区是教育资源配置的重点和优先关注区域。但是，优先配置副中心核心区教育资源，容易在副中心核心区与外围区之间产生新的教育不均衡，造成副中心核心区对外围区的新的"虹吸效应"。调研显示，外围区优秀师资和优质生源已经流失至副中心核心区，副中心核心区新建学校的师资有相当一部分来自外围区学校的教师流动。这进一步恶化了外围区学校的办学环境，增加了它们的办学困难。三是通州区与河北"北三县"之间的矛盾。通州区毗邻河北"北三县"，在京津冀协同发展中起着重要的示范和带动作用。但是，通州区自身教育发展基础薄弱，辐射和带动"北三县"的能力有限。在人口生育政策变动背景下，通州区基础教育学位供给压力明显，副中心优质教育资源吸引"北三县"适龄儿童前来入学，又进一步加剧了通州区学位供给的压力。在教育协同发展过程中，通州区和"北三县"还面临课程、教材、考试、师资水平等方面不一致带来的难题。

（五）资源投入需求大与财政收入下降之间的矛盾

副中心教育资源配置需要大量的财力支撑。无论是新建、改扩建学校和改造薄弱学校，还是聘用优秀教师、开展教师培训等，都离不开财力保障。而且，教育资源投入具有体量大、成本高、见效慢的特点。

与资源投入需求大相比，北京市和通州区的财政收入在下降。受经济下行压力加大、大规模减税降费政策、疏解非首都功能、主动实施减量发展、疫情等叠加影响，北京市和通州区的财政收支矛盾突出。就北京市而言，2019年北京市一般公共预算收入仅增长0.5%，2020年初北京市一般公共预算收入的预期增长目标为0%，在疫情影响下，实现预期增长目标困难。就通州区而言，通州区一般公共预算收入有限，在北京市16个区中仅高于一些生态涵养区；通州区一般公共预算教育经费占一般公共预算支出的比重低，在全市排名末尾；通州区教育财政投入总额约三分之一来自北京市级财政投入。紧缩的财政形势要求通州区不能依赖源源不断的加大投入来提升教育质量，而必须优化教育经费使用结构，提高经费使用效益。

三 对策建议

副中心教育资源配置虽然取得重要进展，但也面临一些突出矛盾。如不及时化解这些矛盾，它们将制约副中心教育的进一步发展，由此本报告提出如下对策建议。

（一）引导利益相关者形成对副中心教育的合理预期

副中心发展前景光明，到2035年要初步建成具有核心竞争力、彰显人文魅力、富有城市活力的国际一流的和谐宜居现代化城区，在公共服务供给方面要建成"公平普惠的宜居城市"。副中心教育值得利益相关者期待，但是教育强区的建成不是一朝一夕的事，需要几代人的共同努力。指望一所学校在建成之时或在建成几年内，立刻显现与百年老校接近的办学成就，是不切实际的。各级政府和教育行政部门、学校、家庭和社会都应形成对副中心教育的合理预期，协同努力，共同推进副中心教育质量提升。政府应该认识到副中心教育资源配置阶段的转变，主动调整对策思路，久久为功。学校应该把握副中心建设的"天时"和"地利"，谋求学校发展的"人和"。家庭应该认识到自身在副中心教育中的作用，不仅做副中心教育服务的享有者，还要做副中心教育服务的建设者。社会，尤其是媒体，既要报道副中心教育资源配置的进展，也要客观宣传副中心教育资源配置面临的矛盾和困难，倡导利益相关者共同支持副中心教育。

（二）完善副中心教育改革和创新的顶层设计

副中心教育改革和创新，不是由通州区说了算，也不是由教育一家说了算，而是需要市级政府统筹。建议由副中心工作建设领导小组牵头，组织各部门在深入调查研究的基础上，提出本领域全面深化改革面临的迫切问题和人民群众关心的热点难点问题。然后由副中心工作建设领导小组协调发改、规划、建设、财政和人事等部门，制定和出台《北京城市副中心全面深化改革的意见》，作为副中心全面深化改革的顶层设计。在顶层设计的指导下，各级教育部门探索完善改革推进机制，确保改革部署落地，同时建立健全改革容错纠错机制[①]，营造敢于改革的良好环境。建议将通州区作为教育体制机制改革试验区，将副中心新建的 3 所体制改革学校作为试点学校，在教育体制机制改革上先行先试。充分借鉴深圳经济特区和上海浦东新区的历史经验，在政策和制度创新上做大文章。

（三）建立副中心学校自主革新的激励和支持机制

当前副中心薄弱学校改造主要使用教育行政部门主导的"外推"模式，而较少使用薄弱学校自身主导的"内发"模式。[②]"外推"模式有助于短时

---

① 董城、张景华：《北京通州：城市副中心扬帆起航》，《光明日报》2018 年 10 月 27 日，第 1 版。

② 武秀霞、高维：《我国薄弱学校改造模式探析》，《上海教育科研》2018 年第 1 期。

间内迅速调集资源，快速见到改造成效，但忽视了薄弱学校的主体性和个性，没有调动薄弱学校自身的积极性和创造性。建议副中心建立学校自主革新的激励和支持机制，调动想干事、能干事、敢干事的校长的办学积极性。具体包括：改革学校评价方法，探索增值性评价，评出学校的"加工能力"；公开学校评价信息，让人民群众看得见、看得懂、能选择；提高办学能力考察在校长职级评定时的作用，探索名校和分校办学成绩评定办法，成绩突出者可以破格晋级；建立学校自主革新的资源支持机制，首先由学校提出资源申请，然后由教育行政部门对学校的申请进行评估，决定是否给予支持，最后根据绩效考核结果决定后续支持力度；建立和完善高等院校、科研院所、民办教育机构等社会力量参与学校自主革新的机制；落实和扩大学校在经费使用和教师评聘等方面的自主权。副中心通过一系列激励和支持机制的建设，鼓励和带动薄弱学校自主提升。

（四）继续坚持和完善差异化扶持策略

针对副中心新建学校、通州区原有优质学校、薄弱学校和农村学校，制定教育质量提升的短期和长期规划。按照规划的"时间表"和"路线图"，建立教育质量提升的监测和评价机制。建立副中心教育发展咨询委员会或教育智库，由来自北京市中心城区、通州区、河北省"北三县"、广东省深圳市、上海市浦东新区等地的教育专家共同组成。在全国寻找可供借鉴的区域教育创新模式和经验，合理确定不同类型学校的目标任务，形成"一校一策"。[1] 副中心核心区在招聘教师时应该扩大范围，面向全国招聘优秀师资，避免形成对外围区的"虹吸效应"。实施通州区优质学校支持计划，在政策倾斜、资金保障、人事编制等方面加大支持力度。实施通州区薄弱学校改造计划，制定学校三年或五年发展规划，明确办学定位，找准发展方向。实施通州区农村学校提升计划，加强学校标准化建设，推进校长、教师交流轮岗，加强学校文化建设。

---

① 张东燕：《打造北京城市副中心教育高地》，《北京人大》2019年第4期。

（五）完善副中心教育经费保障机制

明确市区两级的保障职责，市级财政主要负责各类专项投入，区级财政主要负责各级各类学校人员经费和公用经费。根据常住人口迁移方向与在校生数，调整市级教育转移支付的投入方向，加大对通州区的教育转移支付力度。提高通州区教育财政投入的积极性，确保"两个只增不减"。通过市区两级逐步加大教育财政投入，确保通州区一般公共预算教育经费占一般公共预算支出的比例不低于全市平均水平，各级各类教育生均一般公共预算教育事业费不低于全市平均水平。在确保教育财政投入的同时，鼓励和扩大社会投入，调动市场配置教育资源的积极性。优化经费使用结构，加大教育教学改革、课程建设、教师队伍建设等与教育质量提升直接相关的投入。确保每一分钱都花在刀刃上，提高资金使用效益。

B.7
"十四五"时期天津教育改革发展的
环境基础与战略构想

张　伟[*]

摘　要： 本报告坚持问题导向、目标导向和需求导向，灵活运用多种研究
方法和手段，在搜集整理文献、调研访谈座谈、测算比对数据的
基础上，总结分析了"十三五"期间天津教育在党的领导全面
加强、立德树人根本任务得到全面落实等 10 个方面的主要成效，
梳理分析了教育资源建设存在较大缺口、产教融合机制有待进一
步完善等 5 个方面的主要问题和短板弱项；坚持跳出教育看教
育，从新一轮科技革命为教育发展带来新机遇、高质量发展对教
育发展提出新任务等 5 个方面，分析了"十四五"时期天津教
育改革发展面临的主要形势、机遇和挑战。本报告锚定顶层规划
设计的重点领域和关键环节，结合国家和兄弟省市总体定位要
求，特别是贴近天津经济社会发展需求和教育发展实际，分析了
"十四五"时期天津教育改革发展的总体定位和战略目标，测算
了支撑战略目标达成的 9 个主要发展指标，提出了包括全面落实
立德树人根本任务、健全现代教育治理体系在内的 9 个方面的重
点任务和路径举措，着力保障各项规划任务顺利完成。

关键词： "十四五"时期　教育规划　教育改革　教育发展指标

---

[*] 张伟，天津市教育科学研究院教育发展规划研究所副研究员，主要研究领域为教育发展战略
与规划、教育财政、智库理论与实践。

教育发展,规划先行。教育规划对促进教育改革发展具有重要的战略引领作用。本报告通过搜集整理文献、调研访谈座谈、测算比对数据等多种研究途径和方法,对"十四五"时期天津教育改革发展的环境基础、战略构想、重点任务、路径举措等内容进行了认真研究。

一 "十四五"时期天津教育改革发展的环境基础

(一)"十三五"时期取得的主要成绩

"十三五"时期,天津教育系统认真学习习近平总书记关于教育的重要论述,全面贯彻习近平总书记的系列批示指示精神,瞄准发展目标,砥砺前行,为"十四五"时期的发展奠定了良好基础,具体体现在以下 10 个方面。

1. 党的领导全面加强

始终坚持把党的政治建设摆在各项工作的首要位置,全面贯彻习近平新时代中国特色社会主义思想,深入开展"不忘初心、牢记使命"主题教育实践活动。深化高校党委领导下的校长负责制,在 25 所中小学开展党组织领导的校长负责制试点。实施组织力提升工程、高校党建工作领航工程,高校"双带头人"基本实现全覆盖。

2. 立德树人根本任务得到全面落实

制定深化新时代思政课改革创新十项措施。高校思政工作政策、人员编制和专项经费做到了"三落实"。全国新时代高校思政课现场会在天津召开。入选国家首批"三全育人"综合改革试点省市。率先将生态文明教育纳入国民教育体系。启动防控儿童青少年近视"六大工程"。

3. 基础教育优质均衡发展取得新的进展

全力打好学前教育资源建设攻坚战,认定奖补普惠性民办幼儿园 277 所,幼儿园三级视频监控全覆盖。统筹推进城乡义务教育一体化改革。遴选出 50 所特色高中和 54 个学科特色课程基地。完善义务教育学校教师校长交

流轮岗机制。推进学区化、集团化办学。

4. 职业教育改革创新成效显著

出台关于加快发展现代职业教育的意见、做大做强做优职业教育的八项举措。成功举办五届全国职业院校技能大赛。成立本科层次的天津中德应用技术大学。7 所高职、10 个专业群入选全国"双高"计划。5 个专业入围国家"1+X"证书制度改革试点。14 所（家）职业院校（企业）成为国家级现代学徒制试点单位。职教集团增至 21 个。推进老年教育四级办学体系建设，开办全国第一个养老本科专业。

5. 高等教育内涵式发展水平进一步提升

5 所高校、12 个学科进入国家层面"双一流"建设行列。以市人民政府名义印发推进"双一流"建设的实施方案，聚焦重点学科建设，着力建设了 83 个市级一流学科和 81 个特色学科群。中国民航大学成为博士学位授权单位。全国新工科教育创新中心落户天津大学。实施本科教育"十百千万卓越工程"，实施"十三五"高校综合投资规划，深化大学生创新创业教育。启用位于天津健康产业园的天津体育学院、天津中医药大学新校区。

6. 社会服务能力明显提升

实施"2011 计划"，建成 4 个省部共建协同创新中心。落实高等学校基础研究珠峰计划。推出 21 家高校社科实验室和 42 家高校智库。高校专利授权量年增长 14%，获得国家自然科学奖、技术发明奖和科技进步奖高校占全市的比例分别达到 100%、71.4% 和 39%。

7. 教师队伍建设不断加强

研究制定了省级层面全面深化新时代教师队伍建设改革的实施意见，对新时代教师队伍建设进行了精准谋划、顶层设计。出台了高层次人才引进和培养激励项目管理办法，启动了杰出津门学者计划，开展了首批学员遴选培养工作。在天津理工大学、天津商业大学、天津市职业大学等 3 所市属高校启动了校级领导干部全职化改革试点工作，在天津科技大学、天津师范大学等 17 所市属高校启动实施了人员总量管理试点工作，有力有效地提升了高校人事制度的改革活力。"双师型"职教师资比例达到 60%。出台中小学和中职学校教师职称改革方案,增设正高级职称。启动中小学教师"区管校聘"管理改革,推进中小学校长职级制改革试点工作。实施特殊教育教师培元关爱计划,让全市特殊教育教师每年到草原上、到大海边放松心灵、修复身心。

8. 教育开放水平得到全面提升

深入推进共建"一带一路"教育行动。天津茉莉亚学院预科开始招生。实施"留学天津"计划,2020 年末在津外国留学生总数达到 2.4 万人次。天津高校在海外建立的孔子学院和孔子课堂达到 89 个。圆满完成非洲"鲁班工坊"建设任务,海外"鲁班工坊"达到 20 个。

9. 教育综合改革加速推进

出台省级层面考试招生制度改革整体性实施方案,成为包括山东、海南等省在内的第二批全国高考改革试点省市。认真研究出台了高中阶段学校考试招生制度改革的实施意见和高职院校分类考试招生的实施办法,为职业院校学生未来发展提供了更多选择。公办小学入学方式为免试划片就近入学的达到 100%,初中这一比例达到 99%。认真落实《民办教育促进法》及其实施条例,出台省级层面的鼓励社会力量兴办教育促进民办教育健康发展的实施意见,着力推进民办学校的分类管理、分类改革。建立校外培训机构联合监管长效机制,着力营造良好的教育生态氛围。

10. 教育帮扶精准有效

全面落实扶贫助困问题专项巡视整改,全市 927 所中小学与受援地区2081 所中小学建立结对帮扶关系,选派帮扶干部和支教教师 1700 余名,完成 5100 余名新疆、西藏、甘肃等地区骨干教师在津培训任务,组织 1550 名大学生赴新疆和田地区实习支教。天津市职业大学等 5 所院校对口帮扶和田职业技术学院。启动承德教师培训基地建设项目。招录 1086 名云南滇西红河、怒江建档立卡"两后生"在津接受优质中职教育。强力推进控辍保学,建档立卡贫困学生失学辍学问题得到解决。5 年来,资助各类家庭经济困难学生约 600 万人次。

总体而言,"十三五"时期,天津全面贯彻党的教育方针,牢牢把握社会主义办学方向，深化教育综合改革，强化内涵质量建设，现代化发展水平显著提升，人民群众对教育的满意度和获得感不断增强，区域教育水平始终保持在全国前列，为落实国家重大战略和"一基地三区"城市定位做出了积极贡献。特别是应对新冠肺炎疫情影响，大中小学全面开展在线教育，实现了"停课不停教、停课不停学"，取得了教育事业发展与疫情防控的"双战双赢"。

（二）目前面临的主要问题和短板弱项

在深入开展市内外教育领域专题调研，与有关部门、专家、领导和家长等进行座谈交流过程中，我们发现，目前天津教育改革发展虽然取得了一定的成绩，但是与国内部分发达地区仍有不小的差距，教育领域的发展不平衡不充分问题依然明显，与经济社会发展的契合度还不够高，与人民群众对教育的新期盼新要求相比还有较大提升空间。

1. 教育资源建设存在较大缺口

外来常住人口的不断增加，尤其是近年来人口政策的不断调整，给全市基础教育领域的有关资源配置带来较大压力。对照国家义务教育优质均衡督导评估认定标准提出的多项指标要求，天津还存在班额超标、占用专用教室等问题带来的存量学位缺口，以及"海河英才"计划实施、生育政策调整、户籍制度改革等带来的未来几年在校生规模逐年增加产生的增量缺口，初步估算未来三年义务教育阶段学位缺口达 10 余万个。普通高中实行"走班制"教学，也产生了教室资源相对不足、教师结构性缺编等问题。

2. 产教融合机制有待进一步完善

目前天津市已经出台了产教融合发展的实施方案和促进校企合作的相关政策，但产教融合、校企合作的相关制度还不健全，产教深度融合还存在制度性障碍。调查显示，校企合作制度居天津市职业教育亟待完善的政策制度之首，占比达到 47.6%。大部分高职学生毕业即就业，中高本硕有效衔接的技术技能人才的成长通道问题尚未得到根本解决，人才成长"立交桥"不够畅通，终身学习体系还不够健全。

3.高等教育内涵发展水平还不足

市属高校在办学过程中依然存在重理论轻实践、重科研轻教学的现象，学科专业设置还不能很好地适应区域发展需求。本科院校转型缓慢，从国家一流学科遴选、全国第四轮学科评估等指标看，与北京、上海等高等教育发达地区仍存在较大差距。目前天津市仅有 12 个学科进入国家一流学科建设行列，与北京（162 个）、上海（57 个）存在很大差距。高校服务经济社会发展能力还有待增强。

4.教师专业化水平仍需提高

与发达地区和区域经济社会发展对高层次人才的需求相比，天津拥有的国家级高层次人才数量不多，中青年领军人才和后备人才储备不足，高水平的教学、科研创新团队较为匮乏，人才引进和培养机制还需要进一步改进完善。整体上看，天津高校拥有的两院院士、长江学者等国家级高端人才数量是北京的 1/8 左右，上海的 1/3 左右，在每年增幅上，也与北京、上海存在一定差距。用于引进培养高层次人才的相关制度规定落实不够好，还不够接地气，现有薪酬待遇低于发达地区同类院校，对高端人才吸引力不足。

5.现代化教育治理能力有待提高

政府、学校、社会之间的新型关系还未完全理顺，学校自主发展、自我约束机制尚不健全。实施高等教育领域"放管服"改革，还存在"重下放轻监管"现象，事中事后监管体系尚不完善。民办教育发展活力还有待增强。

（三）"十四五"时期面临的主要形势、机遇和挑战

"十四五"时期国家面临复杂多变形势，天津在产业转型升级过程中，如何实现"一基地三区"城市新定位？如何对京津冀协同发展重大国家战略做出新贡献？这些是需要认真考虑的问题。

1.新一轮科技革命为教育发展带来新机遇

新一轮科技革命和产业变革正在孕育兴起，重大科技创新正在引领社会变革。实施创新驱动战略，迫切需要教育培养大批拔尖创新人才、具有国际水平的科技人才，为科技发展和技术创新提供强大的人才支撑。

2. 高质量发展对教育发展提出新任务

加快产业转型升级，深化供给侧结构性改革，建设全国先进制造研发基地和产业创新中心，需要教育主动对接产业发展需求，创新人才培养模式，提升劳动者素质，为产业结构调整和转型升级提供人才和智力支撑。

3. 重大发展战略为教育发展提供新空间

京津冀协同发展的目标是建成以创新为导向的世界级城市群，对教育结构、质量和水平提出了更高要求。天津教育部门必须抢抓机遇、积极作为，加快融入"一带一路"建设步伐，与北京、河北携手推进三地协同发展，切实提高教育服务国家战略和区域经济社会发展的能力和水平。

4. 城市发展定位对教育发展提出新期待

天津市正在加快建设创新发展、开放包容、生态宜居、民主法治、文明幸福的社会主义现代化大都市，公平而有质量的教育是城市宜居幸福的重要衡量指标。提升城市品质，打造宜居环境，建设社会主义现代化大都市，迫切需要扩大优质教育资源供给，发展公平而有质量的教育，满足广大市民对多样化、个性化教育的需求。

5. 人口规模结构变化给教育资源配置带来新压力

随着"海河英才"计划深入实施、生育政策调整完善、城镇化水平持续提高、户籍制度改革不断深化、老龄化程度不断加深，天津市迫切需要超前谋划教育，加强教育资源建设，优化教育结构布局，提升教育供给能力。

二 "十四五"时期天津教育改革发展的总体定位要求

（一）兄弟省市的定位要求

"十四五"时期是天津向基本实现社会主义现代化迈进的起步期、关键期，是加快建设"一基地三区"、推进"五个现代化天津"建设的关键阶段，是站在全局高度，把握国内国际发展局势，积极应对社会主要矛盾转变的战略机遇期。在兄弟省市中,上海也提出,"十四五"时期是在全面实现2020年奋斗目标基础上,建设"五个中心"和具有世界影响力的社会主义现代化国际大都市的关键阶段,具有重要的开局意义。

教育是国之大计、党之大计。教育"十四五"规划是面向第二个百年奋斗目标的第一个五年规划,也是贯彻落实全国及全市教育大会精神、开启教育现代化新征程的关键五年规划。在兄弟省市中,北京也提出,"十四五"时期是推动首都教育从总体实现现代化向高水平现代化迈进的关键起步期。

(二)天津市教育的总体定位要求

综合研判国家、天津市和兄弟省市对"十四五"时期改革发展的判断,"十四五"时期,是天津推动高质量发展、落实"一基地三区"定位的关键时期,也是加快推进天津市教育现代化建设的关键时期。提出这一总体定位,主要基于三个方面的考虑:一是国家和天津市对"十四五"时期改革发展的总体判断,二是兄弟省市对"十四五"时期改革发展的总体定位,三是天津市教育改革发展的实际和战略目标。在天津市"十三五"教育规划中,天津市提出到2020年要在全国率先实现教育现代化;在《天津教育现代化2035》中,天津市对建设现代化教育强市进行了战略部署,明确了教育现代化的推进步骤。

因此,在"十四五"时期,天津教育要着力调结构、补短板、强亮点,着力解决人民群众最关心的最直接最现实的问题,为加快建设"五个现代化天津"提供有力的人才支撑、智力支持。

三 "十四五"时期天津教育改革发展的战略构想

(一)战略目标

依据《天津教育现代化2035》和《加快推进天津教育现代化实施方案

（2018—2022年）》，在全面评估"十三五"教育规划各项目标任务的基础上，综合考量天津市教育改革发展的基础条件和弱项短板，对比兄弟省市"十四五"时期的教育战略安排，瞄准区域经济社会发展和产业结构转型升级的需求，以及人民群众对教育的新期待新要求，本报告总结了"十四五"时期天津教育改革发展的战略目标。

1. 总体战略目标

到2025年，要全面完成"十四五"教育规划明确的各项战略目标，基本形成与城市定位相匹配、服务全民终身学习的现代教育体系，主要发展指标持续位居全国前列，现代教育治理体系更加齐备完善，教育改革发展成果更好更公平地惠及广大人民群众，服务区域经济社会发展的能力进一步增强，人民群众对教育的满意度和获得感进一步提高，为到2035年建成质量一流、公平普惠、优势突出、人民满意的现代化教育强市奠定坚实的发展基础。

2. 具体目标

为更好地实现"十四五"时期总体战略目标，天津市需实现以下几个具体目标。

第一，学前教育实现普惠优质发展。学前教育的资源建设能够更加丰富，在盘活用好各类资源基础上实现提质培优；幼儿园保教质量能够显著提升，按照《幼儿园一日生活指南》，引导幼儿养成良好的生活和行为习惯。

第二，义务教育实现优质均衡发展。学位、教师等教育资源配置能够更加合理，全市16个区率先通过国家的义务教育优质均衡督导评估认定，人民群众对义务教育的质量更加满意。

第三，高中阶段教育实现多样化特色化发展。加强普通高中学位资源建设，满足日益增长的学位需求。加强普通高中特色学科实验基地和品牌高中建设，使普通高中的办学特色更加突出，一批起到引领示范作用的品牌高中脱颖而出，学生的自主发展能力显著增强。普通高中与中等职业教育协调发展，形成有益的补充平衡体系，满足学生的个性化发展需求。

第四，职业教育实现高标准领先发展。充分发挥天津市职业教育优势，高点实施职业教育改革创新标杆工程，着力做大做强做优职业教育，建设一批能够在世界上有较大影响力的应用技术大学和职业院校，形成与社会发展需求相适应、产教深度融合、灵活多样的现代职业教育体系。

第五，高等教育竞争力显著增强。建设若干世界一流大学和一流学科，建设一批享誉国内外的学术高地、创新平台和高校智库，科技创新和服务支撑能力更加突出，高校成为科技创新的策源地、文化引领的主阵地。

第六，特殊教育体系更加完备。着力发展融合教育，形成布局合理、学段衔接、普职融通、医教结合的教育体系，使每一位残疾儿童、少年都能得到适合的教育，获得自我发展的能力。

第七，终身学习体系更加开放灵活。着力建设人人皆学、处处能学、时时可学的学习型城市，促进各级各类教育纵向衔接、横向沟通、协调发展，学历教育和非学历教育、职前教育和职后教育、线上学习和线下学习相互融合，学校教育与社会教育、家庭教育密切配合、良性互动。

第八，现代教育治理体系更加完善。地方教育法规和政策制度更加完备，学校办学自主权得到有效保障，教育决策科学化、民主化程度更高，教育管理信息化、精细化水平更高，政府、学校和社会依法共同参与的现代教育治理新格局基本形成。

（二）主要发展指标及测算

为更好地衡量天津"十四五"时期教育发展情况，依据相对权威、国际可比、数据可得的原则，本报告从多个维度构建了"十四五"时期天津教育发展主要指标，并进行了细致测算，结果如表1所示。

表1　"十四五"时期天津教育发展主要指标

主要指标	2020 年	2025 年	属性
学前三年毛入园率(%)	92.7	>90	预期性
义务教育巩固率(%)	>98	>99	约束性
高中阶段毛入学率(%)	98.5	>98.5	预期性

续表

主要指标	2020 年	2025 年	属性
高等教育毛入学率(%)	>60	>60	预期性
每 10 万人口在校大学生(人)	4000	>4000	预期性
普通高校在校生规模(万人)	61	62	预期性
普通高校在校留学生比例(%)	4	5	预期性
新增劳动力平均受教育年限(年)	15.4	15.5	预期性
从业人员继续教育参与率(%)	80	>80	预期性

资料来源：2020 年《天津市教育事业统计资料》。

在这 9 个指标当中，有 1 个约束性指标和 8 个预期性指标，具体测算依据和过程如下。

1. 学前三年毛入园率

学前三年毛入园率是指实际入园人数占应入园人数的比例。在我国，学前三年幼儿，是指 3～5 岁年龄段的学龄儿童。根据教育部《教育统计常用监测指标计算方法》，学前三年毛入园率的计算公式为：学前三年毛入园率＝在园幼儿数/学前教育学龄人口总数（3～5 岁人口，国家统计局普查调整数）×100%。目前，天津市学前三年毛入园率已达到 92.7%，根据学前教育资源建设两年行动方案实施情况和持续补齐学前教育短板的工作要求，加上适龄幼儿入园高峰和"海河英才"计划实施带来的影响，各类幼儿园还需要进一步扩容提质。因此，本报告将"十四五"时期天津市学前三年毛入园率目标确定为超过 90%。

2. 义务教育巩固率

义务教育巩固率也称在校生巩固率，是国家"十二五"规划新增的一项指标，是指某一年入学的一年级学生中能读到初中三年级的学生所占的比重。这一指标主要用来评价教育系统的保持率和内部效益，既能表明学生在校的保持率，反过来也是对义务教育阶段学生辍学情况的度量。根据教育部《教育统计常用监测指标计算方法》，义务教育巩固率＝初中三年级的在校学生数/该年级入小学一年级时的在校学生数×100%。目前，天津市义务教育巩固率已超过98%，结合义务教育优质均衡发展三年行动方案的实施，按照《天津教育现代化2035》的目标要求，本报告将"十四五"时期天津市义务教育巩固率目标确定为超过99%。

3. 高中阶段毛入学率

高中阶段毛入学率是指普通高中和中等职业学校（包括普通中专、职业中学和技工学校）在校生总数与15～17周岁人口总数的百分比。这一指标体现了一个地区15～17周岁年龄段人口的素质，也体现了一个国家和地区的经济发展水平和教育发展现状及未来趋势。衡量小康社会的教育指标是高中阶段毛入学率大于等于90%。根据教育部《教育统计常用监测指标计算方法》，高中阶段毛入学率＝高中阶段在校生数/15～17周岁学龄人口数×100%。天津市中等职业学校的在校学生中，具有天津户籍的学生约占在校生总数的50%。因此，计算高中阶段在校生数时，中等职业学校在校生数应为实际在校生数的一半。目前，天津市高中阶段毛入学率已达到98.5%。根据高中阶段教育普及的要求，按照《天津教育现代化2035》的目标要求，本报告将"十四五"时期天津市高中阶段毛入学率目标确定为超过98.5%。

4. 高等教育毛入学率

高等教育毛入学率是高等教育在校生数占适龄人口数（18～22周岁）的比例。其计算方法是：高等教育毛入学率＝某学年本省生源高等教育在学人数÷某学年本省籍18～22岁人口数×100%。值得注意的是，本省生源高等教育在学人数，既包括本省生源在本省籍区内中央部属学校和省属学校的在学人数，也包括本省生源在外省籍区的在学人数。根据天津市实际，结合《天津教育现代化2035》的目标要求，本报告将"十四五"时期天津市高等教育毛入学率目标确定为超过60%。

5. 每10万人口在校大学生

每10万人口在校大学生是指一个国家或地区高等学校在校学生数与其人口数之比，它反映一个国家或地区人民接受高等教育的程度。根据教育部《教育统计常用监测指标计算方法》，这一指标的计算公式为：每10万人口

在校大学生=在校大学生数/人口数×10 万。目前，天津市每 10 万人口在校
大学生数已经达到 4000 人，根据《天津教育现代化 2035》的目标要求，本
报告将"十四五"时期天津市每 10 万人口在校大学生数确定为大于
4000 人。

6. 普通高校在校生规模

截至 2020 年底，天津市普通高校在校生为 61 万人。目前，天津市高等
教育规模趋于稳定，保持小幅度增长。根据《天津教育现代化 2035》的目
标要求，结合天津市招生计划安排，本报告将"十四五"时期天津市普通
高校在校生规模确定为 62 万人。

7. 普通高校在校留学生比例

普通高校在校留学生比例是指普通高校留学生数占在校学生总数的比
例。目前，北京、上海和江苏普通高校在校留学生分别有 8.1 万人、6.1
万人和 4.6 万人，天津为 2.4 万人，位居全国第 6，天津市普通高校在校
留学生比例为 4%。按照《天津教育现代化 2035》的目标要求，特别是加
大教育国际化工作力度，吸引"一带一路"沿线国家和地区学生来津留
学的要求，预计到 2025 年，在津外国留学生保持 4%小幅增速，能超过 3
万人。因此，本报告将"十四五"时期天津市普通高校在校留学生比例
确定为 5%。

8. 新增劳动力平均受教育年限

截至 2020 年底，天津市新增劳动力平均受教育年限已经达到 15.4 年，
根据《天津教育现代化 2035》的目标要求，本报告将"十四五"时期天津
市新增劳动力平均受教育年限确定为 15.5 年。

9. 从业人员继续教育参与率

从业人员继续教育主要指的是专门为在职人员提供的非学历的知识技
能教育。近年来，随着天津市建设学习型社会的进程不断加快，社会从业
人员对知识的需求不断增加，继续教育的重要性也日渐凸显。天津市从
2014 年起严格执行《天津市专业技术人员和管理人员继续教育条例》，相
关人员每年必须接受一定课时的继续教育，从业人员继续教育参与率有较

大幅度提升，2020 年已达到 80%。按照《天津教育现代化 2035》的目标要求，本报告将"十四五"时期天津市从业人员继续教育参与率确定为超过 80%。

四 "十四五"时期天津教育改革发展的重点任务和路径举措

坚持问题导向、目标导向和需求导向，瞄准总体定位和战略目标，本报告认为在"十四五"时期，天津要重点实施以下任务和举措。

（一）全面落实立德树人根本任务

1. 思路目标

坚持以立德为根本，遵循育人规律，牢固树立科学的质量观，大力发展素质教育，培养德智体美劳全面发展的社会主义建设者和接班人。

2. 路径举措

一是全面推动习近平新时代中国特色社会主义思想进教材进课堂进头脑，构建"大思政"格局。二是着力实施中小学德育创新改革工程，增强中小学德育的针对性、实效性、吸引力、抬头率。三是着力实施高等学校思想政治工作质量提升工程，推进"三全育人"综合改革，促进思政课改革创新。四是实施劳动育人工程，不断创新劳动和实践育人模式，着力建设一批劳动教育示范区、创建一批市区两级劳动教育基地、推出一系列品质课程和特色活动，打造系列劳动育人品牌，让学生发现劳动、体验劳动，增强劳动的意识和能力。五是实施学生体质健康提升工程，深化体教融合，创建一批国家级校园足球、冰雪运动特色学校，落实大课间操和每日体育活动，让学生动起来，切实提升学生身体素质，促进青少年健康发展。六是实施美育质量提升工程，建设一批美育学科特色课程基地，探索形成课堂教学、校园文化和课外活动"三位一体"的艺术教育模式，切实提高学生的美育素养和欣赏美、鉴赏美的能力。七是实施生态文明教

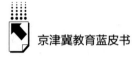

育工程，建设一批生态文明绿色校园，实现各级各类学校生态文明教育全覆盖。

（二）促进基础教育优质公平普惠发展

1. 思路目标

加强学位和教师等基础教育资源建设，不断扩大优质教育资源覆盖面，学前教育坚持"普及普惠安全优质"，义务教育坚持"优质均衡"，普通高中教育坚持"特色多样化"，着力发展公平而有质量的基础教育。

2. 路径举措

一是扩大优质学前教育资源覆盖面。加强公办园和普惠性民办园建设，探索集团化办园、品牌连锁、委托管理、片区化管理等方式，促进学前教育"普及普惠安全优质"发展。实施幼儿园保教质量提升工程，探索建立规范化的早教服务体系，全面改善办园条件，完善保教活动方案，做好幼小衔接工作，切实提高幼儿园保教质量。二是实施义务教育优质均衡发展工程，持续优化资源配置，全面提升优质均衡发展水平。高质量完成义务教育优质均衡发展三年行动计划，促进全市 16 个区率先通过国家优质均衡督导评估认定。实施基础教育优质资源辐射引领项目，加大学区化集团化办学力度，不断扩大优质教育资源覆盖面。深化中小学教育教学改革，培育学生适应终身学习和社会发展需要的必备品格和关键能力。深化中小学教育质量综合评价制度改革，全面提升义务教育质量。三是实施"品牌高中"建设工程，以学校特色课程体系构建为支撑，推出一批能够起到引领示范作用的"品牌高中"，切实带动促进普通高中优质特色多样化发展。不断完善普通高中选课走班教学管理机制，做好学生生涯发展指导工作。深化人才培养模式，加快形成拔尖创新人才发展路径与培养体系，支持有条件的学校开展普职融通实验探索。四是深入实施融合教育，深化医教结合改革，完善特殊教育体系，推进特殊教育教学方式改革，探索开展特殊禀赋儿童教育实验，保障特殊群体的平等受教育权利，确保每名儿童、少年都能接受适合自己的教育。

（三）促进职业教育高标准领先发展

1. 思路目标

坚持以促进就业为导向，强化行业企业办学，深化产教融合、校企合作，着力提高技术技能人才培养质量，着力增强职业教育服务能力，基本建成具有天津特点、中国特色、世界水平的现代职业教育体系。

2. 路径举措

一是瞄准世界一流，支持天津职业技术师范大学和天津中德应用技术大学建设世界一流的职业教育类大学，支持12所高职学院、10所中职学校建设世界先进水平职业院校。按照国家示范校标准，每个区重点建设1所现代化中职学校（职教中心），建设一流现代职业教育体系。二是坚持长期以来天津市形成的政府主导、教育部门主管、行业企业主办的职业教育发展特色，在吸收借鉴职业教育改革试验区、示范区、示范区升级版等项目建设经验的基础上，全力推进部市共建新时代职业教育改革创新示范标杆，切实发挥天津职业教育在全国的示范引领作用。三是深化产教融合、校企合作，深入实施专业群对接产业群工程，打造一批对接服务全市重点产业群的优质专业群。四是完善德技并修、工学结合的育人机制，全面推行现代学徒制和企业新型学徒制，实行"1+X"证书制度，着力提升技术技能人才培养质量。

（四）加快构建终身教育学习体系

1. 思路目标

健全开放融合、方式灵活、资源丰富、学习便捷的终身学习体系，率先建成人人皆学、处处能学、时时可学的学习型城市。

2. 路径举措

一是成立终身学习促进委员会，建立政府主导、部门协同、社会参与的终身教育发展机制。二是成立终身学习成果认证委员会，推进学分银行建设工程，推广市民终身学习卡，构建终身学习成果认定网络服务平台，为市民终身学习提供多样化的服务通道。三是实施终身学习资源配送工程，为市民提供丰富多样的在线学习资源，开展个性化终身学习服务。四是实施终身教育服务能力提升计划，加强老年大学基础设施建设，提升终身教育服务能力。

（五）促进高等教育高质量内涵式发展

1. 思路目标

围绕服务国家重大战略和区域经济社会发展，加快构建更加合理的高等教育体系，建设形成一批国际或国内一流的大学和学科，不断提升天津高等教育的综合实力和创新服务能力。

2. 路径举措

一是推进"双一流"建设。支持天津科技大学等市属本科高校和河北工业大学等共建高校，瞄准国内一流，着力建设高水平特色大学。启动顶尖学科培育计划，选拔一批优势学科进入顶尖学科培育特区，在人才引育、平台建设、国际交流、博士生培养等方面深化改革，冲击国家层面"双一流"学科。形成"学科+产业"学科建设新模式，重点支持对接服务产业特色学科群。二是加强一流本科和研究生教育。高标准推动实施"六卓越一拔尖"计划2.0版，支持高校结合自身实际，积极开展新工科、新医科、新农科、新文科建设，深入实施国家级、省级多个层面的一流本科专业和一流课程"双万"计划。三是实施高校创新平台建设项目。重点建设国家重点实验室、国家工程（技术）研究中心、海河实验室等高端科研平台，加强高校社科实验室、社科重点研究基地和高校智库建设，实施高校人工智能创新行动计划。四是不断优化高等教育结构。推进南开大学、天津大学新校区二期建设，基本建成天津医科大学新校区，建设天津音乐学院、天津美术学院新校区。共建北京协和医学院天津校区，预计在校生规模达到5000人，占地46.7万平方米，投资约20亿元。对接产业链、技术链对人才链的发展需求，优先布局和重点发展面向优势主导产业、战略性新兴产业、现代服务业等的人才需求的学科专业，推动发展网络安全、生物技术、人工智能等未来新兴战略领域的学科专业建设。

（六）提高新时代教师队伍素质

1. 思路目标

推进实施省级层面的新时代教师队伍建设工程，聚集一批高水平领军人才，培育一批教育家型的名师名校长，打造一支高素质的教师队伍。

2. 路径举措

一是强化新时代师德师风建设。全面落实《关于加强和改进新时代师德师风建设的意见》，严格执行新时代各阶段教师职业行为十项准则，坚决打击高校教师性骚扰学生、学术不端以及中小学教师违规有偿补课、收受学生和家长礼品礼金等行为，在教师职称评聘、推优评先、表彰奖励、科研和人才项目申请等工作中，实行师德"一票否决制"。二是提升教师专业化水平。实施基础教育优秀顶尖人才支持计划，保证每百名中小学生至少拥有1名区级以上骨干教师。开展人工智能助推教师队伍建设行动试点工作。实施职业院校名师名校长培养工程，完善"双师型"教师培养体系。实施高层次人才引进培养计划，完善天津市特聘教授制度，推进杰出津门学者计划。实施特殊教育教师培元关爱计划。三是完善教师管理体制机制。加强教师编制管理，严格教师职业准入，提高教师入职标准。大力推进义务教育学校教师"区管校聘"制度改革，推行中小学校长职级制改革。完善职业院校教师职务（职称）评聘办法，完善高校人才分类评价制度。依法依规落实教师教育惩戒权，保障教师依法执教的职业权利。依法保障和落实民办学校教师权利。

（七）实施人工智能和教育信息化提升工程

1. 思路目标

积极推进新一轮教育信息化行动，加强教育云端建设，搭建系统化的学校信息化平台，加快构建具有天津特色的智慧校园体系，推进信息技术与教育教学深度融合，着力提升教育信息化治理能力和教育信息化基础设施安全防护能力。

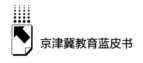

2. 路径举措

一是实施教育信息化基础设施提升工程。整合、优化全市各区各类教育资源公共服务平台及其支持系统，加强教育领域新基建建设，构建具有天津特色的"互联网+教育"大平台，实现全市资源平台的互通与开放。二是实施智慧学校建设工程。建设一批市级、区级智慧教育示范校，构建智慧应用系统和数据分析平台、移动应用服务平台等智慧校园服务平台。三是推进信息技术与教育教学深度融合。鼓励学校利用基于大数据、云计算、人工智能等技术的个性化教学评价系统，对教学全过程进行跟踪监测、诊断分析，精准评估教学和学习绩效。四是实施教育治理优化项目。制定教育资源公共服务体系建设规范和数据标准，构建全覆盖的教育管理与监测体系。

（八）实施教育对外开放提升工程

1. 思路目标

坚持"天津以外都是外"的开放发展理念，坚持"引进来"与"走出去"并重的发展策略，着力推进京津冀教育协同发展，提高中外合作办学水平，不断提升天津教育的对外竞争力和国际影响力。

2. 路径举措

一是推进京津冀教育协同发展行动。深化京津冀教育领域项目合作共建，推进三地教育合作项目协同发展。对接滨海-中关村科技园、未来科技城京津合作示范区、武清京津产业新城、宝坻京津中关村科技城等平台，统筹调配优质资源，做好基础教育配套工作。实施"通武廊"区域教育合作深化工程，推动实现"通武廊"基本教育公共服务均等化。二是实施中外合作办学水平提升工程。积极引进世界一流优质资源，开展高水平人才联合培养和科研联合攻关。加快天津茉莉亚学院和天津音乐学院茉莉亚研究院建设。三是打造"留学天津"品牌。瞄准"一带一路"沿线国家和地区，积极争取条件，设立专项奖学金，进一步扩大留学生规模。举办天津教育国际推介会，积极对外推介具有天津特色和国际竞争优势的学校、学科和专业、课程、教材等，增强对外国留学生的吸引力。四是实施教育"走出去"计划。深化孔子学院内涵建设，建设一批国家示范孔子学院。实施"鲁班工坊"建设工程，支持职业院校在境外建设"鲁班工坊"，打造职业教育国际化特色品牌，推动中国职业教育模式走向世界。

（九）健全现代教育治理体系

1. 思路目标

完善考试招生制度和办学体制机制，改革教育管理体制、经费投入机制和资源配置方式，释放教育内在活力，建立政府、学校、社会共同参与、共建共享的协同治理新机制。

2. 路径举措

一是深化考试招生制度改革。推进中高考制度改革，改革考试内容，科学设计考试题目，不断完善学业水平考试制度，深化学生综合素质评价体系改革，更加注重运用。完善符合高等职业教育特点的"文化素质+职业技能"考试招生办法，不断拓宽职业院校学生未来发展通道。二是推进民办学校分类管理改革。实施民办教育改革攻坚工程，健全财政、土地、收费等方面的支持政策，完善非营利性和营利性民办学校差别化扶持政策体系，促进民办教育规范有序健康发展。支持有条件的独立学院转设为独立设置的民办普通高等学校。建立校外培训机构联合监管长效机制，规范各项办学行为，营造良好的教育生态。三是推进教育经费投入使用管理机制改革。严格落实各级政府教育支出法定责任，不断健全各级教育预算拨款制度和投入机制，确保实现"两个只增不减"。实施市属高校捐赠收入财政资金配比政策，调动高校多元筹资的积极性，拓宽办学资金来源渠道，促进高校可持续健康发展。实施全面预算绩效管理，坚持真过紧日子、过好紧日子，力行节俭办教育。四是完善现代教育治理体系。深化教育领域"放管服"改革，扩大各级各类学校办学自主权。推进依法治教，修订地方教育法规，完善学校章程落实机制。建立完善高校绩效管理机制，坚持开展市属高校年度综合绩效考核。实施校园欺凌预防综合治理项目，开展校园欺凌防治专项行动，构建校园欺凌防治长效机制，着力建设阳光安全校园。

B.8
"十四五"时期河北省教育
高质量发展研究

马振行　闫春江*

摘　要:　"十三五"时期,河北省将教育事业作为重大的德政工程、民生
工程,大力推进科教兴冀、人才强冀战略,不断深化教育领域改
革,努力破解制约教育高质量发展的障碍,教育事业健康快速发
展,办学治教水平显著提升。面对百年未有之大变局、服务全面
建设社会主义现代化之全局、办好人民满意教育之新局,河北省
教育发展的外部环境和内部条件正在发生复杂而深刻的变化,
"十四五"时期河北省教育发展面临前所未有的重大历史机遇和
挑战。河北省必须增强机遇意识、发展意识和创新意识,牢牢把
握新特征新要求,全面贯彻落实新发展理念,努力实现更高质
量、更有效率、更加公平、更可持续的发展,为建设经济强省、
美丽河北提供智力支撑。

关键词:　"十四五"时期　办学治教　新发展理念　教育规划

"十三五"时期,是河北省教育事业发展环境最好、速度最快、取得成
效最显著的时期。以习近平同志为核心的党中央高度重视教育发展,把教育
工作作为提升人民获得感、幸福感、安全感的重要抓手,组织召开新时代第

---

*　马振行,河北省教育科学研究院院长、研究员,主要研究领域为教育管理、教育宏观发展
等;闫春江,河北省教育科学研究院教育发展研究室副研究员,主要研究领域为教育政策、
教育新型智库等。

一次全国教育大会,印发《中国教育现代化 2035》《加快推进教育现代化实施方案(2018—2022 年)》等一系列重要文件,为教育事业改革发展指明了方向、提供了遵循。河北省委、省政府认真贯彻落实国家决策部署,将教育事业作为重大的德政工程、民生工程,深入实施科教兴冀、人才强冀战略,不断深化教育领域改革,努力破解制约教育高质量发展的障碍,教育事业健康快速发展,办学治教水平显著提升。全省教育系统深入学习贯彻习近平总书记关于教育的重要论述,按照国家和省委、省政府决策部署,全面贯彻党的教育方针,坚持立德树人根本任务,聚焦教育领域重点难点热点问题,抓改革、调结构、提质量、促公平,胜利完成"十三五"教育规划发展目标,在加快推进河北教育现代化进程中迈出了坚实步伐。

一 回顾过往,梳理总结"十三五"时期河北教育发展成就,坚定发展信心

(一)锚定立德树人奋斗目标,全力构建德智体美劳全面培养的教育体系

1. 扎实推进习近平新时代中国特色社会主义思想"三进"工作

习近平新时代中国特色社会主义思想是我国社会主义改革发展过程中形成的最新理论成果,是指导新时代现代化建设的重要思想武器。在河北省委、省政府的统一领导下,河北省教育系统将扎实做好习近平新时代中国特色社会主义思想"三进"工作(进教材、进课堂、进头脑)作为一项重要政治任务来抓,使该项工作落实、落地。河北省委所有常委坚持身先示范、以上率下,带头深入一线高校听思政课、讲思政课,宣传讲解习近平新时代中国特色社会主义思想的重要意义和深邃内涵。各级教育行政部门负责人、大中小学书记校长走进课堂贴近学生,用深入浅出的理论和生动鲜活的事例讲好"大思政"课,教育引导广大师生听党话、跟党走。各学校在充分发挥课堂教育主渠道作用的基础上,开展了高校教师习近平新时代中国特色社会

主义思想"五分钟课堂"视频精品课评选、大学生学习习近平新时代中国特色社会主义思想"100个热词"宣讲、中小学习习近平新时代中国特色社会主义思想"三进"优质课评选活动,联合《河北日报》在全省120多所高校开展《习近平谈治国理政》经典诵读等丰富多彩的"三进"系列宣传活动。

2. 加强德育共同体建设

2017年10月,河北省教育厅牵头成立了全国首家省级德育共同体,2018年省级德育共同体建设被列入省政府重点工作事项,自2019年起河北省深入推进省级德育共同体建设,积极组织引导市、县两级教育行政部门和学校共同参与。截至2020年10月,河北省共建成14个市级德育共同体和167个县(市、区)级德育共同体,95所高校和3000多所中小学学校、幼儿园成为德育共同体共建单位,实现全省覆盖。德育共同体坚持"区域联动、多方参与、共享互助"理念,统筹区域内德育资源,构建完善高效、共同参与、共享互助的大中小幼一体化德育工作机制,夯实德育工作基础,促进立德树人任务落地落实。

3. 认真开展体育教育

河北省教育部门牢固树立"健康第一"的教育理念,不断完善学校体育工作政策。2016年以省政府办公厅名义出台了《关于强化学校体育促进学生身心健康全面发展的实施意见》,明确了学校体育工作的目标任务、工作机制和政策措施,从政策层面保障体育工作扎实开展。加快推进校园足球改革发展,积极创建校园足球特色校和示范县(区)。五年间,1个地级市被认定为全国校园足球改革试验区,3个县(区)教育局被命名为全国校园足球"满天星"训练营,6个县(区)被认定为全国校园足球改革试点县(区),1347所中小学被教育部认定为校园足球特色学校;全省校园足球特色学校建成各类标准和规格的足球场地2466块,培训校园足球教师、教练和裁判达8000余人次,校园足球竞赛体系不断完善,竞赛队伍数量、人员规模以及运动水平快速提升。以筹办冬奥会为重要契机,河北省全面推进冰雪运动进校园,引导全省中小学生参与冰雪运动,仅2019年和2020年两年全省就有308所学校被命名为奥林匹克教育示范学校、145所学校被命名为校园冰雪运动特色学校。

4.提高学校美育和艺术教育水平

以活动为抓手，河北省教育部门组织开展大中小学生艺术展演活动、中小学音美教师基本功比赛、中华优秀传统文化优质课评比等系列活动，活跃校园文化氛围，弘扬中华美育精神。发掘传统美育资源，开展"戏曲艺术进校园"活动，展示河北梆子、京剧、昆曲、越剧等中华传统艺术的魅力和风采。庆祝建国70周年活动中，石家庄市第四十四中学的学生在全国中小学班级合唱展示活动中获得三等奖。

（二）围绕普及普惠发展方向，不断提高教育资源保障水平

1.学前教育惠民高效发展

为完善政策体系，河北省教育厅联合多部门印发了《河北省第三期学前教育行动计划（2017—2020年）》等系列文件，聚焦学前教育发展的薄弱环节，在扩大学前教育资源覆盖面、促进普惠性幼儿园发展、加强教师队伍建设、提升学前教育质量等方面采取了一系列改革举措。自2018年起，河北省连续三年将幼儿园建设工程列入20项民心工程，新建、改扩建农村公办园近800所。启动实施农村学前教育全覆盖工程，截至"十三五"末，全省有农村幼儿园（含小学和教学点附设幼儿班、学前教育服务点）22460所，覆盖行政村48247个，形成了以乡镇公办中心园为引领、大村独立建园、小村联合办园的农村学前教育全覆盖格局。开展城镇小区配套幼儿园专项治理，整改城镇小区配套幼儿园1391所，进一步提高了学前教育公益普惠水平，有效增加了城镇普惠性学前教育资源供给。到2020年底，全省公办园在园幼儿占比达到50%以上，普惠性幼儿园覆盖率（公办园和普惠性民办园在园幼儿数占在园幼儿总数的比例）达到80%以上。

2.义务教育均衡优质发展

义务教育是教育事业的重要基石，必须放在首要位置予以优秀发展。"十三五"以来，河北省以推进城乡义务教育一体化发展为重点，不断压实各级政府教育职责，推动县域内城乡义务教育校舍建设标准、生均公用经费

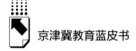

基准定额、基本装备配置标准、教师编制标准相统一，让每个农村学生都能享受到均衡优质的教育服务。实施中小学校舍提升、两类学校建设、义务教育薄弱环节改造、山区教育扶贫、温暖工程等系列民心工程，农村学校基本办学条件得到明显改善。积极消除大班额，2019 年河北省义务教育学校大班额比例降至 4.84%，提前完成"十三五"义务教育大班额控制在 5%以下的目标。针对外来务工人员子女入学难的问题，认真落实以居住证为主要依据的就学政策，并进一步简化入学流程和相关证明要求，构建以公办学校为主体、民办学校为辅助的学位供应体系，全力保障随迁子女平等接受义务教育。全省城市（含县镇）中小学接收进城务工人员随迁子女入学总人数已达 46.3 万人，在公办学校就读的有 40.1 万人，公办学校就读比例达到86.6%，切实做到了以公办学校接收为主的目标要求。

3. 职业教育创新发展

充分发挥职业教育对产业发展的促进作用，以服务河北 10 个战略性新兴产业和 12 个重点产业为目标，在全省范围内遴选发展基础好、专业匹配度高的职业院校，新建重组省级职业教育集团近 30 家，同时还牵头成立了4 个全国性职教联盟、近 20 个区域性职教联盟。深入开展现代学徒制试点，成功获批近 30 个国家级现代学徒制试点。职业院校和相关用人企业深度合作，积极推行订单式培养模式，截至 2020 年底，全省职业院校开设企业订单班、冠名班 1200 多个，合作企业 2700 多家，实现了职业院校全覆盖。新增工业机器人技术、智能制造等一批新兴专业 36 种 276 个，利用"信息技术+""互联网+"改造提升钢铁冶金、化工医药等一批传统优势产业类专业48 种 213 个，撤销或暂停 260 多个财务管理、市场营销等社会需求趋于饱和的专业点，新增社会急需的健康管理、护理、学前等现代服务类专业 26种 130 个。圆满完成国家下达的高职扩招任务，实际完成扩招 6.4 万人，超额完成 9400 多人，全年高职招生达到 26.64 万人。

4. 高等教育扩容增效

根据河北省高等学校重点学科建设历史及办学条件和学校学位授权基本情况，统筹推进一流大学和一流学科建设，重点支持 4 所一层次一流大学建设、8 所二层次一流大学建设;支持 17 个世界一流学科建设项目及 37 个国家级一流学科建设项目。目前,河北工业大学成功入选国家"世界一流学科"建设名单,河北大学成功进入国家"部省合建高校"行列,部省合建高校达到 14 所,国家级重点一级学科 1 个、二级学科 5 个,省级重点学科153 个、重点发展学科 77 个。"十三五"时期,高等学校在校生由 158 万人增加到 167 万人,增长 5.7%。

(三)聚焦高质量核心任务,不断深化教育领域内涵式发展

1. 提升基础教育教学质量

持续开展幼儿园"小学化"专项治理行动,出台《关于开展幼小衔接工作的三十五条要求》《小学一年级零起点教学工作十项规定》等一系列文件,坚决纠正"小学化"倾向。2020 年 10 月,在全国基础教育综合改革暨教学工作会议上,河北省就"扎实做好幼小衔接,全面提升保教水平"作了大会典型发言。大力推进义务教育基本均衡县建设,随着阳原县、武邑县等 8 个县(区)顺利通过义务教育发展基本均衡县国家评估验收,河北省全域提前一年整体通过国家督导检查,168 个县(市、区)全部达到了国家规定的义务教育发展基本均衡县评估认定标准,河北省正式进入义务教育基本均衡时代。将控辍保学纳入各地学校重点任务清单,建立覆盖全学段的保学体系,实现建档立卡家庭子女失学辍学人数动态清零。"十三五"末河北义务教育巩固率达到 97.6%,远远超过原定目标,并高于全国平均水平 2.8个百分点。认真做好特殊群体教育工作,组织实施特殊教育提升工程,有力有效保障入学权力,残疾儿童、少年义务教育入学率达到 96.3%。提升普通高中办学水平,培育遴选一大批省级示范性高中,带动普通高中学校提质量、上水平、办特色、强内涵,全省在省级示范性高中就读的学生达到 90万人,享受优质高中教育的学生占比近 65%。

2. 优化职业教育专业布局

坚持面向市场、对接需求、服务发展、促进就业原则,从对接服务雄安新区建设与北京冬奥会筹办、对接供给侧改革、对接区域产业功能定位、对

接产业发展需求和对接职业教育高质量发展等五个维度，对全省职业院校专业结构进行整体规划并布点到院校，省、市、县、校四级联动，统筹推进职业院校专业结构优化调整工作。经过优化调整，全省职业院校在新能源新材料、装备制造、交通运输、电子信息等重点产业领域和学前教育等民生紧缺领域的人才培养规模明显扩大。加快职业教育国际化步伐，67 所职业院校与 23 个国家开展了交流合作，33 所职业院校与 9 个国家的高水平职业教育机构和大学合作办学，涉及 11 个专业大类 27 个专业。国家职业教育"双高计划"建设单位中，河北推荐的 10 所院校全部入围，高水平学校建设院校 1 所，高水平专业群建设院校 9 所，总量居全国第 6 位。

3. 加快"双一流"建设步伐

河北省主动适应经济社会发展需要，高等学校学科专业结构不断优化，优先发展高新技术类专业，加快传统专业改造升级，停办或撤销不适应经济社会发展需求的专业。目前，全省高校共有本科专业 325 种 2771 个，基本形成了适应河北省经济社会发展需求的学科专业体系。提升高校办学水平，8 所学校 20 个学科进入世界前 1%，94 个专业入选国家级一流本科专业建设点。高校科技创新能力明显增强，新增省部共建国家重点实验室 3 个，占全国（41 个）的 7.3%；省部共建协同创新中心 5 个，数量位居全国第 2 位。全省高校获得国家科学技术奖 6 项（第一完成单位），占全省获奖总数的 66.7%。在河北省委、省政府的大力支持下，各高等学校培养和引进高端人才的力度不断加强，"十三五"时期，全省各高等学校共新增院士 4 人、长江学者 15 人、国家杰出青年科学基金获得者 7 人，为河北省高等教育高质量内涵式发展奠定了人才基础。

（四）紧扣改革创新突破口，努力破解教育领域发展障碍

1. 制定出台一系列改革文件

五年来，河北坚持破解障碍政策先行的理念，聚焦教育领域热点难点问题，先后制定出台一系列改革创新文件，不断明确细化改革目标、重点任务、推进路径和具体举措，激发教育发展活力。2019 年 1 月，河北省委、

省政府印发文件，全面推进学前教育规范发展，从扩大供给、优化结构、加强投入、强化监管等方面提出改革措施，理顺学前教育管理体制和办园体制，加强幼儿园教职工队伍建设，提高幼儿园保教质量和办园水平，切实增强学前教育的公益性和普惠性。深化中小学招生制度改革，实行全省统一的初中升学考试，不断完善基于学生中考成绩、结合综合素质评价的普通高中招生录取模式。出台普通高校考试招生制度改革实施方案，制定普通高中学生综合素质评价细则，建立河北省普通高中学生综合素质评价平台，从思想品德、身心健康、社会实践、艺术素养、学业水平等5个维度，全面升级普通高中学生综合素质评价方式和内容，以切实可行的举措打破以考试成绩为唯一标准评价学生的做法。

2. 深化职业教育办学体制和育人机制改革

河北省在全面贯彻国家关于职业教育改革发展要求的基础上，研究制定了《河北省职业教育改革发展实施方案》，逐步构建具有河北特色的现代职业教育体系，促进产教融合、校企协同育人，提高技术技能人才培养质量，增强职业教育服务经济社会发展的能力。稳步推进职业院校股份制、混合所有制改革，明确国有资产参与办学、改革创新管理体制等6个方面的36条具体措施，在办学试点身份、注册名称、股权结构、薪酬管理等方面进行政策创新突破，并在全国率先启动首批3个混改办学试点，迈出探索开展公办职业院校混改办学的实质性步伐。加大产教对接机制建设力度，构建产教深度融合、校企紧密合作的校企命运共同体，进一步打通、搭建、拓宽产教融合及校企合作的平台渠道，着力抓好宏观对接、信息对接、活动对接、规划对接、集团对接、培养对接、园区对接、载体对接，促进人才培养与产业需求紧密对接。

3. 不断加快教育保障领域的改革步伐

新时代学校思想政治理论课是落实立德树人的核心课程，应全流程多方位改革创新，铸牢德育基础。加强高校思想政治理论课人才队伍建设，把优秀辅导员纳入各类高层次人才项目，加大倾斜支持力度。设立辅导员岗位津贴，以每人每月800元的标准发放，相应核增学校绩效工资总量。探索建立小学优秀班主任兼任思政课教师制度，劳动系数按 1∶1.5 执行。激发义务教育教师队伍内生活力，全面推进"县管校聘"改革，全省各地逐步健全与教师校长交流制度相适应的编制人事管理机制，由编制管理部门负责编制总量，人力资源社会保障部门负责岗位总量，教育部门负责统筹教师资源配置、招聘录用、培养培训和考核等管理职能，学校负责岗位聘用，促进县域内师资均衡配置。截至 2020 年底，启动"县管校聘"改革的县（市、区）已经超过 80%。深化教育督导体制机制改革，对河北教育督导体制机制进行全面梳理和系统设计，分别制定印发了对市、县两级政府履行教育职责的评价办法，建立覆盖各地各学校的常态化督导制度，健全以义务教育为主的质量监测体系，推动教育督导"长牙齿"。

（五）不断完善投入体制机制，大力提高教育保障水平

1.不断增加财政教育经费投入

"十三五"时期，河北省教育经费"两个只增不减"目标顺利实现。2020 年，河北省一般公共预算教育经费为 1568 亿元，比 2016 年的 1176 亿元，增长 33.3%。2019 年，河北省印发《关于进一步调整优化结构提高教育经费使用效益实施方案》《教育领域省与市、县财政事权和支出责任划分改革实施方案》等文件，对教育经费"谁来投、怎么用、如何管"三个方面做出了安排部署，从义务教育、学生资助、非义务教育、教师队伍建设四个方面，明确了省与市、县财政事权和支出责任相关的 23 个具体事项，教育经费投入、使用、管理进入权责明确的新阶段。在实地调研的基础上，河北省制定出台了公办幼儿园、普通高中两个学段的生均公用经费财政拨款标准，涵盖各级各类学校的生均公用经费财政拨款标准全部建立，同时本科高校、高职高专院校生均拨款金额继续保持在 12000 元以上。加大学生资助力度，形成覆盖高等教育、中等职业教育、普通高中教育、义务教育和学前教育各学段的资助政策体系。在 22 个集中连片特困县、23 个国家扶贫工作重点县的农村义务教育学校和 103 个县的农村小学实施营养改善计划，受益学生达 388 万人。

2. 扎实推进教师队伍建设

从某种程度上说，只有建立一支高水平、专业化、乐于奉献的教师队伍，才能实现教育高质量内涵式发展。近年来，河北将师德师风建设列为教师队伍建设的首要任务，多措并举、多管齐下、多方合力，确保师德师风建设取得实效。加强制度建设，制定实施《河北省中小学教师违反职业道德行为处理办法实施细则（试行）》《河北省中小学幼儿园教师职业行为负面清单（试行）》《关于在职中小学教师有偿补课行为处理指导意见（试行）》等文件。围绕标本兼治、综合施治原则，以建立治理"六个结合"（长短结合、疏堵结合、惩教结合、正反结合、内外结合、校社结合）工作模式为契机，推动师德师风宣传、教育、考核、惩处、监督等各个环节的建设。自 2016 年启动师德师风专项整治活动，仅省级教育行政部门就印发通报近 40 期、查处有偿补课案件 400 多起、处理相关责任人近 700 人，形成了有效遏制有偿补课势头的高压震慑态势。遵循新型人才培养理念，优化教师培养管理方式，由行政指令方式向全面深入指导转变，大力推进教师教育培养改革创新。整合学前教育培养院校，新设邯郸幼儿师范高等专科学校、扩建唐山幼儿师范高等专科学校、改建泊头职业学院为沧州幼儿师范高等专科学校等，为办好学前教育奠定师资基础。探索创新中小学教师培养模式，启动省属免费师范生招生培养改革和农村小学全科教师公费培养改革，"十三五"时期分别招收 1000 名和 1400 名"定向"教师。强化教师培训，由省级主体实施向省级主导实施转变，构建科学、系统、合理的教师培训网络架构。进一步明晰各层级培训任务，统筹好国、省、市、县、校五级培训资源，省级抓好规划和引领，市级办好传导和培育，县级着重实施和覆盖，学校做好联动和研修。

3. 教育信息化创新融合发展

河北省深入开展联网攻坚行动，全力打造基于"互联网+教育"的信息化网络环境，全省中小学（含教学点）宽带接入实现全覆盖。河北省教育厅等十一部门印发《关于促进在线教育健康发展的实施方案》，完善在线教育标准体系、治理体系、政策体系，教育教学与现代信息技术融合发展，数字化、网络化、个性化、终身化的教育服务丰富多元。为加快乡村小规模学校信息化建设与应用，河北省教育厅印发《河北省乡村小规模学校信息化建设应用推进方案》，组织优质学校与乡村小规模学校构建联校网教共同体，解决偏远贫困地区的乡村小规模学校开不全、开不好课程的难题，助力教育扶贫、服务教育均衡发展，让所有农村学生都能享受优质教育服务。为稳步推进智慧教育创新发展，河北省教育厅印发《河北省智慧教育行动计划（2020—2022年）》，开展智慧教育资源共建共享行动等"六个专项行动"，育人过程智慧化、教育管理智能化、教育服务精准化水平得到有力提升，2019年雄安新区被教育部确定为"智慧教育示范区"。

二 立足新时代，深入分析河北教育面临的新形势新任务，锚定发展新方向

面对百年未有之大变局、服务全面建设社会主义现代化之全局、办好人民满意教育之新局，河北教育发展的外部环境和内部条件正在发生复杂而深刻的变化，"十四五"时期河北教育发展面临前所未有的重大历史机遇和挑战。

从国际形势上看，世界正经历百年未有之大变局，新冠肺炎疫情加速推进世界格局深刻调整，经济逆全球化趋势日益凸显，发展态势扑朔迷离，以教育和人才为基础的经济竞争将常态化存在。全球科技创新进入空前密集活跃期，5G、人工智能、大数据等新一轮科技革命和产业变革正在重构全球新版图、重塑全球科技新结构，全球人才和科技竞争将更为激烈，必须增强以教育和人才为根本的综合国力。西方一些糟粕文化不断渗透，且领域越来越广、手段越来越新，潜移默化地影响着人民群众特别是青少年学生的价值观、伦理观、道德观，必须充分发挥教育主渠道作用，进一步加强意识形态领域工作，强化国家安全观、爱国主义文化培育，让其成为全体学生的坚定信念和自觉行动。

从国内现状上看，当前我国正处在承前启后、继往开来的具有历史意义的

重要阶段，既要巩固第一个百年奋斗的成果，又要顺应时代大潮、乘势而上，为顺利实现第二个百年奋斗目标、全面建设社会主义现代化国家开新篇、谋新局。全面推进社会主义现代化建设对教育事业提出了更高要求，适应新形势、新任务、新要求，必须坚持优先发展教育，进一步发挥教育的基础性、先导性、全局性作用，全面落实立德树人根本任务，提高教育质量，促进教育公平，构建服务全民终身学习的现代教育体系，培养担当民族复兴大任的时代新人。

从河北省面临的机遇和挑战来看，"十四五"时期是河北省加快经济强省、美丽河北建设的关键阶段，也是深化改革发展、推动产业转型升级、提高人民群众获得感幸福感安全感、完善社会治理现代化的重要时期。"三件大事"（京津冀协同发展、雄安新区建设、冬奥会筹办）对河北省经济社会发展的辐射带动作用越发明显，河北省的区位优势逐渐显现，已成为助推区域发展的新增长极。但河北省传统产业比重依然较大，以新一代信息技术、生物医药健康、高端装备制造为代表的新兴产业占比偏少；社会创新活力不足，支撑引领经济增长的动力不够；高耗能高污染企业数量多，绿色转型压力很大；新经济新增长点不多，缺少增长的主引擎。目前河北发展不平衡不充分的矛盾依然比较突出。立足新发展阶段，贯彻新发展理念，服务构建新发展格局，迫切需要不断深化教育领域综合改革，优化教育资源布局，加快创新人才培养，切实强化教育服务经济社会发展能力，为实现河北经济社会高质量发展提供人才支撑和智力保障。

从教育系统内部来看，河北省教育虽然在"十三五"时期取得了丰硕成果，但与人民群众对高质量教育的需求相比、与先进省份相比依然存在一定差距。普惠性幼儿园覆盖率有待进一步提升，未达到全国平均水平；城镇义务教育资源亟待扩充，存在较大的大班额反弹风险；部分县域高中办学条件不能满足新课改、新高考的要求，需进一步改善；高层次职业院校较少、数量不足，服务经济社会转型升级能力有待进一步提升；中职学校整体办学条件薄弱，存在"空、小、弱"现象；高职教育"有高原，无高峰"，缺乏具有燕赵风格、中国特色、国际视野的标杆院校；高等教育大而不强的局面没有从根本上改变，内涵式发展水平有待提升；研究生教

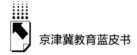

育与经济社会发展还不够契合，尤其是博士研究生培养规模有待进一步扩大；高校高水平创新群体、创新平台数量偏少，创新能力、产学研合作水平、成果转化质量有待提高。"十四五"时期，河北省应切实增强机遇意识、发展意识、创新意识和责任意识，准确理解和把握当前教育发展面临的新方向、新特征、新要求，全面贯彻落实新发展理念，奋力开创河北教育现代化新局面。

三 面向"十四五"，全面贯彻落实新发展理念，推动教育高质量发展

党的十八大以来，以习近平同志为核心的党中央在总结我国经济社会改革发展实践经验的基础上，不断丰富创新中国特色社会主义理论体系，提出了诸多重大理论和理念。其中最重要、最主要的理念之一就是新发展理念。新发展理念科学系统地回答了新时代的中国"为谁发展""怎么发展"等一系列重大现实问题，深刻阐明了关于发展的政治立场、价值导向、发展道路、发展模式等重大政治问题，是指引和推动我国经济社会发展的根本遵循。"十四五"时期，河北省教育高质量发展也必须全面准确贯彻新发展理念，以创新、协调、绿色、开放、共享五大理念为引领，全面贯彻党的教育方针，坚持内涵式发展方向，努力实现更高质量、更加公平、更有效率、更可持续的发展，为加快建设社会主义现代化国家贡献力量。

（一）以创新发展激发教育活力

创新是经济社会发展的动力源泉，也是判断教育成效的核心指标。推动教育创新，必须充分结合我国发展实际，以服务创建创新型社会为导向，以培养和提高学生创新能力为目标，大力实施创新教育，培养更多具有创新意识和创新能力的高素质人才。

加快新时代教育评价制度改革，创新政府履行教育职责评价机制，健全学校分级分类评价体系，完善教师评价方式，把"五育"并举作为评价学

生的核心内容,创新过程性评价,完善综合性评价,促进学生身心健康、全面发展。有序推进考试招生制度改革,加强对民办义务教育学校的规范管理,合理分配招生名额,并将其纳入当地教育行政部门统一审批管理,与公办学校同步招生。以提升县域普通高中质量为重点,实施好县域公办普通高中振兴计划,同时逐步增加公办省级示范性高中定向分配招生名额的比重,促进区域内高中资源协调发展。改进和加强综合性评价,完善基于统一高考和高中学业水平考试、参考综合素质评价的多元录取机制,更加注重考查学生独立思考和分析解决实际问题的能力。加快"放管服"改革,进一步扩大和落实学校办学自主权,在学科专业设置、编制岗位管理、人员招聘、职称评审、薪酬分配、学位授权审核、招生规模与方案制定、科研项目评审立项等方面进一步向高校放权。完善以创新质量和实际贡献为导向的评价体系,促进高校与科研院所、行业企业协同创新,支持高校牵头或参与组建若干协同创新中心、技术创新中心和产业技术创新联盟。健全科技成果转化激励机制,加强管理体系和支撑服务体系建设,支持高校建设专业化技术转移机构,加快推进科技成果转化。围绕河北重点发展的人工智能与智能装备、新能源与智能电网、新能源汽车与智能网联汽车、新材料等战略性新兴产业领域,加强战略性新兴产业相关学科专业建设,完善人才培养体系,扩大招生规模,提升人才培养质量。鼓励学校改革创新,指导学校开创具有自身特色、学生喜闻乐见的课程、教法、实训,培养学生的创新精神、创新意识和实践能力。

(二)以协调发展优化教育结构

协调是促进教育均衡发展的内在要求。进入新时代,人民群众对教育的期许已从"有学上"升级为"上好学",针对河北省当前教育发展还不充分不均衡的情况,必须树立"公平优先、统筹协调"的科学理念,加快推进教育协调发展,逐步缩小城乡、区域、学校之间的差距,让每个孩子都能享受到公平优质便捷的教育。

各级教育行政部门应依据经济社会发展趋势,如城镇化进程、产业布局

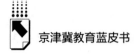
等需求，科学编制学前教育布局发展规划，优化幼儿园空间布局。提升学前教育质量，有效推进幼小科学衔接，注重幼儿园和小学双向协同、有效衔接，科学做好入学准备和入学适应教育。深化区域内义务教育优质均衡发展和城乡一体化，不断提高农村义务教育学校办学水平，补齐办学条件短板，推动农村完全小学、初中和九年一贯制学校的校园占地面积、生均校舍建筑面积、专用教室设施设备配置等达到标准化学校要求。推动城乡学校结对帮扶全覆盖，采取城乡结对帮扶、强校带弱校、学区化管理、委托管理、集团化办学等灵活多样的办学形式，扩大优质资源覆盖面。优化职业教育层次结构和专业结构，巩固中等职业教育基础地位，强化专科层次职业教育主体地位，稳步发展职业本科教育，一体化设计职业教育人才培养体系，协调推动各层次职业教育有效衔接。落实院校分类评估制度，引导高等学校科学定位与特色发展，建立研究型、应用型、职业技能型高校分类管理体系，满足经济社会发展对不同类型人才的需求。面向国家重大战略需求和区域经济社会发展，积极扩大博士研究生招生规模，统筹规划博士、硕士学位授权单位布局，大力提升研究生培养质量。

（三）以绿色发展引领教育风尚

绿色是永续发展的必要条件和人民对美好生活追求的重要体现。从教育的视角来看，绿色教育就是在教育的全过程、全方位和全员当中确立绿色办学理念，走绿色发展之路，实施素质教育，促进人的全面发展。

走好绿色发展的道路，要全面贯彻党的教育方针，坚持立德为本、树人为根，突出思想引领、"五育"并举、"三全"育人。持续做好习近平新时代中国特色社会主义思想"三进"工作，把相关学习内容贯穿各级各类学校教学全过程、作为必修内容纳入各类培训。推进课程思政培养体系和研究体系建设，实现各类课程与思想政治理论课同向同行，构建全员全程全方位育人格局，大力提升课程思政教学质量。完善省、市、县三级"德育共同体"建设，以大思政理念创新工作方式方法，加快构建大中小幼全学段、校内校外全领域的思政工作新体系。加强校园文化建设，打造线上线下相结合的校园文化，彰显办学特色和育人理念。加强劳动教育，专兼结合、以兼为主配齐劳动教育教师，加强劳动教育实践基地建设，将学生劳动参与情况纳入学生综合素质档案，引导学生养成劳动习惯。改进学校体育教育，构建适合学生、丰富多样的教学模式，逐步培养 1~2 项终身受益的运动技能，保障学生在校内每天有一小时的体育运动时间。强化学校美育教育，改善美育场地设施，深化美育教学改革，不断提高学生审美水平和人文素养。

（四）以开放发展拓展教育资源

开放带来进步，封闭必然落后。开放是我国繁荣富强的重要途径，也是教育内外联动、繁荣发展的必由之路。进入新发展阶段，河北省教育对外开放的矛盾和问题集中体现在发展质量上，必须围绕战略性新兴产业和现代服务业人才需求，与省外高水平大学和研究机构合作办学、联合培养人才、借鉴、吸收与创新先进办学理念和办学模式，推动对外开放办学高质量发展。

扎实推进京津冀教育协同发展，完善京津冀三地教育部门沟通协调机制，定期就教育协同发展中的重大问题进行会商，制定并落实新一轮教育协同发展总体框架，推动"十四五"时期教育协同发展的各项工作任务和重点项目全面落地实施。多层次推进京津冀合作，鼓励支持市县和各级各类学校与京津签订教育合作协议，持续推进各级各类教育交流合作向纵深发展。通过合作办学、结对帮扶、委托管理、开办分校等方式开展跨省域合作办学，组织"骨干校长教师跟岗学习"，积极引进京津两地优质基础教育资源。推进京津冀交通、先进制造业、现代农业职教集团发展，推动三地职业教育发挥办学特色和资源优势，实现优势互补、错位发展。

切实做好教育领域的"对外开放"，规范有序引进国际优质教育资源，重点支持有良好发展基础、引入国际资源后能达到"1+1>2"效果的高校，与世界知名大学和学术机构共建国际合作实验室、技术创新中心等科研合作平台。创新选派形式、提高选派质量、明确遴选条件，让更多想干事、能干事的优秀教师和学者出国留学研修，成为带动和激励院校人才队伍建设的排头兵、领头雁。推动与"一带一路"沿线国家的教育合作，拓展中外人文

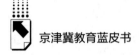

交流渠道，丰富中外人文交流方式，打造一批有河北特色的中外人文交流品牌。选派河北省优秀汉语教师和志愿者出国开展对外汉语教学工作，办好海外孔子学院和孔子课堂。

（五）以共享发展促进教育公平

教育公平是社会公平的重要基础，是阻断贫困代际传递的治本之策。李克强总理在十三届全国人大四次会议记者会上强调，"教育和健康关系到每个家庭和国家与民族的未来"，"决不能因为家境、区域不同让孩子输在起跑线上。机会公平中，教育公平是最大的公平"。新时代的教育必须更加突出公平属性，有力有效地保障每个孩子特别是弱势群体接受优质教育的权力。

大力缩小城乡和校际差距，完善农村学前教育"三为主"（指以公办园为主、以政府和集体投入为主、以政府聘任教师和公办教师为主）发展模式，全面改善农村幼儿园办园条件，不断提升玩教具和幼儿图书配备水平，确保农村适龄幼儿接受公平有质量的学前教育。利用信息化手段扩大优质义务教育资源覆盖面，组建若干跨校、跨区域的网络优质资源共同体，通过"三个课堂"等方式，充分发挥优质学校、优秀教师、优质资源的帮扶带动作用，确保乡村小规模学校和教学点开齐开足开好课程。坚持以流入地政府管理为主、以公办学校接收为主的原则，健全以居住证为主要依据的随迁子女义务教育入学办法，实行随迁子女在流入地平等参加中、高考政策，确保随迁子女同等享受基本公共教育服务。完善精准资助体系，让资助工作覆盖所有学段、所有学校，不让学生因贫困而失学。更加关注特殊群体的受教育权，在逐步提高特殊教育学校经费保障的基础上，完善随班就读支持保障政策体系，推动开展残疾儿童学前教育，发展残疾人高中阶段教育和高等教育，全面提升特殊教育服务质量。拓展老年教育渠道，鼓励县级以上城市举办老年大学，扩大老年教育资源供给。拓展县级职教中心、科普文体机构、社区综合服务中心等社区教育功能，依托城乡社区综合服务设施建立健全城乡一体的教育网络，推动社区教育向基层、农村延伸。

参考文献

李奕：《京津冀继续教育协同发展的机遇、挑战及对策——2016 年京津冀成人继续教育协同发展研讨会综述》，《开放学习研究》2016 年第 4 期。

高兵：《京津冀教育协同发展的现代化路径探索》，《教育理论与实践》2015 年第 22 期。

孙久文、原倩：《京津冀协同发展战略的比较和演进重点》，《经济社会体制比较》2014 年第 5 期。

薛二勇、刘爱玲：《京津冀教育协同发展政策的构建》，《教育研究》2016 年第 11 期。

史雪峰、劳凯声：《京津冀教育协同发展的挑战与应对》，《中国教育报》2015 年 1 月 9 日，第 7 版。

借 鉴 篇
Reference Reports

B.9
"十四五"初期京津冀、长三角
和珠三角地区教育发展状况研究

李 璐*

摘　要： 基于京津冀、长三角和珠三角地区"十四五"初期教育事业发展
实证分析发现，京津冀地区在人口素质基础、资源投入、财政性
教育经费占比和高等教育质量与竞争力方面的优势较为显著，教
育经费持续性增长乏力和域内差异性较大、阶梯结构显著则是比
较突出的问题。长三角地区教育事业发展的相对优势体现在教育
普及水平、师资质量和在地国际化水平三个方面，且域内教育发
展均衡程度较高；薄弱环节存在于教育规模相对偏小、高等学校
生均一般公共预算教育经费投入不足，难以支撑区域创新发展。珠
三角地区的相对优势在于教育规模较大，公共财政对教育的投入力
度不断增强，高等学校生均一般公共预算教育经费投入较高；短板

---

* 李璐，北京教育科学研究院教育发展研究中心助理研究员，博士，主要研究领域为教育政
策、区域教育规划和教育经济与管理研究。

普遍存在于人口素质基础、教育普及水平、资源投入、高等教育质量与竞争力和在地国际化水平等方面。未来京津冀地区应强化教育均衡协同发展战略，教育投入力度稳中求进；长三角地区应推进教育一体化发展战略，提升高等教育投入水平；珠三角地区应采用教育内涵式发展战略，依托港澳优质资源提升教育质量。

关键词： "十四五"初期　教育发展　京津冀　长三角　珠三角

　　作为我国教育现代化发展的前沿阵地，京津冀、长三角和珠三角地区各省市自 20 世纪末开始陆续提出加快实现教育现代化的目标。2016 年 8 月至 2017 年 5 月，江苏、上海、浙江、北京、广东、天津、河北相继出台了"十三五"时期教育事业发展规划。其中，北京、上海、浙江提出率先实现教育现代化的发展目标。历经五年的改革创新，三大城市群各省市教育现代化建设已取得明显进展。2021 年 6 月至 2022 年 2 月，京津冀、长三角和珠三角地区各省市陆续出台"十四五"时期教育事业发展规划（见表 1），对"十三五"时期的教育改革发展成效进行了总结，提出了"十四五"时期教育事业发展和改革的总体目标、监测指标和主要任务。本报告选取京津冀、长三角和珠三角地区的北京、天津、河北、上海、江苏、浙江和广东七省市作为研究对象，通过数据分析比较三大地区之间及域内的教育事业发展水平，明确当前京津冀地区教育发展水平在三大地区内的相对特点和位置，为"十四五"时期京津冀教育协同高质量发展提供借鉴与参考。

表 1　我国三大城市群出台"十四五"时期教育事业发展规划的情况统计

发文地区	规划名称	发文机构	成文时间	发布时间
北京	《北京市"十四五"时期教育改革和发展规划（2021—2025 年）》	北京市教育委员会	2021 年9 月 30 日	2021 年9 月 30 日
天津	《天津市教育现代化"十四五"规划》	天津市教育委员会天津市发展和改革委员会	2021 年7 月 26 日	2021 年8 月 2 日

续表

发文地区	规划名称	发文机构	成文时间	发布时间
河北	《河北省教育事业发展"十四五"规划》	河北省教育厅	2021 年 9 月 17 日	2021 年 11 月 2 日
上海	《上海市教育发展"十四五"规划》	上海市人民政府	2021 年 7 月 26 日	2021 年 9 月 7 日
浙江	《浙江省教育事业发展"十四五"规划》	浙江省发展和改革委员会 浙江省教育厅	2021 年 6 月 11 日	2021 年 6 月 24 日
江苏	《江苏省"十四五"教育发展规划》	江苏省人民政府办公厅	2021 年 12 月 31 日	2022 年 1 月 18 日
广东	《广东省教育发展"十四五"规划》	广东省人民政府	2021 年 9 月 23 日	2021 年 11 月 1 日

资料来源：各省市政府官方网站。

一 分析框架及指标体系构建

本报告构建了五维指标体系，一级维度包含人口素质基础、教育普及与规模、资源与条件、质量与竞争力、在地国际化水平，其下细分若干二级维度并设相应定量指标。人口素质基础维度包括总体受教育水平、高学历群体规模和劳动年龄人口受教育水平三个子维度。教育普及与规模维度下分设各级教育普及水平和各级各类教育规模两个子维度。资源与条件维度涵盖人力资源、教育经费两个子维度。质量与竞争力分设高等教育质量和高水平研究能力两个子维度。在地国际化水平采用学生流动和合作办学两个子维度。15个具体的定量指标如表 2 所示。本报告数据主要来源于 2020 年和 2021 年的《中国统计年鉴》、《中国教育统计年鉴》、《中国教育经费统计年鉴》、《中国科技统计年鉴》和五省市的统计年鉴。

表2　京津冀、长三角和珠三角地区"十四五"初期教育发展比较分析指标体系

一级维度	二级维度	序号	指标	指标性质	评价标准
人口素质基础	总体受教育水平	1	15岁及以上人口的文盲率	定量	省(市)际比较
	高学历群体规模	2	每10万人口大专及以上学历人口数	定量	省(市)际比较
	劳动年龄人口受教育水平	3	15岁及以上人口平均受教育年限	定量	省(市)际比较
教育普及与规模	各级教育普及水平	4	各级教育毛入学率	定量	省(市)际比较
	各级各类教育规模	5	每10万人口各级学校平均在校生数	定量	省(市)际比较
资源与条件	人力资源	6	生师比	定量	省(市)际比较
		7	专任教师中本科及以上学历者所占比例	定量	省(市)际比较
	教育经费	8	各级教育生均一般公共预算教育经费	定量	省(市)际比较
		9	一般公共预算教育经费占一般公共预算支出比例	定量	省(市)际比较
		10	一般公共预算教育经费与财政经常性收入增长幅度比较	定量	省(市)际比较
		11	财政性教育经费占教育经费比重	定量	省(市)际比较
质量与竞争力	高等教育质量	12	重点大学和"双一流"建设高校数	定量	省(市)际比较
	高水平研究能力	13	国家重点实验室数量	定量	省(市)际比较
在地国际化水平	学生流动	14	留学生规模	定量	省(市)际比较
	合作办学	15	中外合作办学机构数和项目数	定量	省(市)际比较

二　京津冀、长三角和珠三角地区教育发展状况

以下分别从人口素质基础、教育普及与规模、资源与条件、质量与竞争

力、在地国际化水平五个维度对京津冀、长三角和珠三角地区的教育发展水平进行比较分析。

（一）人口素质基础

1. 京津冀地区人口总体受教育水平在三地中最高且域内较为均衡

京津冀地区人口总体受教育水平高于长三角和珠三角地区，三地区人口总体受教育水平高于国内平均水平。2020年，京津冀地区15岁及以上人口的文盲率为1.40%，低于珠三角地区（1.79%）和长三角地区（2.67%），三地区15岁及以上人口的文盲率均显著低于国内的平均水平（3.26%）（见图1）。七省市之中，北京人口总体受教育水平最高，15岁及以上人口的文盲率为0.89%，天津以1.42%的水平位居第二，上海和广东以1.79%的水平并列第三，河北位居第五，浙江和江苏均超过3.00%。总体而言，京津冀域内人口总体受教育水平较高且均衡，域内人口文盲率标准差为0.41%；长三角域内三省文盲率标准差为0.62%，长三角地区江浙与上海之间的差距较显著。

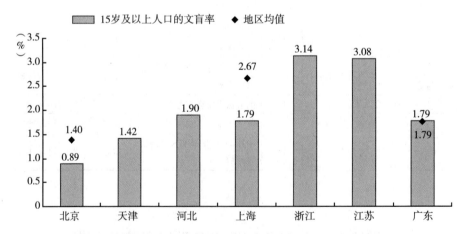

图1　2020年三大经济区域各省市15岁及以上人口的文盲率

资料来源：《中国统计年鉴2021》。

2.京津冀地区人口高学历群体规模位居三地之首，呈现阶梯结构和极化效应

京津冀地区人口中高学历群体规模位居三大经济区域首位，域内高学历人口分布呈现阶梯结构且极化效应明显。2020年，三大经济区域每10万人口大专及以上学历人口数均值由高到低排序依次为京津冀地区27113人、长三角地区23175人、珠三角地区15699人，全国均值为15467人，三大经济区域高学历群体规模均高于全国平均水平。京津冀地区高学历群体分布呈现阶梯格局；长三角地区则呈现上海领跑、江浙并进的局面；珠三角地区高学历群体规模低于京津冀和长三角地区，亟待提升。北京和上海分别在京津冀和长三角地区独占鳌头，两市每10万人口大专及以上学历人口数分别为41980人和33872人。区域内中心城市的极化效应较为明显，京津冀域内差距较大，三省市之间标准差为12069人，明显高于长三角地区7595人的标准差。北京是全国唯一一个每10万人口大专及以上学历人口数超过4万人的省份，是全国平均值的2.7倍、上海的1.2倍，天津为26940人，河北、浙江、江苏和广东均不足2万人（见图2）。

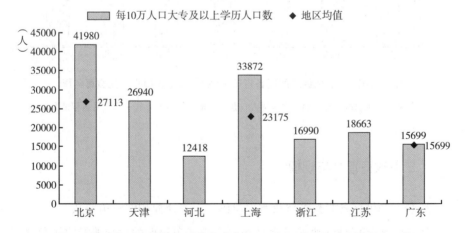

图2 2020年三大经济区域各省市每10万人口大专及以上学历人口数

资料来源：国家统计局《第七次全国人口普查公报（第六号）——人口受教育情况》。

3. 京津冀地区劳动年龄人口受教育水平高于长三角和珠三角地区

2020 年，京津冀地区 15 岁及以上人口平均受教育年限高于长三角地区，两地区的均值分别为 11.26 年和 10.60 年，珠三角地区以 10.38 年的水平位居第三，三地均高于全国均值（9.91 年）。京津冀地区的域内差异大于长三角地区，前者标准差为 1.14 年，后者为 0.87 年。从各省市的情况来看，北京劳动年龄人口受教育水平遥遥领先其他各省市，稳居发达地区榜首。2020 年北京 15 岁及以上人口平均受教育年限为 12.64 年，是全国唯一一个超过 12 年的省份，高于上海 11.81 年的水平，天津以 11.29 年的水平略低于上海但高于广东和江苏，河北和浙江劳动年龄人口的受教育水平均低于全国均值（见图 3）。

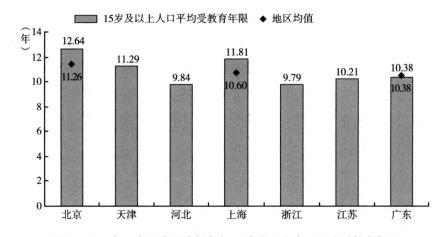

图 3　2020 年三大经济区域各省市 15 岁及以上人口平均受教育年限

资料来源：国家统计局《第七次全国人口普查公报（第六号）——人口受教育情况》。

（二）教育普及与规模

1. 长三角地区各级教育普及水平总体高于京津冀和珠三角地区

从三大经济区域教育普及水平来看，长三角地区的教育普及水平总体领先于京津冀和珠三角地区，京津冀地区总体高于全国平均水平但学前教育普及水平有待提升，珠三角地区学前教育普及水平较高但高等教育普及水平低于全国平均值。2020年，京津冀地区学前教育毛入学率为90.5%，高于全国平均水平，但与长三角和珠三角地区有一定差距，后两者均已高于99%。长三角地区九年义务教育巩固率高达99.97%，京津冀地区已超过98.5%，珠三角地区为96.11%，略高于全国均值。三地高中毛入学率均已超过95%，由高到低依次为长三角地区98.1%、京津冀地区高于97%、珠三角地区高于95%。长三角地区的高等教育普及程度在三地之中最高，已达67.6%；京津冀地区高等教育毛入学率已超过59.2%，而珠三角地区的高等教育毛入学率为53.41%，低于全国均值。按照学段由低到高观察，三大经济区域教育普及水平分布的相对形态呈现京津冀"低-中-中"、长三角"中-高-高"、珠三角"高-低-低"的局面。

从域内教育普及均衡水平来看，京津冀地区的学前教育和高等教育普及水平的均衡程度优于长三角地区，义务教育阶段域内三省市之间离散程度高于长三角地区。京津冀和长三角地区学前教育毛入园率的标准差分别为1.36%和2.25%，两者高等教育毛入学率的标准差分别为5.06%和7.35%；长三角地区九年义务教育巩固率和高中毛入学率的标准差分别为0.05%和0.69%，均低于京津冀地区。北京和天津水平相近，河北有待提升。长三角地区义务教育普及水平的均衡程度较高，江苏省学前教育毛入园率为96.5%，与沪浙两地仍有明显差距；与江浙相比，上海高等教育普及程度优势明显，其2012年的高等教育毛入学率已经接近70.0%，2020年达到78.0%。

从省际教育普及水平的格局来看，京津冀域内北京义务教育普及水平在三省市中最高，天津的学前教育和高等教育普及水平在三省市之中优势明显，河北与京津两地尚有差距。长三角地区中，上海高中和高等教育毛入学率领先于江浙，后两者义务教育普及水平优于上海。上海学前教育和高等教育普及水平领先于北京（见表3）。

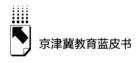

表3　2020年全国及三大经济区域各省市各级教育毛入学率

单位：%

地区	学前教育	小学和普通初中	高中阶段	高等教育
全国	85.2	95.2	91.2	54.4
京津冀地区	90.5	>98.5	>97	>59.2
北京	90	>99	>99	>60.0
天津	92.3	99.0	98.0	65.0
河北	89.07	97.63	94.14	52.68
长三角地区	99.2	99.97	98.1	67.6
上海	99.0	99.9	99.0	78.0
浙江	102	100	98.1	62.4
江苏	96.5	100	97.3	62.4
珠三角地区	>100	96.11	>95	53.41
广东	>100	96.11	>95	53.41

注：小学和普通初中数据为九年义务教育巩固率统计值。

资料来源：全国数据来自《2020年全国教育事业发展统计公报》；北京小学和普通初中数据来自《北京：义务教育巩固率在99%以上超额达到国家标准》，中宏网，2019年10月15日，https：//www.zhonghongwang.com/show-258-155909-1.html；江苏小学和普通初中数据来自《省政府办公厅关于印发江苏省妇女发展规划和儿童发展规划的通知》，江苏省人民政府网站，2022年1月21日，http：//www.js.gov.cn/art/2022/1/21/art_64797_10324237.html；其余数据是根据各省市官方网站教育事业发展统计公报、统计数据、"十四五"教育事业发展规划等整理所得。

2. 京津冀地区高等教育相对规模居首，珠三角基础教育相对规模最大

从三大经济区域各级各类教育的相对规模来看，京津冀地区高等教育相对规模居首，具有显著的高层次人才储备优势，学前教育和中等教育相对规模最低，小学阶段教育相对规模适中。珠三角地区基础教育相对规模最大，高等教育相对规模最小。2020年，京津冀地区每10万人口高等学校平均在校生数为4174人，分别是长三角地区和珠三角地区的1.2倍和1.3倍。珠三角地区每10万人口幼儿园、小学、初中和高中的平均在校生数均高于京津冀和长三角地区，分别为京津冀地区的1.6倍、1.5倍、1.4倍和1.4倍，长三角地区的1.4倍、1.6倍、1.3倍和1.4倍。

整体来看，三大经济区域各级教育规模结构呈现两种不同类型（见图4）。京津冀和长三角地区的规模结构趋同，呈现"土"字形结构，有一定"中部塌陷"特性，表现为小学和高等学校的在校生相对数量较多，小学在校生相对数量高于高等学校在校生相对数量；长三角地区学前教育和中等教育相对规模略高于京津冀地区，但都低于高等教育相对规模。珠三角地区与全国整体的教育规模结构类似，小学相对在校生数量较多，其他学段较少，呈现"战斗陀螺"结构。

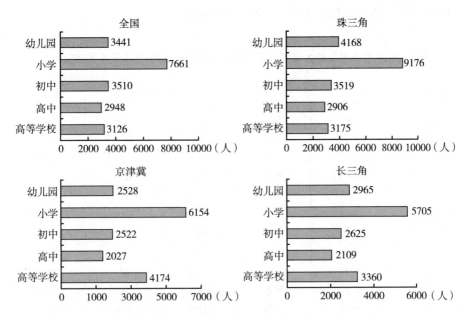

**图4　2020年全国及京津冀、长三角、珠三角地区每10万人口
各级学校平均在校生数分布**

注：高等教育包括普通高等教育和成人高等教育；初中阶段包括普通初中和职业初中；高中阶段包括普通高中、成人高中、普通中专、职业高中、技工学校和成人中专。

资料来源：《中国统计年鉴2021》。

从省际比较来看，北京高等教育相对规模位居七省市第一，高层次人才优势凸显。2020年，北京每10万人口高等学校平均在校生数是5393人，其规模为天津的1.2倍、上海的1.4倍、江苏的1.5倍、浙江和河北的2.0倍、广东的1.7倍；北京每10万人口初中和高中学校平均在校生数在七省市中最少，分别为1534人和1088人。河北中等教育相对规模在七省市中最大，每10万人口初中和高中学校平均在校生数分别为3972人和3276人，分别为北京市的2.6倍和3.0倍。上海小学阶段相对教育规模最小，每10万人口小学学校平均在校生数为 3546 人。天津学前教育相对规模在七省市中最小，每 10 万人口幼儿园在园幼儿数为 1912 人。2020 年广东幼小阶段教育相对规模位居七省市之首，分别为每 10 万人口 4168 人和 9176 人，学前教育相对规模是天津的 2.2 倍，小学阶段教育相对规模是上海的 2.6 倍。高等教育相对规模偏低是浙江和河北各级各类教育结构较为明显的特征（见表 4）。

表 4 2020 年全国及三大经济区域各省市每 10 万人口各级学校平均在校生数

单位：人

地区	幼儿园	小学	初中	高中	高等学校
全国	3441	7661	3510	2948	3126
京津冀地区	2528	6154	2522	2027	4174
北京	2441	4620	1534	1088	5393
天津	1912	4674	2060	1717	4430
河北	3231	9167	3972	3276	2700
长三角地区	2965	5705	2625	2109	3360
上海	2354	3546	1928	1117	3722
浙江	3394	6371	2797	2677	2704
江苏	3148	7197	3151	2533	3653
珠三角地区	4168	9176	3519	2906	3175
广东	4168	9176	3519	2906	3175

注：高等教育包括普通高等教育和成人高等教育；初中阶段包括普通初中和职业初中；高中阶段包括普通高中、成人高中、普通中专、职业高中、技工学校和成人中专。

资料来源：《中国统计年鉴 2021》。

（三）资源与条件

1. 长三角地区整体师资量质俱优，京津冀地区师资量质域内阶梯分布明显

（1）京津冀地区基础教育师资配备充足，长三角地区高等教育生师比最低

京津冀地区基础教育的师资力量最充足，但高等教育师资配备有待扩充。2020 年，京津冀地区的小学、普通初中和普通高中的生师比分别为15.49、11.14、10.28，均低于长三角和珠三角地区，师资力量最为充足。长三角地区普通高校的生师比的优势显著，2020 年长三角地区普通高校生师

比为 16.02，京津冀和珠三角地区分别为 17.65 和 18.88。珠三角地区小学、普通初中和普通高校的生师比均高于京津冀和长三角地区，师资配置相对不足（见图 5）。从省际比较来看，北京基础教育师资配置最为充足，上海位居第二，河北和广东基础教育和高等教育师资配置短缺问题较为突出（见表 5）。

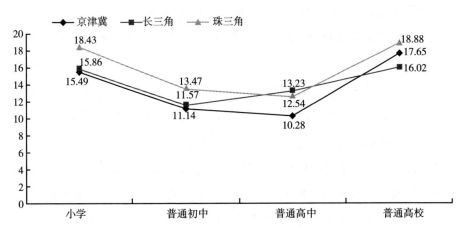

图 5　2020 年京津冀、长三角和珠三角地区各级普通学校生师比

资料来源：《中国统计年鉴 2021》。

表 5　2020 年全国及三大经济区域各省市各级普通学校生师比

地区	小学	普通初中	普通高中	普通高校
全国	16.67	12.73	12.90	18.37
京津冀地区	15.49	11.14	10.28	17.65
北京	14.01	8.68	7.62	16.47
天津	15.38	11.02	10.04	18.69
河北	17.07	13.72	13.18	17.80
长三角地区	15.86	11.57	13.23	16.02
上海	14.01	10.47	8.74	16.25
浙江	16.79	12.29	10.98	15.73
江苏	16.79	11.96	19.96	16.07
珠三角地区	18.43	13.47	12.54	18.88
广东	18.43	13.47	12.54	18.88

资料来源：《中国统计年鉴 2021》。

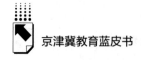
从域内师资配置规模的均衡程度来看，京津冀地区小学和普通高中生师比的域内差异低于长三角地区，前者小学和普通高中生师比的标准差分别为1.25和2.28，后者分别为1.31和4.85。长三角地区普通初中和普通高校的师资配置规模均衡度要优于京津冀地区，前者普通初中和普通高校的生师比标准差分别为0.79和0.22，后者分别为2.06和0.91。

（2）长三角地区基础和高等教育师资质量优于京津冀和珠三角地区且域内较均衡

长三角地区基础教育阶段师资质量整体优于京津冀和珠三角地区，京津冀地区内部呈现师资质量由高到低阶梯分布，长三角地区师资质量分布较为均衡，珠三角地区基础教育师资质量提升有较大空间。2020年，长三角地区基础教育专任教师中本科及以上学历者占比在三地区中最高，小学、普通初中和普通高中专任教师中本科及以上学历者所占比重分别为88.5%、98.4%和99.9%；其次是京津冀地区，相应比例分别为80.3%、95.6%和99.5%；珠三角地区基础教育师资质量有待加强，小学、普通初中和普通高中专任教师中本科及以上学历者占比分别为73.2%、91.9%和99.3%。总体而言，京津冀、长三角和珠三角地区普通高中师资质量优于普通初中，普通初中师资质量优于小学，三大经济区域普通初中和普通高中专任教师中本科及以上学历者占比均能达到90%以上，而小学专任教师学历水平差异较大（见图6）。从省际比较来看，北京小学师资质量最高，江苏位居第二，上海普通高中师资质量最优，河北和广东小学和普通初中师资质量有待提升，学历结构需要进一步优化（见表6）。

从域内师资质量均衡程度来看，京津冀基础教育阶段整体师资质量的均衡程度低于长三角地区，前者小学、普通初中、普通高中专任教师中本科及以上者占比的标准差分别为14.1%、4.1%、0.3%，后者则分别为2.3%、0.8%、0.1%。京津冀和长三角地区均表现出小学、普通初中、普通高中师资质量均衡程度由低到高的共性特点。

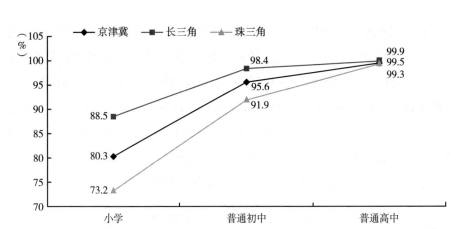

**图6 2020年京津冀、长三角、珠三角地区基础教育阶段
专任教师中本科及以上学历者占比**

资料来源：根据教育部官方网站2020年教育统计数据计算得出。

**表6 2020年全国及三大经济区域各省市基础教育阶段
专任教师中本科及以上学历者占比**

单位：%

地区	小学	普通初中	普通高中
全国	66.0	88.6	98.8
京津冀地区	80.3	95.6	99.5
北京	94.7	99.3	99.8
天津	85.1	97.7	99.7
河北	61.2	89.9	99.1
长三角地区	88.5	98.4	99.9
上海	87.4	99.3	100.0
浙江	86.4	97.4	99.7
江苏	91.7	98.5	99.8
珠三角地区	73.2	91.9	99.3
广东	73.2	91.9	99.3

资料来源：根据教育部官方网站2020年教育统计数据计算得出。

长三角地区普通高校教师质量优于京津冀和珠三角地区且域内均衡程度
较高，京津冀内部呈现师资质量由高到低阶梯分布。2020年，京津冀、长三角和珠三角地区普通高校专任教师中研究生及以上学历者占比的均值分别为73.8%、77.0%和67.0%。长三角域内普通高校教师质量均衡程度优于京津冀，两者的标准差分别为7.6%和12.9%。京津冀域内普通高校教师质量分布呈现由高到低的阶梯结构，三地普通高校专任教师中研究生及以上学历者占比分别为89.8%、73.2%和58.3%。北京普通高校专任教师中研究生及以上学历者占比在七省市中居首位，高校教师学历优势显著，上海以87.7%的水平位居第二，广东和河北均低于70%，高校教师质量亟待加强（见图7）。

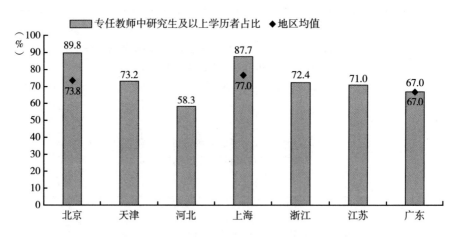

图7 2020年三大经济区域各省市普通高校专任教师中
研究生及以上学历者占比情况

资料来源：根据教育部官方网站2020年教育统计数据计算得出。

2.京津冀地区生均一般公共预算教育经费投入整体处于高位但增长乏力，财政性投入贡献度最高

（1）京津冀地区生均一般公共预算教育经费投入整体较高但域内不均衡，京沪在域内遥遥领先

从三大经济区域之间的比较来看，京津冀地区幼儿园、初中和高中生均一般公共预算教育经费位居三大经济区域首位，长三角地区小学生均一般公共预算教育经费高于京津冀和珠三角地区，珠三角地区高校生均一般公共预算教育经费在三地中排名第一。2020年，京津冀地区幼儿园、初中和高中生

均一般公共预算教育经费分别为 24143.95 元、36072.14 元和 41826.62 元，分别为长三角地区的 1.28 倍、1.11 倍和 1.02 倍，珠三角地区的 2.54 倍、1.66 倍和 1.76 倍，珠三角地区幼儿园生均一般公共预算教育经费相对较低。长三角地区小学生均一般公共预算教育经费为 21579.88 元，比京津冀地区高 235.79 元，是珠三角地区的 1.47 倍。珠三角、京津冀和长三角地区高校生均一般公共预算教育经费投入由高到低依次为珠三角地区（36894.01 元）、京津冀地区（34536.82 元）、长三角地区（28718.31 元）（见图 8），前者分别是后两者的 1.07 倍和 1.28 倍，长三角地区高等教育生均投入有待提升。总体而言，京津冀地区各学段生均一般公共预算教育经费投入呈现中等教育投入相对较高且整体高位的格局；长三角地区呈现基础教育生均投入依序升高、高等教育生均投入相对不足的格局；珠三角地区生均投入呈现依序增加的格局。

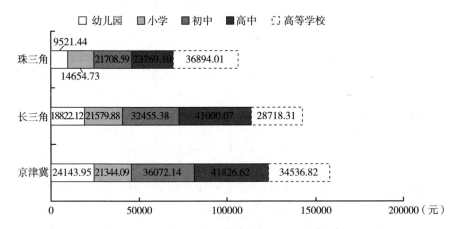

图 8　2020 年京津冀、长三角和珠三角地区各级教育生均一般公共预算教育经费

资料来源：《教育部 国家统计局 财政部关于 2020 年全国教育经费执行情况统计公告》。

从域内生均一般公共预算教育经费的均衡程度来看，京津冀地区域内生均一般公共预算教育经费投入省际差异较大，呈现京津冀阶梯结构，长三角地区生均一般公共预算教育经费配置均衡度相对较高。2020 年京津冀地区幼儿园、小学、初中、高中和高等学校生均一般公共预算教育经费的标准差分别为 14483.72 元、10615.74 元、20667.57 元、26402.64 元和 21825.55

元，而长三角地区幼儿园至高等学校五阶段生均一般公共预算教育经费标准差为 8860.79 元、6647.11 元、8940.86 元、12651.99 元和 7875.88 元。

从省际各级生均一般公共预算教育经费投入情况来看，北京和上海的生均一般公共预算教育经费投入均在两个地区占据绝对领先位置，尤其是北京各级生均一般公共预算教育经费远高于其他省市，其幼儿园、小学、初中、高中和高等学校的生均一般公共预算教育经费投入分别为 42575.20 元、35411.73 元、63603.26 元、78176.50 元和 65374.15 元，是位于第二的上海的 1.38 倍、1.15 倍、1.41 倍、1.33 倍和 1.65 倍（见表 7）。

表 7 2020 年全国及三大经济区域各省市各级教育生均一般公共预算教育经费

单位：元

地区	幼儿园	小学	初中	高中	高等学校
全国	9410.76	12330.58	17803.60	18671.83	22407.39
京津冀地区	24143.95	21344.09	36072.14	41826.62	34536.82
北京	42575.20	35411.73	63603.26	78176.50	65374.15
天津	22666.82	18850.84	30806.65	31045.20	20269.75
河北	7189.84	9769.69	13806.52	16258.17	17966.55
长三角地区	18822.12	21579.88	32455.38	41000.07	28718.31
上海	30942.78	30765.87	45036.47	58846.54	39714.38
浙江	15516.33	18715.85	27258.20	33188.97	24756.22
江苏	10007.24	15257.91	25071.46	30964.71	21684.34
珠三角地区	9521.44	14654.73	21708.59	23769.10	36894.01
广东	9521.44	14654.73	21708.59	23769.10	36894.01

资料来源：《教育部 国家统计局 财政部关于 2020 年全国教育经费执行情况统计公告》。

（2）京津冀地区一般公共预算教育经费及其占一般公共预算支出比例均低于长三角和珠三角地区

京津冀地区一般公共预算教育经费占一般公共预算支出比例低于长三角和珠三角地区水平。2020 年京津冀地区一般公共预算教育经费为 3150.27 亿元，低于长三角地区（5271.86 亿元）和珠三角地区（3537.82 亿元），京津冀地区一般公共预算教育经费占一般公共预算支出比例为

15.79%，这一比例低于长三角地区（16.11%）和珠三角地区（20.3%）。七省市之中，上海一般公共预算教育经费占一般公共预算支出的比例最低，为12.01%（见图9）。

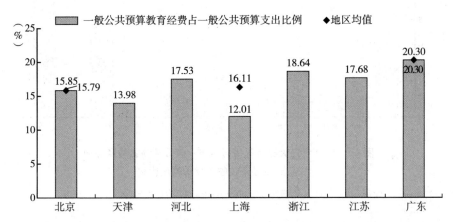

图9　2020年三大经济区域各省市一般公共预算教育经费占一般公共预算支出比例

资料来源：《教育部 国家统计局 财政部关于2020年的全国教育经费执行情况统计公告》。

（3）珠三角地区教育经费投入的绝对和相对增长力度均高于京津冀和长三角地区

在财政压力持续增大的前提下，珠三角地区仍保障了教育经费投入的增长力度。2020年，京津冀和珠三角地区财政经常性收入均比去年有所下降，财政压力较大，长三角地区财政经常性收入则仍保持增长势头。在此背景下，京津冀地区一般公共预算教育经费增长幅度比财政经常性收入增长幅度高4.88个百分点，这一增长幅度差值高于长三角地区水平（3.99个百分点），低于珠三角地区水平（11.81个百分点）。广东省一般公共预算教育经费增长幅度（9.95%）以及其与财政经常性收入的增长幅度比较均为七省市最高（见图10）。

（4）京津冀地区财政对教育投入的贡献力高于长三角和珠三角地区

京津冀地区财政对教育投入的贡献力在三大经济区域中最高，非财政性教育投入相对较少，多渠道筹资的教育投入体制有待完善。2020年，京津冀地区财政性教育经费占教育经费比重为83.98%，显著高于长三角地

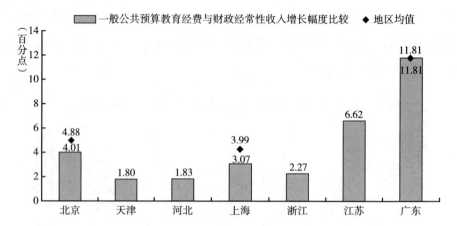

**图10 2020年三大经济区域各省市一般公共预算教育经费
与财政经常性收入增长幅度比较**

资料来源：《教育部 国家统计局 财政部关于2020年的全国教育经费执行情况统计公告》。

区（78.34%）和珠三角地区（74.72%）。这一方面说明京津冀地区财政
对教育投入的贡献力相对其他两个地区更高，另一方面也说明京津冀地区
的非财政性教育投入相对较少，多渠道筹资的教育投入体制还需要进一步
完善（见图11）。

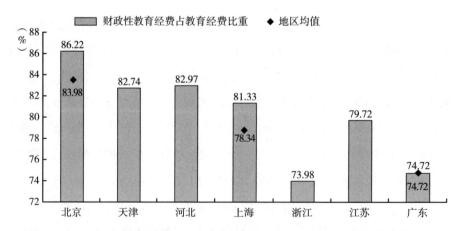

图11 2020年三大经济区域各省市财政性教育经费占教育经费比重

资料来源：《中国统计年鉴2021》《教育部 国家统计局 财政部关于2020年的全国教育经
费执行情况统计公告》。

（四）质量与竞争力

1. 京津冀地区高等教育质量优势突出，但呈现北京单中心的极化现象

京津冀地区优质高等教育资源密集，高等教育质量优势显著，"双一流"建设高校数量高于长三角和珠三角地区。从 2022 年的最新统计数据看，京津冀拥有 36 所"双一流"建设高校，高于长三角地区（31 所）和珠三角地区（7 所），其高等教育质量占据绝对竞争优势（见图 12）。但值得注意的是，京津冀地区"双一流"高校的极化现象明显，80.6%的"双一流"建设高校聚集在北京。

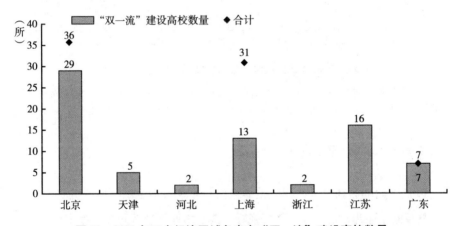

图 12　2021 年三大经济区域各省市"双一流"建设高校数量

资料来源：《教育部 财政部 国家发展改革委关于公布第二轮"双一流"建设高校及建设学科名单的通知》，教育部网站，2022 年 2 月 9 日，http://www.moe.gov.cn/srcsite/A22/s7065/202202/t20220211_598710.html。

2. 京津冀地区高校优质研究资源优于长三角和珠三角地区，北京大幅领先其他省市

京津冀高校优质研究资源仍处于绝对领先地位，为北京建设科技创新中心、提升创新驱动能力创造了良好的人才和智力基础。国家重点实验室数量能够反映区域高校高水平研究能力和优质研究资源的状况。截至 2020 年 9 月，京津冀高校独立设立的国家重点实验室有 43 个、长三角共有 37 个、珠

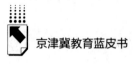
三角 8 个。京津冀优质研究资源丰富且集中，北京高校设立 37 个国家重点实验室，占区域总体的 86%（见图 13）。

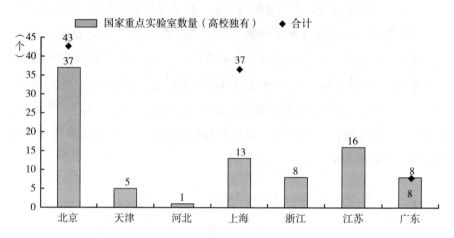

图 13　2020 年三大经济区域各省市国家重点实验室数量

资料来源：《336 个国家重点实验室布局：全国省市、城市、高校科研实力排名榜》，腾讯网，2019 年 9 月 11 日，https：//new.qq.com/rain/a/20190911A0CXW100。

（五）在地国际化水平

1. 长三角地区教育开放程度整体较高，北京留学生规模高于上海

从反映学生流动的留学生规模来看，长三角地区教育的开放程度整体较高，北京留学生规模超过上海。北京教育国际化进一步推进，2018 年北京高校的外国留学生数为 80786 人，位居全国之首，是上海留学生规模的 1.3 倍（见表 8）。

表 8　2018 年三大经济区域各省市留学生情况

单位：人

地区	京津冀地区			长三角地区			珠三角地区
	北京	天津	河北	上海	浙江	江苏	广东
留学生数	80786	23691	—	61400	38190	45778	22034

资料来源：《2018 年来华留学生统计》，教育部网站，2019 年 4 月 12 日，http：//www.moe.gov.cn/jyb_ xwfb/gzdt_ gzdt/s5987/201904/t20190412_ 377692.html。

2. 长三角地区中外合作办学规模均高于京津冀和珠三角地区且域内均衡度较高

从中外合作办学情况来看，长三角地区中外合作办学规模高于京津冀和珠三角地区。2021 年，长三角地区中外合作办学机构数为 49 所，项目数为198 个，教育合作办学规模最高。其次是京津冀地区，中外合作办学机构数为21 所，项目数为 122 个。相比之下，广东省中外合作办学水平仍有待提高，在粤港澳大湾区国家重大战略政策支持下，其合作办学的发展空间和后劲较大（见表9）。从域内中外合作办学机构分布均衡程度来看，京津冀的标准差为 2.9 所，长三角为 1.9 所，长三角地区的合作办学域内均衡程度更高。

表 9　2021 年三大经济区域各省市本科教育中外合作办学机构数和项目数
（含与中国港澳台合作）

单位：所，个

地区	中外合作办学机构数	中外合作办学项目数
京津冀地区	21	122
北京	11	59
天津	4	19
河北	6	44
长三角地区	49	198
上海	15	35
浙江	15	66
江苏	19	97
珠三角地区	15	29
广东	15	29

注：统计截至 2021 年 5 月 20 日。
资料来源：教育部中外合作办学监管工作信息平台，https：//www.crs.jsj.edu.cn/index/sort/1006。

三　结论及建议

（一）研究结论

从三大经济区域的人口素质基础来看，"十四五"初期京津冀地区整体

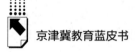

人口素质基础优势显著。京津冀地区人口总体受教育水平高于长三角和珠三角地区，高学历群体规模位居三大经济区域之首，域内高学历人口分布呈现阶梯结构且极化效应明显，15 岁及以上人口平均受教育年限高于其他两个经济区域。

在教育普及与规模方面，首先，从普及水平看，长三角地区的教育普及水平总体领先于京津冀和珠三角地区，京津冀地区总体高于全国平均水平但学前教育普及水平有待提升，珠三角地区学前教育普及水平较高但高等教育普及水平低于全国均值。京津冀地区的学前教育和高等教育普及均衡程度优于长三角地区，义务教育阶段域内三省市之间离散程度高于长三角地区。上海学前和高等教育普及水平优于北京。其次，从教育规模看，珠三角地区基础教育相对规模最大，高等教育相对规模最小；京津冀地区高等教育相对规模居首位，具有显著的高层次人才储备优势。三大经济区域各级教育规模结构呈现两种不同类型，京津冀和长三角地区的规模结构趋同，小学和高等教育阶段学生规模大，呈现"士"字形结构，有一定"中部塌陷"特性；珠三角地区与全国整体的教育规模结构类似，小学相对在校生数量较多，呈现"战斗陀螺"结构。北京高等教育规模冠绝七省，浙江和河北高等教育规模偏低。

从教育资源与条件来看，一是在人力资源方面，长三角地区整体师资量质俱优，京津冀地区师资量质域内阶梯分布明显。京津冀地区基础教育的师资配备均最充足，但高等教育师资配备有待扩充；长三角地区普通高校的生师比优势显著；珠三角地区小学、普通初中和普通高校师资配置相对不足。二是在经费投入方面，京津冀地区生均一般公共预算教育经费投入整体处于高位但增长乏力，财政性投入贡献度最高。京津冀地区生均一般公共预算教育经费投入整体处于高位但域内不均衡，幼儿园、初中、高中生均一般公共预算教育经费位居三大经济区域首位；长三角地区小学生均一般公共预算教育经费投入高于京津冀和珠三角地区；珠三角地区高校生均一般公共预算教育经费投入在三地中排名第一。京津冀地区各学段生均一般公共预算教育经费投入呈现中等教育投入相对较高且整体处于高位的格局；长三角地区呈现基础教育生均一般公共预算教育经费投入依序升高，高等教育生均一般公共预算教育经费投入相对不足的格局；珠三角地区生均投入呈现依序增加的格局。京津冀地区一般公共预算教育经费及其占一般公共预算支出比例低于长三角和珠三角地区。在财政压力持续增大的前提下，珠三角地区仍保障了教育经费投入的增长力度高于京津冀和长三角地区。京津冀地区财政对教育投入的贡献力在三大经济区域中最高，非财政性教育投入相对较少，多渠道筹资的教育投入体制有待完善。

在教育质量与竞争力方面，京津冀地区优质高等教育资源和高水平研究平台密集，"双一流"建设高校数量多于长三角和珠三角地区，高等教育质量优势显著，但呈现北京单中心的极化现象，80.6%的"双一流"建设高校聚集在北京。京津冀地区优质研究资源丰富且集中，优于长三角和珠三角地区，北京高校大幅领先其他省市高校，设立37个国家重点实验室，占京津冀地区总体的86%。

从教育国际化来看，长三角地区教育的开放程度整体较高，留学生规模和中外合作办学规模均超过京津冀和珠三角地区且域内均衡度更高。北京留学生规模超过上海。广东在粤港澳大湾区国家重大战略政策支持下，合作办学的发展空间较大。

总体而言，京津冀地区在人口素质基础、资源投入、财政性教育经费占比和高等教育质量与竞争力方面的优势较为显著，教育经费持续性增长乏力和域内差异性较大、阶梯结构显著则是比较突出的问题。长三角地区教育事业发展的相对优势体现在教育普及水平、师资质量和在地国际化水平三个方面，且域内教育发展均衡程度较高，区域教育一体化发展和省际合作具有良好基础；薄弱环节存在于教育规模相对偏低，高等教育生均一般公共预算教育经费投入不足，难以支撑区域创新发展。珠三角地区的相对优势在于教育规模较大，公共财政对教育的投入力度不断增强，高等教育生均一般公共预算教育经费投入较高；短板普遍存在于人口素质基础、教育普及水平、资源投入、高等教育质量与竞争力和在地国际化水平等方面（见表10）。

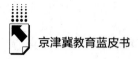

表10 2020年京津冀、长三角、珠三角教育事业发展各维度排序

一级维度	二级维度	指标	京津冀	长三角	珠三角
人口素质基础	总体受教育水平	15岁及以上人口的文盲率	3	1	2
	高学历群体规模	每10万人口大专及以上学历人口数	1	2	3
	劳动年龄人口受教育水平	15岁及以上人口平均受教育年限	1	2	3
教育普及与规模	各级教育普及水平	学前教育毛入学率	3	2	1
		义务教育毛入学率	2	1	3
		高中阶段毛入学率	2	1	3
		高等教育毛入学率	2	1	3
	各级各类教育规模	每10万人口幼儿园平均在校生数	3	2	1
		每10万人口小学平均在校生数	2	3	1
		每10万人口初中平均在校生数	3	2	1
		每10万人口高中平均在校生数	3	2	1
		每10万人口高校平均在校生数	1	2	3
资源与条件	人力资源	小学生师比	3	2	1
		普通初中生师比	3	2	1
		普通高中生师比	3	1	2
		普通高校生师比	2	3	1
		专任教师中本科及以上学历者所占比例	2	1	3
	教育经费	学前教育生均一般公共预算教育经费	1	2	3
		小学阶段生均一般公共预算教育经费	2	1	3
		中学阶段生均一般公共预算教育经费	1	2	3
		高校生均一般公共预算教育经费	2	3	1
		一般公共预算教育经费占一般公共预算支出比例	3	2	1
		一般公共预算教育经费与财政经常性收入增长幅度比较	2	3	1
		财政性教育经费占教育经费比重	1	2	3
质量与竞争力	高等教育质量	重点大学和"双一流"建设高校数	1	2	3
	高水平研究能力	国家重点实验室数量	1	2	3
在地国际化水平	学生流动	留学生规模	2	1	3
	合作办学	中外合作办学机构数和项目数	2	1	3

（二）政策建议

1. 京津冀地区应强化教育均衡协同发展战略，教育投入力度稳中求进

京津冀地区应坚持"省级统筹"与"区域统筹"相结合，研制出台京津冀教育协同发展规划，发挥政策引领作用，明确三地教育行政管理部门权责配置、合作机制和保障机制。构建完善政府间协作平台[1]，构建"决策层—协调层—执行层"教育协同发展治理机制。支持京津地区优质学校与河北学校合作共建，采用"名校办公校""名校办民校""大学教育集团办公校"等多元合作办学模式推进三地教育人才交流、优质教育资源共建共享[2]，建立合作学校多元主体协作共治模式，探索退出机制，进一步提升区域基础教育协作水平。推进教育投融资体制创新，完善促进区域均衡的财政转移支付制度[3]，设立基础教育协同发展专项资金，提供引导性激励，构建专项经费补给机制[4]。促进京津冀高等教育协同发展，强化全局意识、协同意识、改革意识和质量意识[5]，协调好非首都高等教育资源疏解和津冀高等教育资源承接，根据三地功能定位调整优化学校学科层次结构，推进区域高校联盟转型升级[6]。

2. 长三角地区应推进教育一体化发展战略，提升高等教育投入水平

长三角地区应立足域内教育均衡水平较高的良好基础，推动域内省际教育合作发展，弱化竞争导向。协同扩大优质教育供给，以统一的教育现代化指标体系协同开展监测评估，引导各级各类学校高质量发展。鼓励城市优质中小学学校跨区域牵手帮扶，完善校长和教师交流合作机制。大力提升高等

---

① 杨宏山、孙杰：《京津冀教育协同发展的引导机制》，《前线》2020 年第 9 期。

② 吴洪成、寇文亮：《京津冀中小学校际合作定位与运行机制研究——基于河北合作学校的调查》，《教育学术月刊》2020 年第 7 期。

③ 桑锦龙：《持续深化新时代京津冀教育协同发展》，《教育研究》2019 年第 12 期。

④ 蔡春、王宴安：《京津冀基础教育合作办学模式研究》，《中国教育学刊》2021 年第 3 期。

⑤ 罗启轩、钟秉林：《京津冀区域高等教育协同发展态势及推进策略研究》，《清华大学教育研究》2021 年第 1 期。

⑥ 高文豪：《京津冀高等教育协同发展问题及策略研究》，《中国高教研究》2021 年第 2 期。

教育经费投入力度，推动高校和科学院所全面合作、协同创新，携手建设具有国际影响力的"双一流"高校和学科。① 利用在地国际化优势，推动域内学校与国际知名学校合作办学，打造一批国际合作教育样板区和典型案例。

3. 珠三角地区应采用教育内涵式发展战略，依托港澳优质资源提升教育质量

珠三角地区应加强粤港澳大湾区基础教育交流合作，鼓励三地中小学学校结为"姊妹学校"，三地幼儿园缔结"姊妹园"。扩大各级各类教育人才培训交流，探索港澳中小学教师、幼儿教师到广东考取教师资格证并任教的师资拓展机制。加强学校建设，扩大学位供给，扩充师资数量，提升教师学历水平，提供多元化在职进修机会和资源。在高等教育方面，推进粤港澳大湾区创新型大学的建设，支持粤港澳大湾区高校合作办学，促进高等教育集群的多样性。联合共建优势学科、实验室和研究中心，提升高校科技研发效率，打造产学研融合的高等教育集群发展模式，构建中心城市以点带面、全面铺开的空间布局。② 推进在地国际化发展，引进世界知名大学和特色学院，打造"留学区域"品牌。③

参考文献

程天君、陈南：《中国教育现代化的百年书写》，《教育研究》2020年第1期。

胡明远、龚璞、陈怀锦、杨竺松：《"十四五"时期我国城市群高质量发展的关键：培育现代化都市圈》，《行政管理改革》2020年第12期。

卓泽林、杨体荣、马早明：《高等教育改革如何促进区域协调发展——以京津冀、长三角和粤港澳大湾区为例》，《江苏高教》2020年第12期。

① 王新凤、罗启轩、钟秉林：《长三角地区高等教育协同发展的历史进程与发展态势》，《江苏高教》2021年第9期。

② 卢晓中、陈先哲：《粤港澳大湾区高等教育集群发展：理论审思与实践策略》，《大学教育科学》2021年第4期。

③ 卓泽林：《高等教育赋能区域发展战略的现状、挑战与对策——以京津冀、长三角、粤港澳大湾区为例》，《教育发展研究》2021年第21期。

B.10
基本公共教育服务效率的差异与收敛

——基于京津冀、长三角的比较研究

唐一鹏*

摘　要： 本报告从地区差异的视角出发对京津冀（北京市、天津市、河北省）和长三角（上海市、江苏省、浙江省、安徽省）的基本公共教育服务进行考察和审视。第一，通过既有文献的梳理，本报告构建了基本公共教育服务的投入产出指标框架。第二，对2011~2019年两地区的投入与产出指标进行比较分析，发现在经费投入上，京津冀的平均水平一直高于长三角；在师资投入上，两地区教职工总数变动趋势较为一致，即幼儿园快速增长，中职逐渐萎缩；在产出数量上，两地区幼儿园和小学阶段的每10万人在校生数处于波动增长态势，而普高和中职阶段的每10万人在校生数则处于递减趋势，但长三角在各学段都高于京津冀；在产出质量上，京津冀在各学段的师生比指数都要高于长三角。第三，采用超效率DEA方法对两地的基本公共教育服务效率进行评估，结果发现京津冀（除2012年）和长三角均高于全国均值，但京津冀普遍低于长三角。在京津冀内部，北京市和天津市整体上有所增长，但河北省有所下降。在长三角内部，各省市大多处于DEA超效状态，表明长三角地区具有高效率。第四，采用基尼系数分解方法对两地的效率差异进行分解，结果表明，京津冀属于低效均衡状态，而长三角属于高效分化状态。第五，绝对β收敛模型估计结果表明，京津冀地区的基本公共教育服务效率在2011~2019年存

---

* 唐一鹏，华东师范大学教育学部副教授，主要研究领域为教育经济学。

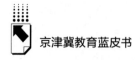
在收敛趋势，但长三角不存在收敛趋势。基于上述结果，本报告认为，京津冀地区应该在现有的均衡状态下，进一步通过缩小京津冀内部经费投入差距、扩大幼儿园和小学的教育资源供给、做好初高中衔接等措施，提高基本公共教育服务的效率。

关键词： 基本公共教育服务　超效率 DEA　京津冀　长三角

一　研究背景

公共服务是政府的重要职能，基本公共服务是政府提供的公共产品的重要组成，关系到每个人一生的健康和幸福，也关系到整个社会的安定与和谐。基本公共教育服务是基本公共服务的重要组成，在《国家基本公共服务标准（2021 年版）》中被概括为"学有所教"。实际上，整个基本公共服务是在2002 年党的十六大被纳入政府基本职能的，至今经历了三个演进阶段[①]，即纳入政策议程（2002~2006 年）、开展政策试点（2007~2011 年）、系统规划和全面推进（2012 年至今）。在教育领域，有关基本公共教育服务的研究也是从"均等化"的视角开始发端的[②]，并逐渐成为研究热点[③]。

本报告从地区差异的视角出发，基于 2011~2019 年的省级面板数据，利用超效率 DEA 方法对京津冀（北京市、天津市、河北省）和长三角（上海市、江苏省、浙江省、安徽省）两地的基本公共教育服务效率开展评估，

---

① 张启春、杨俊云：《基本公共服务均等化政策：演进历程和新发展阶段策略调整——基于公共价值理论的视角》，《华中师范大学学报》（人文社会科学版）2021 年第 3 期。

② 胡耀宗：《基本公共服务均等化视阈下的义务教育政策选择》，《清华大学教育研究》2009年第 6 期；胡祖才：《努力推进基本公共教育服务均等化》，《教育研究》2010 年第 9 期。

③ 蒲蕊：《基本公共教育服务体系研究现状与发展动态述评》，《武汉大学学报》（哲学社会科学版）2012 年第 2 期；刘琼莲：《论基本公共教育服务均等化及其判断标准》，《中国行政管理》2014 年第 10 期；郅庭瑾、尚伟伟：《新型城镇化背景下义务教育基本公共服务均等的现实困境与政策构想》，《华东师范大学学报》（教育科学版）2015 年第 2 期。

并在此基础上，利用基尼系数分解对两地的效率差异进行估计，最后运用面板数据模型来判定两地的效率是否存在收敛趋势。

二 文献综述

（一）基本公共教育服务指标体系

基本公共教育服务是基本公共服务的重要组成部分，在有关基本公共服务的研究中，都会涉及教育方面的相关指标。比如辛冲冲和陈志勇构建的基本公共服务供给水平评价指标体系，将教育服务供给二级指标分为受教育程度、文盲率、在校学生规模和生师比 4 个三级指标。[①] 其中，受教育程度下设 3 个四级指标：人均受教育年限、小学教育及以上人口占比、大学教育及以上人口占比。文盲率下设 1 个四级指标：15 岁及以上文盲人口占比。在校学生规模下设 5 个四级指标：小学教育在校生数量、初中教育在校生数量、高中教育在校生数量、中等职业教育在校生数量、高等教育在校生数量。生师比下设 5 个四级指标：小学教育生师比、初中教育生师比、高中教育生师比、中等职业教育生师比、高等教育生师比。杨晓军和陈浩在有关我国城乡基本公共服务均等化的研究中，则简单地将教育指标设定为以下四个：每万人普通小学学校数、每万人普通中学学校数、普通小学师生比、普通中学师生比。[②] 尹鹏等人在进行有关我国基本公共服务效率的研究时，则将教育投入指标设定为人均教育支出、普通中小学学校数、每 10 万人普通中小学专任教师数 3 个，并将产出指标设定为普通中小学入学率和升学率。[③]

---

① 辛冲冲、陈志勇：《中国基本公共服务供给水平分布动态、地区差异及收敛性》，《数量经济技术经济研究》2019 年第 8 期。

② 杨晓军、陈浩：《中国城乡基本公共服务均等化的区域差异及收敛性》，《数量经济技术经济研究》2020 年第 12 期。

③ 尹鹏、王富喜、段佩利：《中国基本公共服务效率与城镇化质量的时空耦合关系研究》，《地理科学》2021 年第 4 期。

相比于有关基本公共服务指标体系的研究，有关基本公共教育服务指标体系的研究相对较少。谢蓉较早地开展基本公共教育资源均衡配置研究，提出了一个包含师资力量、教学条件、校舍状况和经费投入 4 个维度的分析框架。[①] 其中，师资力量包括专任教师数、高学历教师数、高级教师数 3 个指标；教学条件包括教学仪器设备总值、教学用计算机数、图书藏量 3 个指标；校舍状况包括教学用房面积、安全校舍面积 2 个指标；经费投入包括人员经费、公用经费 2 个指标。陈晶璞从输入和输出两个维度构建基本公共教育均等化指标体系。其中，输入维度包括地方小学生人均教育事业性经费支出（农村、普通）、地方初中生人均教育事业性经费支出（农村、普通）、地方高中生人均教育事业性经费支出（农村、普通）、地方职业高中生人均教育事业性经费支出（农村、普通）；输出维度包括民族乡镇教育在校生数、乡镇教育教师总数、技工学校招生中农业户口学生数、技工学校当年培训农村劳动者数、大专以下教育程度就业人员比例。[②] 高萍的有关区域基本公共教育均等化的研究将指标设定为投入、产出和效果三类。其中，投入类指标为人均教育事业费；产出类指标为小学生师比和初中生师比；效果类指标为初中升高中升学率、人均受教育年限。[③] 王维的研究对基本公共教育服务水平开展评价，在分析了印度教育发展指标体系、OECD 教育发展指标体系、G8 国家教育发展指标体系之后，构建了一个包含教育投入、教育均衡、教育成效三维度的义务教育水平评价指标体系。[④] 其中，教育投入包括经费、师资、设施 3 个二级指标，其下分别又有 4 个、8 个、6 个三级指标；教育均衡也包括经费、师资、设施 3 个二级指标，其下的三级指标为教育投入中对应三级指标的城乡差异；教育成效包括学生巩固率和升学率 2 个二级指标，其中学生巩固率仅含九年义务教育巩固率 1 个三级指标，学生升学率

---

① 谢蓉：《基本公共教育资源均衡配置定量研究》，《教育科学》2012 年第 6 期。
② 陈晶璞：《基于 DEA 的基本公共教育均等化研究——以河北省为例》，《教育科学》2013 年第 2 期。
③ 高萍：《区域基本公共教育均等化现状、成因及对策——基于全国各省（市、自治区）面板数据的分析》，《宏观经济研究》2013 年第 6 期。
④ 王维：《我国各省份基本公共教育服务水平评价研究》，《教育科学》2017 年第 2 期。

包括小学和初中升学率 2 个指标。曹浩文的有关京津冀基本公共教育服务的研究，从人力、财力和物力三个方面构建指标体系。[①] 人力指标包括生师比、专任教师学历水平；财力指标包括生均公共财政预算教育事业费、生均公共财政预算公用经费；物力指标是每百名学生拥有教学用计算机台数。通过对上述研究中有关指标体系的梳理不难发现，正如罗哲和张宇豪的总结，基本公共教育服务的评价指标主要包括教育经费、师资队伍、教学条件三个方面，并且多以教育投入和教育产出为评估框架的基础。[②]

本报告借鉴既有研究的指标体系，同时参照国家发改委等最新发布的《国家基本公共服务标准（2021 年版）》，认为"学有所教"包括学前教育助学服务、义务教育助学服务、普通高中助学服务、中等职业教育助学服务这四个方面。由此可以认为，国家基本公共教育服务应当涵盖学前、小学、初中、高中、中职等五个层次的教育。在参考既有实证文献的基础之上，本报告在投入上选取生均一般公共预算教育事业费和教职工人数这两个指标分别来表示财力和人力资源投入，在产出指标上，选取每 10 万人在校生数和生师比这两个指标分别表示基本公共教育服务的产出数量和质量，并按照五个教育层次来构建基本公共教育服务投入产出指标体系（见图 1）。

（二）基本公共教育服务水平的实证研究

有关教育生产效率评估和差异分析的实证研究，从 20 世纪 90 年代就开始在国内开展[③]，相关研究方法也得到不断优化，特别是数据包络分析（DEA）和随机前沿分析（SFA）两大类方法的应用范围不断拓宽。但是总体而言，效率评估在高等教育研究中的应用更为广泛，而在基础教育阶段的实证研究中则应用相对较少，大部分研究都集中在教育资源配置方面。

---

① 曹浩文：《京津冀基本公共教育服务差距缩小了吗？——基于 2014 至 2016 年数据的对比》，《教育科学研究》2018 年第 9 期。
② 罗哲、张宇豪：《基本公共教育服务均等化绩效评估理论框架研究——基于平衡计分卡》，《四川大学学报》（哲学社会科学版）2016 年第 2 期。
③ 李佳哲、胡咏梅：《国内高校科研效率和生产率研究述评及研究展望》，《现代教育管理》2018 年第 1 期。

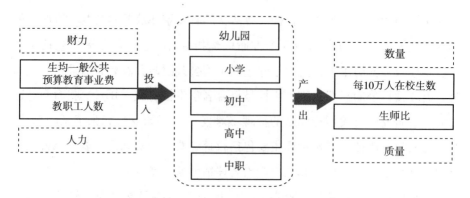

图1　基本公共教育服务投入产出指标框架

　　基本公共教育服务的相关研究，主要发端于基本公共服务均等化政策的推进，并不是教育研究领域内在生长出的问题。因此，相关实证研究也多是立足于基本公共教育均等化来开展。比如，陈晶璞基于2009年的11个省份的截面数据，采用DEA方法进行基本公共教育均等化的评价研究，并重点关注河北省的效率情况。研究结果表明，河北省基本公共教育均等化的效率在全国排名中等，纯技术效率较低，规模效率处于递增状态。[①] 高萍基于2005~2011年全国31个省区市的面板数据进行评分和排序，结果发现，全国各地区基本公共教育均等化的平均得分有所增加，表明各地区提供基本公共教育服务的能力有了很大的提升；全国各省区市基本公共教育服务的极差和变异系数都有所下降，表明区域间基本公共教育不均等程度呈现下降趋势。在各省区市中，北京、天津、上海排名靠前，而贵州、云南相对靠后。[②] 王维利用2013年全国31个省区市的数据采用因子分析等方法来构建义务教育发展指数，以评估基本公共教育的服务水平。研究结果表明，各省区市的义务教育发展水平基本上与经济发展水平相一致，北京、浙江、天津

---

①　陈晶璞：《基于DEA的基本公共教育均等化研究——以河北省为例》，《教育科学》2013年第2期。

②　高萍：《区域基本公共教育均等化现状、成因及对策——基于全国各省（市、自治区）面板数据的分析》，《宏观经济研究》2013年第6期。

相对靠前，而海南、甘肃相对靠后。①

　　总体来看，有关基本公共教育服务评估的实证研究仍然非常有限，大部分都停留在描述动态发展的阶段，虽然有部分研究采用了 DEA 方法，但是没有采用适当的方法来分析效率的差异及其动态变化。

三　研究方法

（一）数据来源

　　本报告在构建基本公共教育服务指标体系的基础上，通过对 2011~2019 年数据的分析来进行效率评估。表 1 呈现了本报告所使用的主要指标及其数据来源。在经费投入上，本报告使用了幼儿园、普通小学、普通初中、普通高中和中职 5 个学段的生均一般公共预算教育事业费的数据，2011~2018 年的数据来源为 2012~2019 年的《中国教育经费统计年鉴》，2019 年的数据来源为《2019 年全国教育经费执行情况统计表》；在师资投入上，本报告使用了幼儿园、普通小学、普通初中、普通高中和中职 5 个学段的教职工总数，数据来源为 2012~2020 年的《中国教育统计年鉴》。在产出数量上，本报告使用了幼儿园、普通小学、普通初中、普通高中和中职 5 个学段的每 10 万人在校生数，数据来源为 2012~2020 年的《中国统计年鉴》。在产出质量上，本报告使用了幼儿园、普通小学、普通初中、普通高中和中职 5 个学段的师生比指数，该指标通过《中国教育统计年鉴》中的专任教师数除以在校生总数再乘以 100 得到。值得指出的是，生师比（即学生数：教师数）是一个更为常用的指标，但考虑到生师比是一个负向含义的指标，即生师比越小越好，而本报告拟采用的 DEA 分析则是建立在产出最大化的基础上，因此，选择用师生比而非生师比指标。此外，考虑师生比一般都小于 1，本报告对师生比

---

① 王维：《我国各省份基本公共教育服务水平评价研究》，《教育科学》2017 年第 2 期。

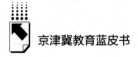

进行处理，采用"专任教师数/在校生数×100"的方式来计算师生比指数。

表1　指标体系及其数据来源

	指标		数据来源
投入	经费	幼儿园生均一般公共预算教育事业费(元)	2011~2018年《中国教育经费统计年鉴》、《2019年全国教育经费执行情况统计表》
		普通小学生均一般公共预算教育事业费(元)	2011~2018年《中国教育经费统计年鉴》、《2019年全国教育经费执行情况统计表》
		普通初中生均一般公共预算教育事业费(元)	2011~2018年《中国教育经费统计年鉴》、《2019年全国教育经费执行情况统计表》
		普通高中生均一般公共预算教育事业费(元)	2011~2018年《中国教育经费统计年鉴》、《2019年全国教育经费执行情况统计表》
		中职生均一般公共预算教育事业费(元)	2011~2018年《中国教育经费统计年鉴》、《2019年全国教育经费执行情况统计表》
	师资	幼儿园教职工总数(人)	2012~2020年《中国教育统计年鉴》
		普通小学教职工总数(人)	2012~2020年《中国教育统计年鉴》
		普通初中教职工总数(人)	2012~2020年《中国教育统计年鉴》
		普通高中教职工总数(人)	2012~2020年《中国教育统计年鉴》
		中职教职工总数(人)	2012~2020年《中国教育统计年鉴》
产出	数量	每10万人幼儿园在园人数(人)	2012~2020年《中国统计年鉴》
		每10万人普通小学在校生数(人)	2012~2020年《中国统计年鉴》
		每10万人普通初中在校生数(人)	2012~2020年《中国统计年鉴》
		每10万人普通高中在校生数(人)	2012~2020年《中国统计年鉴》
		每10万人中职在校生数(人)	2012~2020年《中国统计年鉴》
	质量	幼儿园师生比指数	2012~2020年《中国教育统计年鉴》
		普通小学师生比指数	2012~2020年《中国教育统计年鉴》
		普通初中师生比指数	2012~2020年《中国教育统计年鉴》
		普通高中师生比指数	2012~2020年《中国教育统计年鉴》
		中职师生比指数	2012~2020年《中国教育统计年鉴》

（二）超效率 DEA 模型

数据包络分析运用线性规划方法构建观测到的决策单元（Decision Making Unit，DMU）① 的投入、产出数据的非参数前沿，然后相对于这个前沿面来计算各个决策单元的效率。自 Charnes 等人在 1978 年提出投入导向（Input Orientation）的规模收益不变（Constant Returns to Scale，CRS）的 DEA 模型之后，DEA 方法在理论和实践上不断发展，应用范围日趋广泛，发展出至前沿最远距离（SBM）模型、至强有效前沿最近距离（MinDS）模型、方向距离函数模型、方向向量扫描模型、混合距离函数模型、径向超效率模型、方向距离函数超效率模型、SBM 超效率模型等多种模型。②

DEA 作为新的效率评估方法与传统方法相比有很多优点：①可以对多投入多产出的复杂决策单元系统的生产效率进行评估，同时不受指标量纲不一致因素的影响；②DEA 模型中投入、产出变量的权重由数学规划根据数据产生，不需要事先设定，避免了权重分配时评价者主观意愿对评价结果的影响，具有客观性；③DEA 是一种非参数估计方法，不需要设定投入产出的生产函数形式。

在实证分析中，使用基础 DEA 进行效率测算时会出现多个 DMU 生产效率都为 1（即同时有效）的现象，此时无法对这样的 DMU 做进一步排序。为此，Andersen 和 Petersen 提出了改进后的超效率 DEA 模型，也即径向超效率（Radial Super-Efficiency）DEA 模型。③ 该模型去掉了约束项中的输入项和输出项，使得无效的 DMU 生产前沿面保持不变，而有效的 DMU 生产前沿面

---

① 决策单元是 DEA 方法对其考察对象的特定称谓，是一组具有同质性（Homogeneity）的多投入、多产出的"单位"或"部门"。所谓同质性，是指具有相同的目标和任务、相同的外部环境、相同类型的投入和产出指标。

② 成刚：《数据包络分析方法与 MaxDEA 软件》，知识产权出版社，2014。

③ P. Andersen, N. C. Petersen, "A Procedure for Ranking Efficient Units in Data EnvelopmentAnalysis," *Management Science* 39（1993）：1261-1264.

后移，进而得以对生产效率为 1 的 DMU 进行比较。假定有 N 个 DMU，M 种投入（x）和 Q 种产出（y），产出导向的 CRS 模型可以由式（1）表示[①]：

$$
\max\varphi \\
\text{s. t.} \sum_{\substack{j=1 \\ j \neq k}}^{N} \lambda_j x_{ij} \leqslant x_{ik} \\
\sum_{\substack{j=1 \\ j \neq k}}^{N} \lambda_j y_{rj} \leqslant \varphi y_{rk}
\tag{1}
$$

其中，$\lambda \geqslant 0$，为松弛变量；$i = 1, 2, \cdots, M$；$r = 1, 2, \cdots, Q$；$j = 1, 2, \cdots, N$。

目前超效率 DEA 模型在教育研究中的应用并不多见，而且主要集中在高等教育研究领域[②]，鲜少有文献采用该方法来研究基本公共教育服务的效率评估问题。本报告将使用规模收益不变的径向超效率 DEA 模型来评估 7 个省市在 2011~2019 年的基本公共教育服务效率。

（三）基尼系数分解

基尼系数是衡量不平等的常用指数，在教育研究中经常被用来衡量教育不平等的状况。在基尼系数的基础之上，研究者们进一步提出对基尼系数进行分解，以便分析造成不平等的真正原因以及不同组群之间的差异。孙百才、张航空和姬飞霞、吴振华和张学敏都曾经对教育基尼系数进行过测算和分解。[③] 基尼系数的分解有多种方式，本报告主要借鉴 Jenkins 对 Atkinson 和

[①] 成刚：《数据包络分析方法与 MaxDEA 软件》，知识产权出版社，2014。

[②] 管永刚：《基于超效率 DEA 模型的高等教育资源配置效率分析》，《黑龙江高教研究》2019 年第 2 期；冯艳、孙欣：《基于 CCR 模型和超效率模型的辽宁省高等教育效率测评》，《辽宁师范大学学报》（自然科学版）2012 年第 3 期；朱永东：《基于超效率 DEA 模型的高等学校院系统效评价研究——以 S 大学为例》，《中国高校科技》2021 年第 10 期。

[③] 孙百才：《测度中国改革开放 30 年来的教育平等——基于教育基尼系数的实证分析》，《教育研究》2009 年第 1 期；张航空、姬飞霞：《中国教育公平实证研究：1982-2010——基于教育基尼系数拆解法的分析》，《教育科学》2013 年第 6 期；吴振华、张学敏：《中国农村居民教育公平的实证研究——基于 1988—2012 年教育基尼系数的测算与分解》，《教育经济评论》2017 年第 2 期。

Alvaredo的分解法的改造。① 该分解法按照组群将基尼系数分解为三个部分，即：

$$G = G_B + \sum a_k G_k + R \qquad (2)$$

其中，$\sum a_k G_k$ 表示 k 个组的组内不平等（inequality within groups）、G_B 表示组间不平等（inequality between groups），R 表示剩余项（residual term），也被称为重叠项（overlapping）。

本报告并不利用上述分解来考察地区教育不平等，而是试图通过上述分解，对京津冀、长三角区域的效率差异进行组内、组间、重叠项的分解，以考察不同区域之间基本公共服务的效率差异及其变动情况。

（四）绝对 β 收敛

收敛性的概念最早源自经济学，用于描述"不同国家的经济发展水平随着时间推移逐渐缩小"的经济现象。该概念最早由美国经济学家 Barro 和 Sala-I-Martin 提出，他们还利用计量经济模型对其进行实证检验，后被广泛应用于经济学、财政学中有关地区差异的研究。② 在国内教育财政研究中，也不乏对于收敛性的深入考察，且大多集中在基础教育领域。③ 借鉴相关研究中使用的方法，本报告利用超效率 DEA 模型计算得到的 2011~2019 年的各区域基本公共教育服务效率值来进行收敛性分析，具体模型设定如下：

$$\ln(E_{i,t}) = e^{-\beta} \times \ln(E_{i,t-1}) + u_{i,t} \qquad (3)$$

式（3）中，$E_{i,t}$ 和 $E_{i,t-1}$ 分别表示第 i 个省份在第 t 年和第 $t-1$ 年的 DEA 效率值。在该模型中，最为关键的变量是 $e^{-\beta}$，它表示第 $t-1$ 年的 DEA 效率

---

① S. P. Jenkins, "Pareto Models, Top Incomes and Recent Trends in UK Income Inequality," *Economica* 84（2017）：261-289.

② R. J. Barro, X. Sala-I-Martin, "Public Finance in Models of Economic Growth," *Review of Economic Studies* 59（1992）：645-661.

③ 顾佳峰：《中国基础教育财政收敛性实证研究——基于空间计量视角》，《教育与经济》2008 年第 4 期。

值对第 t 年的 DEA 效率值的回归系数。如果 $e^{-\beta}>1$，也即 $\beta<0$，则表明第 t 年的 DEA 效率值总是大于第 $t-1$ 年，则不存在收敛；反之，如果 $e^{-\beta}<1$，也即 $\beta>0$，则表明存在收敛。

为了进一步计算收敛速度，可以对公式（3）进行等价变形，得到：

$$\ln\left(\frac{E_{i,t}}{E_{i,t-1}}\right) = b \times \ln(E_{i,t-1}) + u_{i,t} \qquad (4)$$

此时，$b=-\left(1-e^{\beta}\right)$，成为判断是否收敛的关键变量。若 $b<0$ 则表示 DEA 效率值是收敛的，β 表示收敛速度；若 $b>0$ 则表示不存在收敛性。

四　研究结果

（一）基本公共教育服务的主要指标解析

1. 投入指标

本报告选取的基本公共教育服务投入指标主要包括生均一般公共预算教育事业费和教职工总数。生均一般公共预算教育事业费也即传统的预算内生均经费，是国家一般公共预算中的教育支出，也是各级公共教育最主要的经费来源。表2中呈现了2011~2019年，京津冀、长三角两地生均一般公共预算教育事业费的情况，从中可以看出一些变化趋势。

首先，不同学段的生均一般公共预算教育事业费投入有所差异，但此种差异在不断变动。在京津冀地区，普通初中和普通高中是基本公共教育的经费投入重点，生均经费较高，而幼儿园、普通小学和中职的投入相对较少。但从2017年开始，幼儿园和普通小学的生均一般公共预算教育事业费基本相当，到2019年中职和普通初中的生均一般公共预算教育事业费也大体相当。在长三角地区，幼儿园的生均一般公共预算教育事业费一直处于最低的水平，中职从2012年开始超过普通小学的生均一般公共预算教育事业费，并于2017年开始超过普通初中的生均一般公共预算教育事业费。

表2 2011~2019年京津冀、长三角地区生均一般公共预算教育事业费

单位：元

地区	学段	2011年	2012年	2013年	2014年	2015年	2016年	2017年	2018年	2019年
京津冀	幼儿园	6065	7973	9740	10867	13610	15087	18256	20581	22129
	普通小学	12042	13304	14037	15342	16213	17126	18872	19612	22450
	普通初中	16587	18957	20952	23738	26070	28670	35647	36949	38006
	普通高中	16479	18864	21657	26196	28344	31029	40045	42051	44225
	中职	12175	14940	16809	19850	24307	26279	32965	33636	38216
长三角	幼儿园	4974	6181	6743	7396	8667	9307	10294	11209	13187
	普通小学	9462	10469	11354	11791	13011	14028	14183	14803	18363
	普通初中	11981	13802	15508	16391	18604	20678	25358	26838	28221
	普通高中	10892	13655	15654	16476	19935	22392	29655	32032	33805
	中职	8238	10595	12642	12892	15613	17719	26420	28725	30627

其次，在两地区，各学段的生均经费都呈现稳定增长的趋势，但不同学段之间略有差异。2011年，京津冀地区幼儿园、普通小学、普通初中、普通高中、中职的生均一般公共预算教育事业费分别为6065元、12042元、16587元、16479元和12175元，到2019年，各学段的生均一般公共预算教育事业费分别增长到22129元、22450元、38006元、44225元和38216元，比2011年分别增加了265%、86%、129%、168%和214%，其中幼儿园和中职增幅最高，而普通小学增幅最低。2011年，长三角地区幼儿园、普通小学、普通初中、普通高中、中职的生均一般公共预算教育事业费分别为4974元、9462元、11981元、10892元、8238元，到2019年，各学段的生均一般公共预算教育事业费分别增长到13187元、18363元、28221元、33805元、30627元，比2011年分别增加了165%、94%、136%、210%和272%。

最后，京津冀地区各学段的生均一般公共预算教育事业费基本上都超过同期长三角地区各学段的生均一般公共预算教育事业费。2011年，京津冀在幼儿园、普通小学、普通初中、普通高中、中职5个学段的生均一般公共

预算教育事业费分别比长三角高 22%、27%、38%、51%和 48%，到 2019年，此种差距在普通小学、普通初中、普通高中和中职阶段有所缩小，分别为 22%、35%、31%、25%，但在幼儿园阶段有所扩大（68%）。

对于教职工总数这一指标，表 3 中呈现了京津冀和长三角两地区在 2011~2019 年的整体情况。整体而言，相比于生均一般公共预算教育事业费的快速稳定增长，教职工总数呈现波动趋势，且在不同学段有所不同，但京津冀和长三角地区的总体趋势较为一致。在幼儿园阶段，京津冀和长三角地区都显示出快速增长的趋势。这主要是由于相对于其他学段（特别是义务教育），学前教育的发展更为滞后。2011 年，京津冀地区共有幼儿园教职工 50151 人，2019 年增加到 113622 人，增幅高达 127%。这种快速增加主要是从 2013 年开始，当年就比 2012 年新增了 8000 多人，其后基本上保持每年新增 5000 人以上的趋势。长三角地区由于适龄人口基数更大，所以幼儿园教职工总数本来就高于京津冀地区，2011 年为 103464 人，比京津冀高 1.06倍。但是长三角地区幼儿园教职工的增长速度要略低于京津冀，虽然从 2012 年开始基本上每年新增教职工都要超过 1 万人，但由于基数较大，2019 年相比 2011 年增幅为 88%，比京津冀地区低 39 个百分点。

表 3   2011~2019 年京津冀、长三角地区教职工总数

单位：人

地区	学段	2011 年	2012 年	2013 年	2014 年	2015 年	2016 年	2017 年	2018 年	2019 年
京津冀	幼儿园	50151	55475	63671	69313	78673	84491	90856	101594	113622
	普通小学	140716	140697	142319	146590	148664	152865	157788	162306	167100
	普通初中	76300	75000	74267	76267	77667	79767	82967	87667	92000
	普通高中	67800	67667	67700	68933	70433	72733	76200	81033	85733
	中职	29467	27500	26500	26233	25733	25667	25667	25600	26000
长三角	幼儿园	103464	113159	125126	136487	149334	160450	172728	182019	194612
	普通小学	177210	176999	177249	179458	179540	181310	184625	189073	194019
	普通初中	125125	124325	122275	121550	120525	122125	125350	129550	134275
	普通高中	92300	92625	91500	91375	90550	91325	92125	93425	95450
	中职	37425	37375	37100	36125	34850	33775	33525	33225	33725

在普通小学阶段，京津冀和长三角地区的教职工人数都处于稳步小幅增加的状态。2011年，京津冀地区共有普通小学教职工140716人，到2019年增加为167100人，增幅为18.7%，远低于幼儿园阶段。长三角地区的普通小学教职工人数在绝对量上要高于京津冀，但增长更为缓慢。2011年，共有普通小学教职工177210人，比京津冀地区高25.9%。到2019年，普通小学教职工总数增加为194019人，增幅仅为9.5%，约为京津冀增幅的一半。

在普通初中阶段，京津冀与长三角地区教职工总数呈现先降后升的基本态势。2011年，京津冀地区共有普通初中教职工76300人，到2019年增加为92000人，增幅为20.6%，远低于幼儿园阶段，但比普通小学阶段略高。长三角地区的普通初中教职工人数在绝对量上要高于京津冀，但先降后升的变动趋势非常明显。2011年到2015年，普通初中教职工总数从125125人减少到120525人，此后又逐年增加，直到2019年达到134275人，比2011年增加7.3%。

在普通高中阶段，京津冀地区的教职工人数整体呈现稳定小幅增长，而长三角地区仍然出现先降后升的趋势。2011年，京津冀地区共有普通高中教职工67800人，到2019年增加为85733人，增幅为26.5%，远低于幼儿园阶段，但高于普通小学和普通初中阶段。长三角地区的普通高中教职工人数在绝对量上要高于京津冀，但经过几年的下降之后，与京津冀的差距逐渐缩小。2011年到2015年，普通高中教职工总数从92300人减少到90550人，此后又逐年增加，直到2019年达到95450人，比2011年增加3.4%。

最后是中职阶段，与其他学段相比，中职阶段的特征主要表现为教职工总数的稳定下降，这是适龄人口规模的缩减以及学生的志愿选择两个方面因素叠加造成的。2011年，京津冀地区有中职教职工29467人，此后下降到2018年的25600人，仅2019年有小幅回升，总体降幅为11.8%（2019年比2011年）。2011年，长三角地区有中职教职工37425人，此后逐年下降到2018年的33225人，仅2019年有小幅回升，总体降幅为9.9%（2019年比2011年），略低于京津冀地区。

2. 产出指标

本报告选取的产出指标主要包括每10万人在校生数和师生比指数。

每10万人在校生数是一个数量指标，是在考虑常住人口规模条件下的学生数量产出指标。表4呈现了京津冀和长三角两地区2011年到2019年在该指标上的变化情况。整体来看，长三角地区在各学段的每10万人在校生数基本都高于京津冀地区，这说明长三角地区的学龄人口比例更高。无论是京津冀地区还是长三角地区，幼儿园和普通小学阶段的每10万人在校生数都处于波动增长态势，而普通高中和中职的每10万人在校生数则都处于递减趋势，这是由于人口政策变动（从独生到二孩）和教育政策变动（普职比大致相当）相叠加的效果。

表4 2011~2019年京津冀、长三角地区每10万人在校生数

单位：人

地区	学段	2011年	2012年	2013年	2014年	2015年	2016年	2017年	2018年	2019年
京津冀	幼儿园	1959	2013	2086	2104	2211	2266	2301	2320	2368
	普通小学	4994	5084	5072	5157	5332	5479	5570	5764	5953
	普通初中	2182	2136	2071	2129	2080	2058	2129	2283	2438
	普通高中	1502	1420	1326	1270	1251	1245	1272	1270	1298
	中职	1155	1093	918	774	698	698	690	659	637
长三角	幼儿园	2523	2734	2812	2819	2966	3032	3092	3070	3058
	普通小学	5536	5430	5511	5649	5749	5808	5860	5992	6057
	普通初中	2897	2660	2556	2505	2464	2508	2590	2700	2796
	普通高中	1672	1607	1527	1453	1390	1354	1357	1352	1391
	中职	1261	1234	1155	1060	990	940	937	911	913

在幼儿园阶段，2011年，京津冀地区每10万人在校生数为1959人，到2019年增加到2368人，增幅为20.9%。在长三角地区，2011年的每10万人口在校生数为2523人，一直增长到2017年的3092人，随后略有下降，到2019年为3058人，但整体增幅（21.2%）仍高于京津冀地区。

在普通小学阶段，2011年京津冀地区每10万人在校生数为4994人，除2013年有小幅下降之外，其余年份均保持增长态势，一直到2019年，每10万人口在校生数达到5953人，增幅为19.2%。在长三角地区，该指标总

体保持小幅稳定增长，从 2011 年的 5536 人增加到 2019 年的 6057 人，但增幅仅为 9.4%，明显低于京津冀地区。

在普通初中阶段，京津冀和长三角两地区的每 10 万人在校生数都出现较为明显的波动，但京津冀地区总体上仍保持正增长，而长三角地区则有所下降。京津冀地区从 2012 年开始连续两年下降，2014 年有所回升，其后又连续两年下降，2017 年又有所回升，并一直稳定增长到 2019 年的 2438 人，比 2011 年增加 11.7%。长三角地区则从 2011 年开始一路下滑到 2015 年，随后保持回升态势，但直到 2019 年仍低于 2011 年的水平，下降幅度为-3.5%。

在普通高中阶段，京津冀地区 2011 年的每 10 万人在校生数为 1502 人，随后一直减少，到 2016 年减少到 1245 人，尽管 2017~2019 年有所回升，但 2019 年仍比 2011 年有明显减少，降幅为 13.6%。长三角地区也类似，2011 年该指标从 1672 人开始波动下降，到 2019 年为 1391 人，整体降幅为 16.8%，超过京津冀地区的降幅。

在中职阶段，京津冀和长三角地区的每 10 万人在校生数的下降趋势十分明显。在京津冀地区，2011 年该指标为 1155 人，到 2019 年减少为 637 人，下降幅度高达 44.8%。在长三角地区，2011 年该指标为 1261 人，到 2019 年减少为 913 人，下降幅度为 27.6%。由此可见，在考虑到常住人口的条件下，京津冀地区的每 10 万人中职在校生数下降幅度要远高于长三角。

师生比指数是本报告中用来衡量产出质量的指标，其计算公式为专任教师数除以在校生数再乘以 100。表 5 呈现了京津冀和长三角地区 2011 年到 2019 年在该指数上的变动情况。整体而言，京津冀地区在各学段的师生比指数都要高于长三角地区，代表着京津冀地区有更高的产出质量。无论是京津冀地区还是长三角地区，各学段的师生比指数都整体呈现上升趋势（京津冀的普通小学阶段除外），其中幼儿园和中职最为明显。幼儿园师生比指数的提高主要得益于国家大力发展学前教育，而中职师生比指数的提高主要是由于在校生规模的减少。

表5　2011~2019年京津冀、长三角地区师生比指数

地区	学段	2011年	2012年	2013年	2014年	2015年	2016年	2017年	2018年	2019年
京津冀	幼儿园	5.21	5.43	5.7	6.00	6.25	6.43	6.57	7.12	7.42
	普通小学	6.85	6.68	6.58	6.55	6.45	6.45	6.58	6.58	6.60
	普通初中	9.33	9.35	9.37	9.27	9.68	10.07	10.13	9.88	9.48
	普通高中	8.46	8.74	9.18	9.62	9.91	10.08	10.16	10.43	10.52
	中职	5.33	5.25	5.78	6.53	7.03	7.02	7.06	7.54	8.53
长三角	幼儿园	4.78	4.80	5.03	5.32	5.42	5.6	5.79	6.05	6.39
	普通小学	5.75	5.86	5.82	5.81	5.8	5.88	5.97	6.01	6.10
	普通初中	7.74	8.23	8.41	8.53	8.62	8.55	8.49	8.36	8.31
	普通高中	7.59	7.87	8.24	8.67	9.01	9.26	9.38	9.46	9.42
	中职	4.55	4.66	5.06	5.53	5.79	5.95	6.03	6.21	6.36

注：师生比指数=（专任教师数/在校生数）×100。

在幼儿园阶段，2011年京津冀地区的师生比指数为5.21，到2019年上升为7.42，提高了42.4%。在长三角地区，2011年的师生比指数为4.78，低于京津冀地区，到2019年，该指数上升到6.39，比2011年提高了33.7%。幼儿园师生比指数的大幅增加，与教育部连续三期"学前三年行动计划"的推动有很大关联，不仅大大提高了学前教育投入，而且增强了学前教育师资力量。

在普通小学阶段，京津冀和长三角地区的师生比指数出现分化，前者总体呈现下降趋势，而后者则有小幅提升。2011年京津冀地区师生比指数为6.85，随后一直下降到2016年的6.45，然后小幅回升到2019年的6.60，整体降幅为3.6%（2019年比2011年）。长三角地区也在个别年份出现小幅下降（如2013年、2014年），但整体仍然呈现上升态势，2019年的师生比指数比2011年提高了6.1%。

在普通初中阶段，京津冀地区师生比指数存在一定幅度的波动，长三角地区师生比指数则呈先上升后下降态势。2011年京津冀地区初中阶段的师生比指数为9.33，其后波动上升到2017年的10.13，随后小幅下降到2019

年的 9.48，整体增幅为 1.6%。2011 年长三角地区初中阶段的师生比指数为 7.74，随后逐年小幅提升到 2015 年的 8.62，然后一直下降到 2019 年的 8.31，整体增幅为 7.4%，高于京津冀地区。

在普通高中阶段，京津冀和长三角地区的师生比指数都保持稳定增长态势。2011 年京津冀地区的师生比指数为 8.46，2019 年提高到 10.52，增幅为 24.3%，明显高于普通小学和普通初中。2011 年长三角地区的师生比指数为 7.59，2019 年提高到 9.42，增幅为 24.1%，与京津冀地区基本持平。

在中职阶段，京津冀和长三角两地的师生比指数都出现大幅提升。京津冀地区从 2011 年的 5.33 提高到 2019 年的 8.53，提升幅度为 60%，超过幼儿园。长三角地区从 2011 年的 4.55 提高到 2019 年的 6.36，提升幅度为 39.8%，低于京津冀地区。

（二）基本公共教育服务效率变动趋势

本报告运用超效率 DEA 模型对 7 个省市 2011～2019 年的基本公共服务效率进行评估。值得指出的是，DEA 模型遵循微观经济学对企业行为的基本假设，建立在投入最小化和产出最大化的基础上。所谓投入最小化是指在既定产出的基础上所使用的投入要素量最小，所谓产出最大化是对于给定的投入要素，能够带来最大的产出。从理论上看，两种形式是等价的，但是考虑到我国教育正在迈向高质量发展的新阶段，因此，更多更好的教育产出，非更节约的教育投入，更加符合我国现阶段国情。表 6 呈现了 CRS 假定下产出导向的超效率 DEA 模型结果。图 2 则直观呈现了京津冀和长三角两地区的效率变动趋势。

表 6　超效率 DEA 模型结果

地区	2011 年	2012 年	2013 年	2014 年	2015 年	2016 年	2017 年	2018 年	2019 年
京津冀	0.83	0.82	0.84	0.88	0.91	0.99	0.98	0.98	0.92
北京	0.84	0.89	0.87	0.92	0.94	1.07	1.15	1.11	0.95
天津	0.68	0.72	0.86	0.94	0.94	1.02	0.91	0.92	0.87

续表

地区	2011 年	2012 年	2013 年	2014 年	2015 年	2016 年	2017 年	2018 年	2019 年
河北	0.97	0.84	0.79	0.76	0.84	0.90	0.90	0.91	0.93
长三角	1.00	1.04	1.01	1.00	1.01	1.04	1.09	1.15	1.21
上海	1.02	1.14	1.00	1.02	1.03	1.07	1.01	1.05	1.14
江苏	1.11	1.01	1.02	0.94	0.95	0.96	1.07	1.12	1.20
浙江	0.98	1.01	1.03	1.12	1.13	1.21	1.26	1.37	1.43
安徽	0.91	1.00	0.97	0.91	0.94	0.94	1.01	1.05	1.06
全国平均	0.81	0.83	0.82	0.83	0.83	0.86	0.85	0.87	0.86

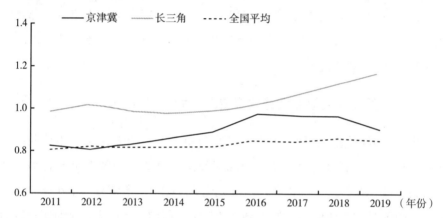

图 2　2011~2019 年全国及京津冀、长三角地区的基本公共教育服务效率变动趋势

　　观察表 6 和图 2，不难发现全国及京津冀、长三角地区的基本公共教育服务效率呈现以下趋势。

　　第一，全国平均的基本公共教育服务效率值在 0.81 和 0.87 之间变动，京津冀（除 2012 年）和长三角地区均高于全国均值，但京津冀地区普遍低于长三角地区。全国的基本公共教育服务效率从 2011 年的 0.81 波动上升到 2019 年的 0.86，最大值出现在 2018 年（0.87）。京津冀地区 2011 年基本公共教育服务效率的均值为 0.83，比全国平均水平仅高出 0.02，到 2019 年上升为 0.92，比全国平均水平高 0.06。由此可见，京津冀地区的基本公共教育服务效率在 2011~2019 年得到了较为稳定的提升，尤其是 2016~2018 年这三年几乎接近 DEA 有效。相比之下，长三角地区的整体水平一直保持在较高位置，不仅优于全国平均水平，而且优于京津冀地区，这一点从图 2 可以更为直观地看出。2011 年的效率值就达到 1，此后虽然部分年份有波动，但都没有低于 2011 年的水平，尤其是 2015 年以后保持稳定提升，从 1.01 一直上升到 2019 年的 1.21。

第二，在京津冀地区内部的三个省市，基本公共教育服务效率的变动趋势各异，北京市和天津市整体上有所增长，但河北省有所下降。北京市的效率值在 2011 年时处于中等水平（0.84），然后基本上保持稳步提升趋势，而且在 2016~2018 年这三年都处于 DEA 超效状态（超效率 DEA>1），直到 2019 年才下降为 0.95。天津市的效率值在 2011 年处于较低水平（0.68），而后提升也十分明显，2016 年达到 1.02，其后有所下降，到 2019 年仅为 0.87，基本上与全国平均水平相当。河北省的效率值波动较大，2011 年达到 0.97，到 2014 年下降为 0.76，随后又回升至 0.93（2019 年）。

第三，在长三角地区内部的四个省市，虽然个别年份的效率值有所波动，但大多处于 DEA 超效状态，表明内部更为优质均衡。在上海、江苏、浙江和安徽四省市中，上海市一直保持 DEA 超效状态，2011 年到 2019 年的效率值都超过 1；江苏省在大部分年份都保持较高的效率值，仅 2014 年到 2016 年效率值小于 1；浙江省仅在 2011 年效率值小于 1，其后年份的效率值一直保持稳定增长，2013 年开始在长三角地区稳居第一，2019 年效率值高达 1.43；安徽省的效率值一直处于长三角末位，但 2019 年也达到了 1.06。

（三）基本公共教育服务效率的基尼系数分解

通过上一节的分析我们看到，与全国平均水平相比，京津冀和长三角地区的基本公共教育服务效率更高，但是长三角地区要优于京津冀地区。不仅如此，京津冀内部达到 DEA 有效的省市并不多，但长三角内部达到 DEA 有效的省市则占多数，表明两地区内部的效率也存在差异。因此，本小节将采用基尼系数分解方法来考察两地区之间和各地区内部的效率差异问题，表 7 呈现了分解结果。从时间上看，两地的总基尼系数总体呈现先降后升的趋势，从 2011 年的 0.074 波动下降到 2015 年的 0.045，然后又回升到 2019 年的 0.090，超过了 2011 年的水平。从分解的结果则很容易看出其中的原因，因为除个别年份之外（如 2016 年），组间项都是组内项的 1 倍甚至几倍，表明两地之间的差异是总基尼系数变动的主要原因。实际上京津冀和长三角两地区内部的差异在逐渐缩小，组内项一直保持在 0.017~0.028，而组间项最高可以达到 0.065（2019 年）。尽管如此，从京津冀、长三角地区各自内部的基尼系数变动来看（表 7 中的最后两列），京津冀地区的内部差异在缩小，而长三角地区的内部差异在扩大。当然，考虑到京津冀地区内部各省市多为 DEA 无效，而长三角地区内部各省市多为 DEA 有效，因此这在一定程度上反映了京津冀地区属于低效均衡状态，而长三角地区属于高效分化状态。

表 7 基本公共教育服务效率的基尼系数分解结果

年份	总基尼系数	组内项	组间项	重叠项	京津冀	长三角
2011	0.074	0.026	0.046	0.002	0.076	0.038
2012	0.075	0.017	0.059	0.000	0.045	0.027
2013	0.052	0.008	0.043	0.000	0.022	0.013
2014	0.058	0.024	0.032	0.003	0.047	0.046
2015	0.045	0.018	0.027	0.000	0.024	0.041
2016	0.051	0.025	0.012	0.015	0.037	0.055
2017	0.064	0.025	0.025	0.013	0.055	0.047
2018	0.070	0.028	0.037	0.005	0.045	0.058
2019	0.090	0.025	0.065	0.000	0.018	0.060

（四）基本公共教育服务的收敛性分析

通过上一节应用基尼系数分解方法来考察京津冀、长三角两地的效率差异，我们发现，从分解结果来看，两地的效率差异呈现先降后升的趋势，而且差距扩大的原因主要是两地之间而非本地区内部的差异，并且京津冀地区内部差异有缩小的趋势，而长三角地区有扩大的趋势。那么究竟这种差异的发展趋势如何？本小节进一步采用绝对 β 收敛的方法来开展研究，采用固定效应模型和随机效应模型来检验京津冀和长三角地区的基本公共教育服务效率有无收敛（即逐渐缩小）的趋势。

表8呈现了基本公共教育服务效率的绝对β收敛模型估计结果。对于京津冀地区而言，Huasman 检验的结果表明，固定效应与随机效应模型的回归系数之间没有显著性差异（p=0.138），随机效应模型的估计结果更为可靠。随机效应模型估计结果显示，收敛系数 b 的估计结果为-0.348，表明京津冀地区的基本公共教育服务效率在2011~2019年存在收敛趋势，即北京市、天津市和河北省三地之间的差距在逐年缩小。进一步利用公式（4）计算收敛速度 β，可以得到收敛速度为42.8%。

对于长三角地区而言，Huasman 检验的结果也更加支持随机效应（p=0.115）。该模型结果虽然显示收敛系数 b 为负值（-0.031），但并不显著。因此，可以认为，长三角地区内部的四个省市之间的差距在2011~2019年并没有明显缩小。从收敛速度 β 的计算结果也可以看出，该值不足京津冀地区的十分之一，表明差距缩小的速度非常慢。

最后值得指出的是，收敛有很多种刻画和建模方式，本研究仅采用绝对β收敛这一简单的方式，其他的还包括条件β收敛、σ收敛、俱乐部收敛等，值得在今后进一步研究。

表8 基本公共教育服务效率的绝对 β 收敛模型估计结果

	京津冀 （固定效应）	京津冀 （随机效应）	长三角 （固定效应）	长三角 （随机效应）
b	-0.438**	-0.348**	-0.182	-0.031
	(0.133)	(0.123)	(0.150)	(0.115)
常数项	-0.034	-0.024	0.029*	0.024*
	(0.020)	(0.020)	(0.012)	(0.011)
β	57.6%	42.8%	20.1%	3.1%
组内 R^2	0.3499		0.0520	
组间 R^2	0.0082		0.6030	
整体 R^2	0.2659		0.0024	
Huasman 检验	$\chi^2(1)=2.20, p=0.138$		$\chi^2(1)=2.48, p=0.115$	
N	24		32	

注：*、**分别表示在10%、5%的水平下显著。

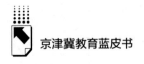

五 结论与启示

基本公共教育服务是基本公共服务的重要组成部分。本报告基于2011~2019年的省级数据，对京津冀（北京市、天津市、河北省）和长三角（上海市、江苏省、浙江省、安徽省）两地的基本教育公共服务效率开展研究，在利用超效率DEA模型计算基本公共教育服务效率值的基础上，进一步对效率差异进行分解，并考察此种差异是否存在收敛趋势。本报告的主要结论如下。

第一，在基本公共教育服务的经费投入上，京津冀和长三角两地各学段的生均一般公共预算教育经费都在稳步提高，且前者要高于后者。在基本公共教育服务的师资投入上，教职工总数呈现波动趋势，但京津冀和长三角两地的总体趋势较为一致，即幼儿园快速增长，中职逐渐萎缩。

第二，在基本公共教育服务的产出数量上，京津冀和长三角两地的幼儿园和普通小学阶段的每10万人在校生数处于波动增长态势，而普通高中和中职阶段的每10万人在校生数则处于递减趋势，但长三角在各学段的每10万人在校生数基本都高于京津冀。在基本公共教育服务的产出质量上，各学段的师生比指数整体呈现上升趋势，京津冀在各学段的师生比指数都要高于长三角，其中幼儿园和中职最为明显。幼儿园师生比指数的提高主要得益于国家大力发展学前教育，而中职师生比指数的提高主要是由于在校生规模的减少。

第三，超效率DEA模型的结果表明，2011~2019年，全国平均的基本公共教育服务效率值在0.81~0.87变动，京津冀（除2012年）和长三角均高于全国均值，但京津冀普遍低于长三角。在京津冀内部，北京市和天津市整体上有所增长，但河北省有所下降。在长三角内部，各省市大多处于DEA超效状态，表明长三角地区具有高效率。

第四，基尼系数分解的结果表明，2011~2019年，京津冀和长三角两地的总基尼系数整体呈现先降后升的趋势，而变动的主要原因是两地之间的效率差异在扩大。此外，在两地区的内部，京津冀的内部差异在缩小，而长三角的内部差异在扩大。考虑到京津冀内部各省市多为 DEA 无效，而长三角内部各省市多为 DEA 有效，因此在一定程度上反映了京津冀属于低效均衡状态，而长三角属于高效分化状态。

第五，绝对 β 收敛模型估计结果表明，京津冀地区的基本公共教育服务效率在 2011~2019 年存在收敛趋势，即北京市、天津市和河北省三地之间的差距在逐年缩小，收敛速度（β）为 42.8%。但是长三角地区内部的四个省市之间的差距在 2011~2019 年并没有显著缩小，再次印证了基尼系数分解中有关长三角地区处于高水平分化状态的事实。

本报告通过比较研究，揭示了京津冀和长三角两个国家级城市群在基本公共教育服务上的效率状态及其变动趋势。总体而言，京津冀地区属于高投入地区，特别是北京市，不仅在教育经费投入上领先全国，而且比上海市高出 20%~30%，彰显出首都经济圈对于公共教育投入的高度重视。正因为此，从效率评估的结果来看，京津冀地区的效率要普遍低于长三角，即便本报告已经根据最新规划将安徽省纳入长三角，结果仍然如此。但值得注意的是，京津冀地区已经逐步发展成为低效均衡的状态，内部差距已经在逐渐缩小，表明近年京津冀协同发展确有成效。相比之下，长三角仍然属于松散的自由发展范式，各省市之间的协调度并不高，处于一种效率超高但各自为政、逐渐分化的状态。在未来，京津冀地区应该在现有的均衡状态下，进一步提高基本公共教育服务的效率。首先是进一步缩小京津冀内部经费投入差距，特别是河北省的生均经费有待提高。其次是继续扩大幼儿园和小学阶段的教育资源供给，特别是在"三孩"政策下，要充分保障每个常住家庭的子女都能接受一定质量的学前和小学教育。最后是做好初中和高中阶段的衔接和分流工作，特别是处理好现行政策下无法就地参加高考的学生的去向问题。如何通过提高中职的吸引力来进一步缓解普通高中的压力，提升高中阶段的教育服务效率，也是未来将面临的重要问题。

B.11
纽约大湾区高等教育与城市
协同发展机制研究

杜光强*

摘　要： 美国纽约大湾区是世界公认的三大湾区之一，其高等教育对湾区
的发展与崛起具有重要支撑作用，二者之间形成了良好的互动融
合关系。纽约大湾区凭借着天然地理区位优势和世界级的大学集
群发展共同体，发挥引领全球经济发展和科学技术变革的先导性
作用。高等教育的集群发展为纽约大湾区的高水平发展注入源源
不断的动力。现阶段，总结和分析纽约大湾区高等教育与城市协
同发展的经验与特征，对我国构建高质量、一体化发展的现代化
大都市圈具有重要借鉴意义。

关键词： 高等教育　区域协调发展　纽约大湾区

纽约湾区（New York Bay Area），又称纽约大都会区（New York Metropolitan Area）和纽约大湾区，是以国际性大都市纽约为中心的美国东北部大西洋沿岸城市群。纽约湾区作为世界公认的三大湾区之一，凭借着天然地理区位优势和世界级的大学集群发展共同体，发挥引领全球经济发展和科学技术变革的先导性作用。高等教育的集群发展为纽约湾区的高水平发展注入了源源不断的动力。纽约大湾区不断提升其世界影响力，湾区内不同类型高等教育机

---

* 杜光强，北京教育科学研究院教育发展研究中心助理研究员，博士，主要研究领域为国际与比较教育研究。

构的功能和发展特色也因此得以不断完善和彰显，以多样态的分类发展模式和科研定位反哺城市的发展，二者之间在互动发展中形成了"你中有我，我中有你"的良性循环关系，助推了彼此之间的互利共赢。现阶段，总结和分析纽约湾区高等教育与城市协同发展的经验与教训，对我国构建高质量、一体化发展的现代化大都市圈具有重要借鉴意义。

一　湾区的概念与研究述评

在美国地理空间发展史上，早期在对"湾区"进行描述和称谓时，通常用"The Bay Area"代指，特指位于美国西部太平洋海岸的旧金山湾区，且这种指代至今仍在使用。对于美国本土研究者和国外一些研究美国区域地理的研究人员来说，他们认知的"The Bay Area"就是指旧金山湾区，其全称为"The San Francisco Bay Area"，在后期发展中逐渐简化为"The Bay Area"。[①] 在美国出版的研究文献和日常对话中，在谈及"湾区"时就是指旧金山湾区。在英文文献中，"Bay Area"这样的称谓大约出现在 20 世纪 30 年代的关于地理空间区位研究的文献中，当时也只是适用于旧金山湾区。

在美国，关于"湾区"的研究大约始于 20 世纪 30 年代，这一时期对于旧金山湾区的研究相对较少，这主要源于当时美国的发展重点区域和著名的高等教育机构大部分位于美国东北部。二战前后，关于旧金山湾区的研究文献和各类报道开始增多，这主要源于美国太平洋战场的大量海军部队在旧金山湾区集结和休整。一切为战争服务的思想吸引着人们开始关注旧金山湾区以及从这里发出的战时报道，大量海军部队的集结和相关军事设施的建立，也促进了湾区的物质生产和经济发展，湾区的世界影响力名噪一时，经济实力不断增强，成为当时美国第二大金融中心和文化中心，受到的关注也快速增加。

---

① 周显坤：《"周"游美国之湾区》，《北京规划建设》2017 年第 4 期。

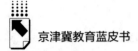

中国较早讨论湾区（旧金山湾区）的文献是张杰生的《加州经济发展近况》①和姚诗煌等的《旧金山湾区对上海的启示》②，早期的这些研究在谈到"湾区"时，基本上就默认为旧金山湾区。进入 21 世纪之后，我国开始对世界著名的几大国际性城市及其周边海滨地区的城市带开展研究，由于这些城市濒临海湾地区、世界知名度高、经济和科技实力超群，所以大家开始在城市的后面加上湾区，或者大湾区，这就构成了当前我们对一些海湾地区大都市群的称谓，例如：纽约大湾区、东京大湾区、旧金山湾区、波士顿湾区等。然而，在英文文献中，较难直接查找到此类称谓所对应的英文名称，我们以东京大湾区为例，其所指的地理区位一般被称为东京大都市圈（Tokyo Metropolitan Aera）或大东京地区（Greater Tokyo Area）。就本研究中的纽约大湾区而言，在地理区位上，其所涵盖的区域主要包括国际性大都市纽约市及其周边几个城市和邻近州的几个市（县），所对应的称谓一般为"纽约大都会区"（New York Metropolitan Area）。在英文文献中，"湾区"贴近"大都会"或"都会区"的概念，湾区位于大陆与海洋接壤的边缘地带，由多个港口和港口外围的城市群共同组成，相互关联的港口和城市群之间在功能定位上具有较强的协同发展关系。

据此，我们可以从自然地理区位和经济发展属性两个层面对"湾区"进行界定和诠释。就自然地理区位属性而言，"湾区"首先是一个地理位置的概念，围绕着天然的海域或者大江大河形成了若干个绵绵相接的区域结合体，这些区域结合体经过多年发展，彼此之间逐渐产生了相互依赖的区位发展关系；就"湾区"的经济发展属性而言，主要是指这些相连的区域结合体围绕着湾区主要的经济发展类型和产业分布特征，相互之间进行分工合作、集群发展，进而形成了规模经济，在某些方面成为世界著名的中心和产业基地，例如全球科技中心、物流中心、金融中心、能源中心、医疗中心、

---

① 张杰生：《加州经济发展近况》，《全球科技经济瞭望》1998 年第 2 期。

② 姚诗煌、王勇、江世亮：《旧金山湾区对上海的启示》，《世界科学》1998 年第 8 期。

教育中心等。在这些世界中心形成过程中，湾区内的各个地域之间是相互依存的，以整体性、系统性和多维性的形式而存在，具有非常明显的整体性特征。

简而言之，当前我们在对"湾区"进行界定和称谓时，除考虑其具有的天然地理区位属性之外，还需要考虑这些相连的区域结合体在后期发展过程中逐渐形成和显现出来的社会属性。正是由于这些社会属性的存在和凸显，学界才进一步加强了对湾区的研究和比较借鉴，湾区内各联合体之间的协同发展所产生的重要价值和意义才得到了进一步彰显。通过对世界几大湾区进行比较研究后发现，它们普遍都拥有若干所世界知名的高等教育机构，一流的高等教育机构已成为世界知名湾区存在的重要指标，这也与高等教育机构源源不断地为湾区提供科技和智力支撑有关。优质的高等教育机构提升了湾区的影响力和科技创新能力，而一流的湾区也能为高等教育机构的发展带来优质的生源和充足的科研经费与师资力量，二者之间互为依托、并进发展。根据世界银行提供的相关数据可知，全球60%的经济总量集中在港口海湾地带及其直接腹地，世界75%的大城市、70%的工业资本和人口集中在距海岸100公里的海岸带地区。[①]

与此同时，在研究中我们还发现，当前这些广为人知的世界一流湾区在形成过程中大都经历了产业结构的调整和转型升级、产业发展模式的优化与更替、第三产业比重逐渐增加这样一个发展历程。当前，湾区经济已具有了开放的经济结构、高效的资源配置能力、强大的集聚外溢功能等特质。[②] 这些特质的存在使"湾区经济"超越了单个城市之间的竞争，而以城市群的形式去带动湾区内所有城市的发展，同时以城市群的力量去抵抗任何单个城市和部分区域带来的竞争，在合作和竞争中取得了令人惊艳的发展成就。

---

① 徐豪：《新时代 新气象 新作为：粤港澳大湾区来了!》，《中国经济周刊》2018 年第 15 期。

② 覃艳华、曹细玉：《世界三大湾区发展演进路径对粤港澳大湾区建设的启示》，《统计与咨询》2018 年第 5 期。

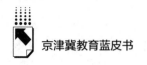

二 纽约湾区的演进历程与发展现状

跨越都市行政边界而出现的大都会区（圈），是城市化发展的高级形态。纽约湾区（大都会区）作为国际金融、世界贸易、新型数字媒体、房地产、教育、时尚、娱乐、旅游、生物技术和制造业等多个行业的中心，是世界上最重要的经济区域之一，全面分析其演进过程、发展经验及其面临的挑战，对我们更好地理解"金融湾区"的形成具有重要现实意义。

（一）纽约湾区的演进过程

纽约大湾区，也被称为"纽约大都会区"，学界在对其所包含的领域范围进行界定和统计时，往往从广义和狭义两个层面进行框定。狭义的统计也被称为大都市统计区（Metropolitan Statistics Area，MSA），主要以纽约市为核心，向周边散射扩展；广义的统计被称为联合统计区（Combined Statistical Area，CSA），所包含的范围进一步被扩大，涉及的州也更多。依据美国行政管理和预算办公室（Office of Management and Budget，OMB）所公布的区域规划数据，狭义的纽约大湾区主要包含纽约州、新泽西州和宾夕法尼亚州这3个州下辖的26个县（区）；广义的纽约大湾区包含4个州下辖的36个县（区），比狭义上的边界范围多了另外的10个县，这4个州为纽约州、新泽西州、宾夕法尼亚州和康涅狄格州，具体统计单元与范围如表1所示。

表1　纽约大都会区的两种统计单元范围界定

单位：km²，万人

统计单元	区域范围	面积	人口
大都市统计区（MSA）	纽约州的12个县（区）（纽约市的5个行政区——布鲁克林、皇后区、曼哈顿、布朗克斯和史坦顿岛，长岛的2个县和哈德逊河下游的5个县），新泽西州北部和中部的13个县，宾夕法尼亚州东北部的1个县，总共26个县（区）	17405	2030
联合统计区（CSA）	比大都市统计区多了纽约州、新泽西州、康涅狄格州和宾夕法尼亚州的另外10个县	34490	2370

资料来源：https://en.wikipedia.org/wiki/New_York_metropolitan_area。

从上述纽约大湾区所包含的范围来看，纽约大湾区所包含的区域面积已超过了纽约市和纽约州，涉及邻近的州和城市，是一个跨越不同州建设的城市群或者城市带。在美国这样一个行政事务以州为主体、各州分权管理的国度，不同州之间有着不同的行政管理模式和教育管理体制，跨州事务处理起来相对棘手，也需要更多的时间和智慧。而此时在美国存在已久、已经成熟的各种民间组织在配合政府搞好区域规划的基础上，也通过成立跨州的民间组织推动湾区的发展，充分发挥民间组织的咨政建言作用。在解决纽约大湾区统一规划事务上，在政府层面，纽约州联合周边其他几个州，成立了"纽约都市圈规划组织委员会"和"区域发展委员会"来共同协调处理湾区内事务；在非政府层面，纽约大湾区成立了民间组织——区域规划协会（Regional Plan Association，RPA）[1]，以民间组织的专业力量为湾区的发展提供政策建议和改革方案。从历史来看，纽约湾区大致历经了四次重要的区域规划，并通过规划的实施，完善了基础设施、开放了经济发展空间、启动了一系列经济合作项目、打造了快速便捷的交通服务圈、建立了可持续发展的生活社区。[2] 四次区域规划，每一次都有着不同的主题和着力点，20世纪20年代末期实施的第一次区域规划重在完善城市基础设施建设；到20世纪60年代第二次区域规划的重点转移到利用便捷的轨道交通向外扩展，解决纽约主城区人口聚集、中心城区发展乏力的问题；到20世纪90年代中后期，湾区开展的第三次区域规划将重点定位于提升湾区的经济发展活力，大力布局和建设便捷的交通网络，形成通达的海陆空交通网；到2017年前后开展的新一轮区域规划中，湾区管理者意识到环境变化对湾区产生了破坏性影响，尤其是在2015年湾区遭受飓风"桑迪"横扫之后，湾区的管理者深刻认识到气候变化、健康环境、可持续发展对于提升湾区韧性的重要意义，纽约继而提出了建设"更加强大、更具

---

[1] 李楠、王周谊、杨阳：《创新驱动发展战略背景下全球四大湾区发展模式的比较研究》，《智库理论与实践》2019年第6期。

[2] Ray，B.，"Metropolitan Regional Planning：Enigmatic History，Global Future," *Planning Practice & Research*16（2001）：233-245.

有适应性"的城市发展目标。① 在已开展的四次区域规划中，纽约湾区依赖民间组织"区域规划协会"的重要协调和沟通作用，不断加强湾区范围内不同州之间的互利合作，统筹推进相关法律法规的制定实施，大力推进湾区经济、教育、文化等事业的并行发展，纽约湾区四次区域规划路线具体如表2所示。

表2 纽约湾区四次区域规划

	第一次区域规划（1929年）	第二次区域规划（1968年）	第三次区域规划（1996年）	第四次区域规划（2017年）
背景	美国进入"黄金时代"	第二次世界大战后，科技革命推动社会快速发展	全球化浪潮及新技术革命带来冲击	灾难性事件暴露基础设施的脆弱性
问题	地方城市规划的局限	郊区蔓延；社会隔离；公共服务设施匮乏；自然环境与人工环境缺乏美感	经济衰退；基础设施匮乏；低技能劳动者失业；社会隔离；生态遭破坏	住房短缺；贫富差距加大；社会隔离；基础设施衰败；气候变化
核心思想	再中心化	再聚集	经济（Economy）、环境（Environment）、公正（Equity）	公正（Equity）、繁荣（Prosperity）、健康（Health）、可持续（Sustainability）
主要内容	中心聚集、建立开放空间、建设卫星城、预留机场用地等十项政策	大都市中心、交通、自然与设计、贫困与内城、住房五方面工作	区域中心、通达、绿地、劳动力、管治五大方略	交通、气候变化、经济适用性、机构四大行动领域

资料来源：周恺、孙超群：《百年交响：四次纽约大都市区规划的历史演化分析》，《城市发展研究》2021年第10期。

根据美国经济分析局（U. S. Bureau of Economic Analysis）提供的统计资料，2018年湾区的支柱产业为第三产业。其中，金融、保险、房地产、租赁业与专业和商业服务以及信息产业三者总占比为55.09%，贡献了纽

---

① 杜光强：《世界城市推进高等教育与城市融合的经验及启示》，《黑龙江高教研究》2021年第7期。

约湾区一半以上的生产总值。第二产业建筑施工业和非耐用品制造业占比仅为 5.44%。第一产业则可忽略不计，纽约湾区各行业产值占比如图 1所示。

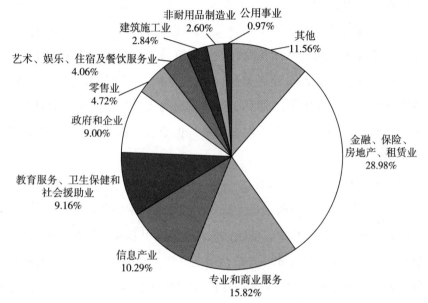

图 1　2018 年纽约湾区各行业产值占比

资料来源：Bureau of Economic Analysis, "Local Area Gross Domestic Product, 2018," December 12, 2019, https://www.bea.gov/news/2019/local-area-gross-domestic-product-2018.

（二）纽约湾区的发展现状

相关研究表明，不同规模的湾区在建设成为世界知名湾区的过程中，往往都具有以下五大关键性特征：强大的产业集群带、强有力的经济核心区、广阔的经济腹地、完善的公共交通网络、一大批顶尖教育与科研机构以及创新性国际化领军人才。[①] 而纽约大湾区则高度匹配了这些条件，这也是其能够成为世界一流湾区的内在根源，这些要素可概括为以下几点。第一，

---

① 李睿：《国际著名"湾区"发展经验及启示》，《港口经济》2015 年第 9 期。

足够多的世界一流大学，以及其他不同类型的高等教育机构和顶尖科研院所，能够为湾区的发展提供充足的人力和智力资源。第二，具有强有力的经济核心区和一座国际性大都市。纽约大湾区形成了以纽约市曼哈顿区为中心的世界金融及商业中心，为湾区的持续发展注入了强大的活力。第三，具有广阔的经济腹地和便捷的交通。纽约湾区的港口位置优越，既能依靠大西洋海岸腹地与世界各国开展远洋贸易，也能通过内陆的伊利运河与五大湖地区的西北各州开展贸易往来。第四，具有强大的产业集群带。纽约港自由贸易区实施了多种利于贸易往来的优惠政策，对大企业集聚和进出口贸易总量的提升产生了促进作用，也吸引了相关企业主动聚集在纽约湾区抱团式发展。

1. 世界一流的高等教育资源

纽约大湾区聚集着多所世界一流大学和美国的常春藤盟校，优质的高等教育资源在纽约大湾区聚集，使纽约大湾区在与其他海湾地区的城市群相互竞争时，具备了先天的人才和科技优势。其中，纽约大学、哥伦比亚大学、康奈尔大学、普林斯顿大学等都是湾区内 QS 世界大学排名前 20 的高校，知名度享誉全球。与此同时，湾区里还有众多的小常春藤盟校、应用技术型大学、专业技术学院等，这些高等教育资源的存在为湾区的强劲发展提供了源源不断的人才支撑。

2. 世界一流的创业投资资源

纽约被誉为"全球金融心脏"，汇聚了全球市值最高的纽约证券交易所和市值第 3 的纳斯达克证券交易所，金融服务业产值占整个湾区 GDP 的比重高达 15.39%；花旗、高盛、摩根士丹利等 2900 多家金融领域的巨头企业纷纷将总部和分支机构设立于此，其中还包括了 200 余家全球 500 强企业。①这些银行和金融证券企业的存在确保了与金融相关的新技术行业在创立和运营的各个环节都能得到充足的资金保障。

---

① 李楠、王周谊、杨阳：《创新驱动发展战略背景下全球四大湾区发展模式的比较研究》，《智库理论与实践》2019 年第 6 期。

3. 世界一流的投资平台与载体

金融载体是纽约湾区从第二产业转向第三产业的重要媒介，纽约湾区及其周边地带聚集着大量金融科技领域的创投公司。这些公司充分利用纽约作为全球金融中心载体的优势，结合现代信息技术的全球应用，将投资的重点聚焦在网络银行、移动支付、金融区块链、数字金融技术、云技术以及金融运营服务等新一代数字金融技术的研发与应用上。为了应对这些新业务对数字化人才的需求，高等教育机构积极进行学科调整和人才培养模式改革，高等教育信息化和数字化得以快速发展，培养了越来越多的数字化人才，数字金融和数字经济在湾区呈现井喷式发展趋势。纽约湾区借助金融驱动力构筑了美国东部"硅湾"，也被誉为"东部硅谷""创业之都"，成为继"硅谷"之后美国发展最为迅速的信息技术中心地带。[1] 在 2018 年世界主要城市科技实力全球排名中，纽约第一次超越位于旧金山的硅谷，力夺世界第一大科技中心的桂冠。纽约的高科技产业也从曼哈顿下城扩散到布鲁克林区中城、皇后区长岛市，包含了 7000 多家高科技公司。[2]

4. 世界一流的创新驱动战略

纽约湾区充分利用金融、高科技等产业方面的优势，大力实施投资驱动与创新驱动并行的湾区发展战略。在创新驱动战略的规划上，紧紧扣牢"金融湾区"这一全球性招牌，以金融业带动其他服务业的发展为着力点，形成以第三产业为主体的服务性经济新业态；在创新驱动战略的实施上，充分发挥湾区灵活多样的税收政策、优质多元的教育供给体系、四通八达的海陆空交通网络等优势"筑巢引凤"，大力吸引世界各国知名金融机构进驻和各类金融科技类人才入学与落户，打造一个良性循环的"金融生态圈"，持续为湾区的高速发展提供动力；在创新驱动战略的推进落地上，湾区依靠实力雄厚的高等教育资源和世界顶尖的科研院所资源，通过科技赋能和官产学

① 李楠、王周谊、杨阳：《创新驱动发展战略背景下全球四大湾区发展模式的比较研究》，《智库理论与实践》2019 年第 6 期。

② 《纽约湾区：大金融搅动科技新产业》，人民网，2019 年 4 月 24 日，http：//dwq.people.cn/n2/2019/0424/c386999-32874010.html。

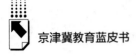

研共同体去匹配湾区发展中所需的技术和人才支撑，帮助企业解决科技难题、开展校企重点项目合作攻关，不断提升湾区相关行业和产业的世界影响力和国际市场占有率。

综上我们可知，纽约湾区经过多年的发展和产业的不断转型升级，目前在国际金融、国际航运、国际贸易、数字科技、现代服务业等领域担当全球产业发展的引领者，打造了多个全球中心或者国际枢纽，成为全球价值链和产业分工链的优势地区，在全球经济和科技竞争中，处于领先地位，成为美国参与国际贸易竞争和科技能力竞赛的"先头部队"。

三　纽约大湾区高等教育集群发展的模式

纽约大湾区位于美国东北部漫长的海岸线附近，以国际性大都市纽约作为湾区发展的核心城市，地理位置优越，既是美国内陆航运伊利运河的入海口，也是大西洋沿岸深海港口远洋贸易的重要航运枢纽。纽约湾区作为早期大部分海外移民移居北美大陆的第一站，在开始的发展中就自带多元文化与多种族移民聚集的基本特征。为了利于移民在湾区和内陆地区更好地落地生根，方便他们的日常生活与交流，早期的管理者往往采取分类教育和职业培训来提升移民的国家认同感，提升他们的职业技能和受教育水平。因此，私立教育和公共教育在纽约一直都有着悠久的发展史，今天我们看到纽约湾区各类高等教育机构林立、相互之间竞争发展也就不足为奇了。目前，湾区内聚集的高等教育机构中，既有历史悠久、声名远播的私立常春藤盟校，也有近年来发展势头迅猛、社会声誉不断提升的公立常春藤盟校和新常春藤盟校，还有1971年之后兴起的小常春藤盟校，这些不同类型大学相互之间的分类发展、优势互补，铸造了今天纽约湾区高等教育的辉煌成就。

（一）高等教育集群的概念、特征及纽约湾区的优势

高等教育产业化是美国高等教育的一大特征，而高等教育的集群就是在高等教育产业化的基础上衍生出来的一种新形态，这种形态在早期多用于互联网、

计算机等产业领域，是产业集群（Industrial Cluster）概念在教育领域的应用和转化。产业集群这一概念最早由迈克·波特（Michael Porter）在《国家竞争优势》（*The Competitive Advantage of Nations*）一书中提出，主要是指在一定空间范围内的一个特别领域，集聚着一组相互关联的公司、供应商、产业和专门化的制度和行业协会，构建出专业化的生产要素优化洼地。[①] 对于一定区域内的高等教育机构而言，也适用于集群这个概念。近年来这个概念得到了越来越多人的推广和使用，成为人们对较大规模范围内多所高等教育机构协同发展的一种称谓和描述，在不同程度上反映了一定区域高等教育的规模和影响力。

据此，我们在对高等教育集群进行界定时，需要把握好其所包含的几大要素特征。第一个要素是地理区位，需要有足够数量的若干所大学在特定空间里聚集和共存，这是高等教育集群的数量指标；第二个要素是大学的水平和层次，需要有一定数量的国际一流大学和世界顶尖大学，高水平大学越多，大学集群发展的效应就会越好，带动周边发展的动力就越大，这是高等教育集群的质量指标；第三个要素是专门化的制度和行业协会，例如，一些区域高等教育联盟、常春藤高校联盟等，这是高等教育集群的专业化程度指标；第四个要素是一定的社会影响力和经济效益外溢能力，这个主要通过特定区域内的大学科技产业园、校企合作基地、官产学研联合体、科技园区等来体现，这是高等教育集群的经济辐射力指标。

对于当前纽约湾区的发展来说，其具备了上述高等教育集群的四大要素，且综合水平处于较高的层次。然而，纽约湾区高等教育集群的形成却有着不一样的发展历程。其他国家的高等教育集群形成，多数源于政府的干预和改造，往往是"先有城市，后有大学，再有大学城"这样一个发展思路，而纽约湾区的大学在早期的建设中多以自发为主，选址也远离城市的中心，多数为私立大学。随着大学名气的提升和师生人数的不断增加，为了匹配大

---

① Porter，M.，*The Competitive Advantage of Nations*（New York：The Free Press，2011），pp. 148-151.

学的发展张力，城市的管理者才开始在大学的周边建立不同的功能区，慢慢地城市将大学包围起来，大学与城市之间形成了相互交融的关系，彼此互为依托、共同发展。因此，纽约湾区高等教育集群的形成经历了漫长的磨合期和成长期，多以自发的形式存在，按照"先有大学，后有城市，再有城市群和高等教育集群"的思路形成了如今的高等教育发展共同体，助推了湾区的经济发展和社会繁荣。

在湾区国际影响力不断提升的过程中，高等教育集群发展的重要意义毋庸置疑，但成熟的湾区往往还需要驾驭好"政府、企业与市场、高等教育机构"这三驾马车，这三者之间的关系可以依据伯顿·克拉克（Burton Clark）的"三角协调模式理论"来加以诠释和说明。[1] 三驾马车中，湾区政府扮演着宏观调控的角色，通过制定政策、提供社会服务、完善税收制度、进行财政补贴等手段和方式来掌握湾区发展的大方向；企业与市场承担着风险资金的供给、人才的吸纳和科技成果的转化等社会责任；高等教育机构发挥人才的培养与输出、科技成果的研发和技术的转让等知识生产的功能。根据这三驾马车的不同功能所构造的三角模型，在不同湾区中的稳定程度也有所差异，相互之间的联动作用也有强弱之分。

就纽约湾区来说，经过多年的发展，其已建立起既依照政府规划要求又重视市场需求、层次分明、类型多样、公私立教育并行发展的高等教育体系。其中，由于湾区内顶尖大学的数量和高等教育机构的总量无可比拟，再加上美国大学完善的知识产权转化制度和校企合作制度，企业和市场在与湾区高校开展互动合作时，产生的正向带动作用就较为突出。因此，通过投资高校的科研项目推动产业创新和区域创新的重要意义就十分明显了。

目前，纽约大湾区有世界顶尖级大学"常春藤盟校"集群、湾区周边的"新常春藤"大学集群、湾区及周边的"小常春藤"大学集群、州立市

---

① 卢晓中、卓泽林：《湾区高等教育的形成与发展——基于粤港澳大湾区与旧金山湾区比较的视角》，《高等教育研究》2020 年第 2 期。

立大学组成的公立大学集群以及著名私立大学集群等。这些不同类型高等教育机构集群的存在和分类发展，有利于不同类型院校间形成合作竞争的良性循环关系，为纽约湾区高等教育体系的高质量发展提供保证，从而有助于推动纽约湾区的城市建设和经济发展。[①]

（二）纽约高等教育集群发展的四大模式

1. 世界顶尖级大学"常春藤盟校"（The Ivy League）集群

从殖民地时期开始，纽约及其周边地区就是优质高等教育机构的重要诞生地。美洲殖民地时期建立的九所学院，其中有三所位于当前的纽约大湾区地区，这三所学院分别为国王学院（哥伦比亚大学）、耶鲁学院（耶鲁大学）、新泽西学院（普林斯顿大学）。这些高等教育机构的建立时间比美国建国时间都要早，有着悠久的历史和深厚的文化底蕴，办学质量优异、学术传统深厚、校友资源丰厚、全球知名度高，为湾区的发展贡献了巨大的力量。除这三所殖民地时期建立的大学之外，湾区还有纽约大学、康奈尔大学等全球顶尖大学。这些大学中，耶鲁大学、普林斯顿大学、康奈尔大学、哥伦比亚大学属于美国最早期的常春藤联盟大学。此外，纽约大学和位于纽约州汉密尔顿市的罗彻斯特大学成为"新常春藤"大学，综合实力和世界影响力在美国研究型大学里也名列前茅。上述这些大学都位于纽约大湾区范围内且彼此之间最远距离也只有 300 公里左右，这种世界一流大学在地理区位上的聚集符合大学集群发展的数量和质量指标，为湾区的经济发展和产业转型升级提供了源源不断的动能。

2. 纽约大湾区及周边"小常春藤"（The Little Ivies）大学集群

"小常春藤"这个称谓始于 1971 年新英格兰地区小学院运动联盟（New England Small College Athletic Conference），联盟的组成院校是美国东北部的 14 所顶尖级的文理学院，它们因历史悠久、规模较小、顶尖级的本科教育

---

① 鲁巧巧、劳汉生：《粤港澳大湾区高等教育的国际比较与角色定位分析》，《教育探索》2018 年第 6 期。

质量而享誉全球。① 纽约湾区周边的"小常青藤"盟校主要分布在纽约州、康涅狄格州、宾夕法尼亚州，其中纽约州拥有汉密尔顿学院、瓦萨学院和科尔盖特大学三所"小常春藤"大学，康涅狄格州有卫斯理大学、三一学院和康涅狄格学院，宾夕法尼亚州有斯沃斯莫尔学院和哈弗福德学院。② 这些"小常春藤"大学的学术声誉与"常青藤盟校"相较起来毫不逊色，是湾区高等教育体系中吸引优秀人才、开展本科生教育、提供多样化高等教育选择的重要组成部分。

3. 纽约州立大学与纽约市立大学组成的公立大学集群

纽约大湾区除了聚集着大量的"常春藤"大学、"新常春藤"大学、"小常春藤"大学，在湾区的核心区域纽约州还有纽约州立大学（State University of New York，SUNY）和纽约市立大学（The City University of New York，CUNY）这两个不同类别的公立高等教育系统。其中，纽约州立大学由64所分校组成，是美国最大、最全面的州立大学教育系统。纽约市立大学由11所四年制学院（Senior College）和6所两年制社区学院（Community College）组成。纽约州立大学和纽约市立大学在读的大学生和研究生加起来总数超过100万人，每年都有大量的优秀应用型人才从这两大公立高等教育系统毕业，满足了湾区对技术类和实操类人才的需求。进一步分析我们还发现，纽约州立大学系统的一些分校的办学水平也达到了世界一流水平，例如纽约州立大学奥尔巴尼分校、纽约州立大学布法罗分校、纽约州立大学宾汉姆顿分校、纽约州立大学石溪分校等。此外，还有被誉为"音乐界哈佛"的世界最顶尖的专业音乐院校——茱莉亚音乐学院，以及纽约市著名的艺术类院校——普瑞特艺术学院，它们也都属于这一类大学。③

4. 纽约大湾区及周边著名私立大学集群

私立大学一直都是美国高等教育的传统和特色，美国拥有一大批办

---

① 陈厚丰：《中国高等学校分类与定位问题研究》，湖南大学出版社，2004。

② 欧小军：《世界一流大湾区高水平大学集群发展研究》，《四川理工学院学报》（社会科学版）2018年第3期。

③ 欧小军：《世界一流大湾区高水平大学集群发展研究》，《四川理工学院学报》（社会科学版）2018年第3期。

学历史悠久、教育质量卓越、全球知名度高的私立大学，很多私立大学的建校时间比美国建国都早，这种现象在纽约大湾区也体现得淋漓尽致。除上述殖民地时期建立的几所学院属于最早的一批私立高等教育机构外，纽约州还拥有其他一些世界知名的私立研究型大学，例如福特汉姆大学、圣约翰大学、莎拉·劳伦斯学院、雪城大学、纽约理工大学、耶希瓦大学、曼哈顿学院、佩斯大学等。这些私立大学集群的存在和协调发展，共同推进了湾区的经济发展与产业转型升级，满足了不同家庭的教育需求，匹配了湾区市场的专业需求和人才培养结构，促进了湾区高等教育和城市之间的协同发展。

四 高等教育与纽约湾区协同发展的实施策略

从纽约湾区高等教育的发展历程来看，不同类别大学的集群发展对湾区的崛起和旺盛发展活力的保持发挥了重要作用，大学既是湾区多元文化和多元文化教育的引领者和承载者，也是湾区培养人才、建设人力资源库、打造世界人才高地的主要实施者；既是"美国精神"的价值引领者，也是知识生产与创造、科研成果转化与落地的主要完成者；既是湾区协调发展的主要参与者和现代创业制度的制定者，也是科技创新和技术变革的主要推动者。这二者在一定的地域范围内打造了交互发展、协调并进的良好格局。

（一）大学学科结构与湾区产业结构的演进相适应，高等教育为湾区发展提供高质量的人力、智力和技术支持

纽约湾区高等教育学科结构与产业结构的协调发展主要通过大学学科的增减与优化、人才培养模式与供给数量的调整和变化、大学基础研究与高科技研究主要方向和规模的动态调整等来实现。具体而言，在纽约湾区大学学科的增减与优化方面，湾区的大学充分开展市场调研，与企业保持紧密合作，时刻跟进湾区的高新产业、新兴技术产业的人才需求与培养结

构要求。与此同时，湾区产业结构也不是一成不变的，而是时刻处于动态调整之中，主导产业也通过结构的转型升级带动高校学科的调整和招生数量的增减。此外，一流大学学科专业结构的优化也会提高人才、技术输出的质量和效率。这些都有助于改善地区产业经济的技术层次结构，从而实现产业结构的优化升级。[①]

在纽约湾区高等教育机构通过动态调整基础研究和高科技研究的主要方向与规模方面，湾区的不同大学集群根据自身科研传统与实力，有针对性地瞄准世界学术前沿、国家重大战略工程、区域经济发展中的重要产业结构、社区传统产业类型等几大方面，进行科研攻关和联合研究，引领地区产业经济形态逐步升级，同时在某些方面也发挥着国际科技前沿的风向标作用，进而为湾区经济持续向更高层级迈进提供动力支持和技术支持。例如纽约湾区的耶鲁大学从 1993 年开始，就聚焦区域内的重点产业，不断与湾区相关产业部门加强合作研究和科技协同攻关研究。2004 年，纽黑文市的生物科技集群拥有 49 家衍生公司，其中 24 家公司依赖耶鲁大学的科技和思想产出。到 2017 年，衍生公司已增至 77 家，其中 59%的衍生公司与耶鲁大学保持密切合作。[②]

（二）集聚全球创新人才，打造创新人才高地

纽约湾区依照"按需引进、为我所用"原则，大力开展"人才强湾"工程，科学实施与动态调整适用于不同层次和国别的人才引进政策，搭建畅通、便捷、全方位的世界一流人才引进和服务体系，不断增强人才的归属感和融入感。目前，较为普遍的人才引进政策包括科技人才的 H-1B 签证政策、STEM 专门人才绿卡政策、猎头公司优惠政策、高端人才绿色通道政策等。这些人才政策的实施，意在集聚全球创新人才，打造创新人才高地。

[①] 王桂月等：《我国高等教育对产业升级的贡献率测算研究》，《现代教育管理》2017 年第 9 期。

[②] 卓泽林：《世界一流大学如何为地区经济发展服务——耶鲁大学的经验》，《复旦教育论坛》2016 年第 3 期。

第一，通过提供灵活多样的技术移民政策和国际科技合作项目计划，大力吸引全球科技人才汇集湾区，不断夯实"人才强湾"工程。纽约湾区作为世界一流的"金融湾区"和世界一流大学最多的湾区，每年都吸引着来自世界各国的大量优秀人才前来湾区工作和学习，他们中的很多人在后期都通过申请移民签证或者以永久居民身份留在了湾区，成为湾区经济发展中不可或缺的人力资源和人才储备力量。与此同时，面对日益严峻的人才竞争形势，纽约湾区近年来还与大学和科研院所联合开展"全球科技创新行动计划""重大科技攻关计划"等国际合作项目，意在弹性引进世界一流的科学家和研究人员与湾区教科研机构开展科技攻关和项目合作。在此基础上，纽约湾区还根据人才的类别和主要研究领域，按照优先级别，快速有效地处理与落实申请人的签证申请和福利待遇。美国高科技人才引进政策依据申请人的自身条件和背景，分为 5 个优先级类别，每个优先级下按照人才类别分为不同子项，优先级与政府处理该类移民申请的速度呈正相关。①

第二，高水平常规教育与"师徒式"培养相结合，建立科技人才广泛储备机制。纽约湾区聚集着十几所 QS 世界大学排名前 100 的知名高校，还拥有若干所世界一流的本科生教育文理学院，每年，世界各地的优秀学子们都会慕名而来，湾的这些大学也尽量为他们提供优质的教育和生活服务，为储备人才做出良好准备。此外，纽约市政府还与企业合作共建了技术学院高中预备学校和新型职业学校，建立学生与企业人员一对一的"师徒式"教学模式，打造"高技术培训+就业直通车"的高技术实用型人才输送渠道，为企业及时输送了质量过硬的技术工人。②

（三）大力开展官方支持的科技投入政策与创新创业政策

纽约湾区的高质量发展既借助了民间组织的重要力量，也充分发挥了湾

---

① 罗杨：《美国技术移民政策综述》，《华侨华人历史研究》2014 年第 3 期。
② 王萍、温一村、张耘：《发达国家创新型城市的科技人才发展政策》，《全球科技经济瞭望》2016 年第 1 期。

区官方组织的政策保障作用。为了推动科技发展，湾区的区域发展委员会和纽约政府部门出台了一系列着力于培养科技创新人才的政策文件，例如"纽约人才引进草案"（NYC Talent Draft）、"科技天才管道"倡议、"应用科学计划"等。为了提升这些政策文件的时效性，纽约湾区政府还通过营造良好的科技创新生态环境来为政策的落地铺路，所采取的科技投入政策主要有以下几个方面。第一，高度重视科技信息基础设施建设，不断增加资金投入，满足创新型经济发展的硬件要求和基础技术要求。第二，加大对科技创新企业的资金扶持力度，优先保障重点和前沿科技创新企业的资金周转需求。例如，纽约政府设有纽约种子期基金（NYC Seed Fund）、纽约合作基金（Partnership for NYC）两大基金，可用于金融技术、医疗健康、生命科学等领域处于种子期或扩张期公司的资金投入。第三，大力支持科技创新产业转型升级，致力于打造和谐互助的多样性创新生态体系。近年来，纽约湾区通过第四次区域规划而建立的创业社区、积累的充裕的资金和高科技人才、形成的世界一流的数字媒体技术以及引领世界发展的数字经济体等，打造了具有独特魅力的创新经济发展体。

与此同时，纽约湾区也大力支持和鼓励企业转型升级、开展创新创业活动、走集约型经济发展道路。为了使这些举措落地，湾区制定和颁布了一系列官方支持的优惠政策推动企业开展创新活动、吸引高端人才、增加就业岗位，例如企业创造新的就业机会、从事研发活动等均可减税。纽约湾区还通过房租减免、能源补贴、税收减免等方式鼓励创业，缓解初创企业的资金压力，并对新兴科技企业实施减税措施，企业每年可获得 30 万美元的税收抵免。①

（四）充分发挥大学服务社会的功能，推进终身学习，打造学习型都市

随着教育的发展，大学的继续教育从边缘走向中心，成为高校教育的重

---

① 杨静、赵俊杰：《四大湾区科技创新发展情况比较及其对粤港澳大湾区建设的启示》，《科技管理研究》2021 年第 10 期。

要组成部分。在高校与企业之间，教师和企业人员双向提供咨询服务、科研服务、资金支持以及人才培养培训，大学与地方企业在咨询服务、研发项目与人才培养上双向服务，实现了互惠互利。高校继续教育和与企业合作办学，在职后教育和满足企业的用人需要方面发挥了巨大的作用。美国各界在推动和促进合作教育发展方面共同努力，各方不仅有力地推动了美国继续教育的发展，还促进了美国高等教育的学科调整与转型变革。

1. 湾区大学为企业提供咨询服务

纽约湾区高校为当地企业提供了各种类型的咨询服务。相关研究表明，美国高校中至少有 1/3 的人员向各类企业提供咨询服务，大学也鼓励和支持教师为企业提供咨询服务，这样做既可以使课堂教学与生产实践相结合，又能让教师保持最新的理念，接触前沿技术，实现教学理论和工作实践的完美结合。[①]

美国高校的技术许可办公室（Office of Technology Licensing, OTL）在开放式创新经济中发挥着重要作用，是为高校和研发人员带来额外收益的重要载体。[②] 在实施步骤上，其主要分为三个阶段。第一个阶段，大学里的研发人员把成熟的、推广度高的研究成果交给 OTL，OTL 接到专利申请后，对相关研究成果进行评估与市场调研，之后决定是否申请专利；第二个阶段，若评估通过且市场调研效果良好的话，OTL 与能够将产品转化为商业收益的企业签订专利转让许可协议；第三个阶段，OTL 根据前期约定的收益提取比例，从企业盈利中获取专利许可收入。这样的运营模式，一方面可以加速科技成果和专利的市场转化速度，另一方面也能够为企业带来新的项目和经济增长点，大学的研发人员也能分享企业的运营收益，实现了多方共赢。

2. 湾区企业为大学提供实践教学支持

大学在为企业提供技术支撑和咨询服务的同时，企业也主动走进高校，

① 黄卫红：《纽约湾区高校继续教育合作模式对粤港澳大湾区继续教育的启示》，《广州广播电视大学学报》2020 年第 6 期。
② 杨静、赵俊杰：《四大湾区科技创新发展情况比较及其对粤港澳大湾区建设的启示》，《科技管理研究》2021 年第 10 期。

帮助大学解决实践教学难题，同时把企业所需要的人才类型和知识结构反馈给大学，从用人单位的角度帮助大学推进人才培养模式与教育教学方式的改革。在企业走进大学校园的过程中，企业也会为大学提供教学实践活动必需的科技成果孵化场地、实验设备和实训技能的指导与服务。在此基础上，企业也会为大学实验室研发出来的科技产品与专利技术提供足量的购买资金和捐赠资金，支持大学开展科技研发工作。纽约市于2014年启动社区学校工作项目，该项目通过为社区人员提供各种职业指导和成人教育服务提升了社区人员的职业幸福感和就业率，进而成为社区的中心。自该项目启动以来，纽约市已建立了258所社区学校，是政府创建100所学校承诺的1.5倍多。①

3. 大学为湾区企业技术人员提供职后培训

纽约湾区高新技术产业集中，企业工作人员学历层次普遍较高，绝大多数从事科技产品研发和技术产业升级等创新性工作，这方面工作对技术要求相对较高。纽约湾区作为领衔世界科技发展的一流湾区，往往是最先进科技产品的诞生地，这种日新月异的变化形势对湾区企业科技人员的水平提出了更高要求。为了使员工保持较高的技术领悟能力和知识水平，企业会定期或不定期地邀请大学的顶尖研究者为员工提供知识技能培训，这也对大学相关人员的技术水平提出了要求。通过此类培训，企业可以确保研发人员的技术能力一直处于前沿水平，并将这些技能技术应用于企业产品的生产研发，为企业持续盈利和高速发展保驾护航。

4. 大学与湾区社区共享学习资源

纽约湾区的大学还为城市居民开放各类文化窗口，使之成为城市市民进行文化休闲与科普教育活动的重要场所。例如，纽约通过纽约市的独立公共图书馆系统、布鲁克林公共图书馆、纽约公共图书馆、皇后区公共图书馆，以及这些图书馆下辖的216个地方图书馆分支机构和位于曼哈顿区的4个图

---

① 杜德斌：《对加快建成具有全球影响力科技创新中心的思考》，《红旗文稿》2015年第12期。

书馆研究中心等公共服务资源，确保了所有纽约人都能公平、不受约束地获取信息、资源。这些图书馆不仅为学者和读者提供服务，而且在不断调整以满足社区和居民学习与阅读的需求，促进了整个城市文化品位的提升。此外，大学还通过函授、网络、在线视频以及多种课程培训班等方式，为市民提供接受终身教育的机会。①

综上所述，纽约大湾区经过多年的发展，已形成了官产学研协同发展的良好格局，成为全球主要科技人才和创新创业经济的聚集地，打造了在一定范围内主导产业强劲发展的共同体，推动了区域内高等教育核心竞争力的不断提升，实现了产学研政用的完美结合。

---

① 杜光强：《世界城市推进高等教育与城市融合的经验及启示》，《黑龙江高教研究》2021年第7期。

后　记

格物致知，慎思笃行；爬坡过坎，久久为功。《京津冀教育发展报告》作为年度出版物已经出版了五辑，围绕京津冀教育协同发展中的重大热点难点问题开展研究，努力发挥着"存史、咨政、宣传、育人"的作用。党的十九届五中全会对我国未来五年至十五年的经济社会发展提出了"三新一高"的纲领性要求，即立足新发展阶段、贯彻新发展理念、构建新发展格局，推进高质量发展。

立足于"十三五"时期京津冀教育协同发展成果的回顾反思，结合"十四五"时期京津冀教育协同发展的外部形势要求，对区域教育协同发展的相对位置、现状问题和思路战略进行系统梳理具有重要现实意义。"十四五"初期，京津冀地区在人口素质基础、资源投入、财政性教育经费占比和高等教育质量与竞争力方面的优势较为显著，教育经费持续性增长乏力和域内差异性较大、阶梯结构显著则是比较突出的问题。长三角地区教育事业发展的相对优势体现在教育普及水平、师资质量和在地国际化水平三方面，且域内教育发展均衡程度较高；薄弱环节存在于教育规模相对偏小、高等教育生均一般公共预算教育经费投入不足，难以支撑区域创新发展。珠三角地区的相对优势在于教育规模较大，公共财政对教育投入力度不断增强，高等教育生均一般公共预算教育经费投入较高；短板普遍存在于人口素质基础、教育普及水平、资源投入、高等教育质量与竞争力和在地国际化水平等方面。未来五年，京津冀应强化教育均衡协同发展战略，教育投入力度稳中求进；长三角应推进教育一体化发展战略，提升高等教育投入水平；珠三角应采用教育内涵式发展战略，依托港澳优质资源提升教育质量。

本辑《京津冀教育发展报告》是北京教育科学研究院"京津冀教育协同发展研究平台建设"项目的研究成果。课题坚持以促进京津冀区域教育现代化为宗旨,力图分析京津冀、长三角和珠三角等国内重点经济区域各级各类教育发展的现状与问题,围绕"十四五"时期区域教育协同发展战略开展前瞻性研究,明确未来京津冀教育的发展方向和策略,推进京津冀"三地四方"教育现代化向更高水平迈进。我们期待,也愿意继续努力与关心京津冀区域教育改革与发展的人士围绕"区域教育均衡、优质、创新发展""如何做细、做实、做深区域教育"等一系列主题真诚交流、寻求共识。

在编写过程中,编者组织了来自北京、天津、河北三地的教育科研人员参与,希望三地教育科研部门能够进一步深化合作,围绕京津冀教育协同发展面临的基本问题和重大问题开展相关的战略、规范、政策和实践研究,为努力形成京津冀目标同向、措施一体、优势互补、互利共赢的教育发展新格局贡献力量。在此,我们对所有积极参与和支持本研究报告撰写的领导、研究人员表示衷心的感谢!期待三地教育科研人员携手并进,紧紧抓住京津冀协同发展新契机,为促进区域教育向更高水平迈进贡献真知灼见。

由于时间仓促和水平有限,作为一项集体研究成果,本书阐发的观点和资料的可靠性由相关研究人员负责,并不代表北京教育科学研究院的立场。同时,需要说明的是,虽然本项目的研究人员努力工作,希望本书为关心京津冀教育协同发展的机构和人士提供有益参考,但囿于时间和能力,我们的观点未必完全正确,相关的政策建议不一定切合实际,撰写过程中各章的风格体例也不尽相同,敬请相关专家和广大读者批评指正。

联系地址:北京市海淀区翠微路 4 号院北京教育科学研究院教育发展研究中心

邮编:100036

电话:010-88171908

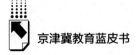
传真：010-88171917

E-MAIL：fzzxlps@ 163. com

编　者

2022 年 5 月 19 日

Abstract

Since 2014, the governments at all levels in Beijing, Tianjin and Hebei have fully implemented the coordinated development strategy of the Beijing-Tianjin-Hebei region, which focuses on relieving non-capital functions of Beijing. The initial results in the field of education had been made. The region had basically relieved the educational function of Beijing, gradually optimized the spatial layout and social service capacity of its educational function, initially formed the interaction pattern at the two wings of the capital, deepened the cooperation of various educational undertakings at all levels, and further improved the working mechanism of coordinated development in the region. However, in this region, the education development in the important nodal cities was still faced with severe challenges, the gap among the three places in terms of educational software and hardware was still very large, and the overall coordinated development level was still not high enough.

By summarizing the coordinated education development achievements of the region during the 13th Five-Year Plan period, the report aimed to discuss how the three places and four parties give full play to their comparative advantages during the 14th Five-Year Plan period, preserve local characteristics, and learn from the relevant experience of urban clusters or metropolitan areas at home and abroad, in a bid to further optimize the arrangement of educational resources, improve service functions, strengthen system construction and governance capacity, earnestly improve the level and ability of educational services, and finally achieve the strategic goal of coordinated education development of the region during the 14th Five-Year Plan period. By combining the academic, original, cutting-edge and thematic elements and taking the mode of "designing themes, organizing research and forming special research reports" as the model, the drafting group of this research

227

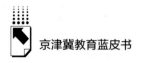

report had organized professional researchers from Beijing, Tianjin and Hebei to carry out researches on hot, key and difficult issues within the theme framework. They aimed to reflect the actual situation of the education reform and development in the region in a more profound and comprehensive way, and develop and analyze the experiences and problems during the implementation of the strategy, so as to give full play to the educational scientific research in serving the decision-making of central departments, and the coordinated education development in Beijing, Tianjin and Hebei.

To cope with the new situation and challenges for educational development during the 14th Five-Year Plan period, the focus of education reform and development in the Beijing-Tianjin-Hebei region is to steadily and continuously relieve some educational functions, promote the education construction featuring "Two Wings," clarify the measurement standards for the high-quality system in education in the new era, explore a new model of coordinated development of education supported by information technology, and improve the construction of guarantee mechanisms for the coordinated education development in the region.

By surveying and searching the practice of promoting the coordinated development of the Beijing-Tianjin-Hebei region in vocational education in 2021, it has been found that the cooperation among the three places in 2021 features diversified contents and forms, involving ten aspects such as personnel training, teacher improvement, resource sharing and social services. Nearly 40 vocational colleges in Beijing participated in them, including continuous inter-school and independent cooperation, along with the "Pairing" assistance determined by the government; also there were both alliance (group) cooperation and school-local government cooperation. The main problems are that the cooperation affected by the epidemic was undermined, and the depth and supporting policies were insufficient. We should strengthen accurate enrollment, encourage advanced entities to practice and experiment firstly, strengthen the construction of cooperation platforms, build a cross-regional vocational training system, formulate specific practical measures, and strengthen collaborative experience learning.

On the basis of the above research, discusses the progress and contradiction in the educational resource allocation in Beijing's sub-centers, and the educational development strategies in Tianjin and Hebei during the 14th Five-Year Plan period. The achievements made in the allocation of educational resources in Beijing' sub-centers include: the first allocation of educational resources has been completed, and the basic and leading position of education has been fully revealed; the role of optimizing the allocation of educational resources and guiding the rational distribution of population has been initially brought into play; the accurate allocation of educational resources has been conducted to explore the path for the overall improvement of educational quality under the "ternary structure." The contradiction is as follows: the contradiction between the high expectation of stakeholders and the weak foundation of educational development, that between the external requirements for quick results and the slow results of educational resources, that between the high requirements for reform and innovation and the single means of reform, that between different regions, and that between the large demand for resource investment and the decline of fiscal revenue support. It is suggested to guide stakeholders to form reasonable expectations for education in the sub-centers, improve the top-level design of education reform and innovation, establish incentive and support mechanisms for independent innovation of schools, continue to adhere to differentiated support strategies and improve the guarantee mechanism of education funds. On the basis of summarizing and analyzing the main achievements and problems in the education reform and development in Tianjin during the 13th Five-Year Plan and the main situation faced during the 14th Five-Year Plan, the report measures nine main development indicators of supporting the achievement of strategic objectives, and puts forward nine key tasks and measures including the full implementation of the fundamental tasks of cultivating people of virtue. During the 14th Five-Year Plan period, the external environment and internal conditions of Hebei in its educational development has underwent complex and profound changes, and is faced with unprecedented historical opportunities and challenges. We must enhance the awareness of opportunity, development and innovation, firmly grasp the new features and requirements, fully implement the new development concept, strive to achieve higher-quality, more efficient, fairer and more sustainable development, and provide intellectual support for building Hebei into a beautiful and strong economic province.

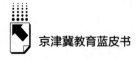
Keywords：Coordinated Development of Education；The 14th Five-Year Plan；Educational Resources；Urban Agglomeration；Beijing-Tianjin-Hebei Region

Contents

I   General Reports

Abstract: Since 2014, the governments at all levels in Beijing, Tianjin and Hebei have fully implemented the coordinated development strategy of the region, which focuses on relieving the non-capital functions of Beijing. Initial results have been made in the field of education. By the end of the 13th Five-Year Plan period, the task of relieving the educational function of the capital had basically met the expectations, the spatial layout and social service capacity of its education had been gradually optimized, the linkage pattern featuring "Two Wings" had been initially formed, the cooperation of various educational undertakings at all levels in the Beijing-Tianjin-Hebei region had been deepened, and its working mechanism of coordinated development had been further improved. However, in this region, the education development in the important nodal cities was still faced with severe challenges, the gap among the three places in terms of educational software and hardware was still very large, and the overall coordinated development level was still not high enough. To cope with the new situation and challenges for educational development during the 14th Five-Year Plan period, the focus of education reform and development in the Beijing-Tianjin-Hebei region is to

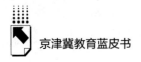

steadily and continuously relieve some educational functions, promote the education construction featuring "Two Wings," clarify the measurement standards for the high-quality system in education in the new era, explore a new model of coordinated education development supported by information technology, and improve the construction of guarantee mechanisms for the coordinated education development in the region.

Keywords: The 14th Five-Year Plan Period; Coordinated Development of Education; Beijing-Tianjin-Hebei Region

B.2　Research on Basic Education Development Situation in
　　　　Beijing-Tianjin-Hebei Region during the 13th
　　　　Five-Year Plan Period　　　　　　　　　*Lv Guizhen* / 022

Abstract: The rapid economic development of the Beijing-Tianjin-Hebei region during the 13th Five-Year Plan period provided good guarantee for the educational development of the region. The scale of education in Beijing, Tianjin and Hebei showed an overall growth trend, while the secondary vocational education in Beijing shrank significantly; and the academic qualifications teachers in Beijing, Tianjin and Hebei had improved. The amount of public finance education expenditure in Beijing, Tianjin and Hebei had increased to varying degrees, with that in Beijing and Hebei being more obvious; the increase of general public budget education expenses per student in Beijing and Hebei was evident, while the growth in Hebei Province was the most prominent; and the average general public budget and public funds for some students in the three places had dropped significantly. There was still a big gap among Beijing, Tianjin and Hebei in the level of education funds, teaching and school capability; and the overall high-quality development and coordinated educational development in Beijing, Tianjin and Hebei were still faced with great challenges.

Keywords: The 13th Five-Year Plan Period; Education; Beijing-Tianjin-Hebei Region

II   Sub-reports

Abstract: In this report, the author for the second time forecasts the demand for degrees in the Beijing-Tianjin-Hebei region. Compared with the previous forecast, this time, more data sources are used, new revised prediction models are used, the prediction is focused on the compulsory education stage, the impact of the "Three children" policy on the demand for degrees is considered, the demand for degrees in such regions as the Beijing-Tianjin-Hebei region from 2020 to 2028 is predicted, and the prediction errors in the previous article and this time are analyzed. According to the forecast, the change trend of the demand for degrees in compulsory education in the Beijing-Tianjin-Hebei region shows an inverted U-shaped curve from 2020 to 2028, and the Beijing-Tianjin-Hebei region in the 14th Five-Year Plan period forms the main pressure-bearing period, with an expected significant decline after 2027. Among the provinces and cities, Beijing is faced with greater pressure during the 14th Five-Year Plan period; the demand for compulsory education stage in Tianjin is gradually declining, and the junior high school education stage is under great pressure; namely, greater demand, during the 14th Five-Year Plan period. After 2026, the demand for degrees in compulsory education in Hebei will expect a big drop.

Keywords: Compulsory Education; Demand for Degree; Beijing-Tianjin-Hebei Region

B.4　New Situation and Development Path of Education
Cooperation in Running Schools in Beijing-Tianjin-Hebei
Region during the 14th Five-Year Plan Period　*Yin Yuling* / 063

Abstract: Since the 13th Five-Year plan, coordinated development practices
have been actively carried out in the field of education cooperation in running
schools in Beijing, Tianjin and Hebei; some progress has been made in basic
education cooperation, which is manifested in the signing of a number of
educational cooperation agreements among Beijing, Tianjin and Hebei, the
cooperation of major educational projects, the establishment of a cooperation
mechanism for the coordinated development of basic education, the formation of
different educational alliances, the support for new and cooperative schools or joint
schools in Hebei, and the exchange and cooperation of talents in the field of
education. With the deepening of the coordinated development in the three places,
some deep-seated problems and difficulties had begun to appear, such as
integration and optimization of educational resources, generation of hematopoietic
mechanisms of high-quality educational resources, breaking of territorial barriers of
educational resources management, and the establishment of profound cooperation
modes between schools in the three places. During the 14th Five-Year Plan period,
the coordinated education development in Beijing, Tianjin and Hebei is faced
with a new situation. Cooperation in running schools in basic education needs
improvement of its development path under the guidance of new goals and new
ideas, and efforts should be made to optimize the top-level design of cooperation
in running schools, improve cooperation in running schools policies, open up
cooperation in running schools models and develop cooperation resources.

Keywords: The 14th Five-Year Plan Period; Basic Education; Cooperation
in Running Schools; Beijing-Tianjin-Hebei Region

B.5 Research on Practically Promoting Coordinated Vocational
Education Development in Beijing-Tianjin-Hebei Region
in 2021   *Hou Xingshu* / 076

Abstract: In order to fully understand the practice of promoting the coordinated vocational education development in the Beijing-Tianjin-Hebei region in 2021, we summarize and analyze the 1st to 4th *Briefing on the Collaborative Development of Vocational Education in Beijing-Tianjin-Hebei Region in 2021* and the relevant information of *the Report on Cooperation of the Beijing-Tianjin-Hebei Region* in 2021 written by 14 higher vocational schools and 20 secondary vocational schools in Beijing. By such we found that Beijing continued its steady promotion of the coordinated vocational education development in the Beijing-Tianjin-Hebei region. This article involves a wide geographical scope and services for the Beijing-Tianjin-Hebei region, the service contents and forms are diverse, and the radination effect is remarkable. The main problems are that the cooperation affected by the epidemic was reduced, the practice needs to be further deepened and supporting policies were insufficient. In 2022, Beijing's vocational colleges still planned to continue the active promotion of the coordinated vocational education development in the Beijing-Tianjin-Hebei region. To meet these wishes, it is suggested to increase accurate enrollment, encourage advanced entities to try firstly, strengthen the construction of cooperation platforms, build a cross-regional vocational training system, formulate specific practical measures, and strengthen collaborative experience learning, so as to enhance the ability to the coordinated development in the Beijing-Tianjin-Hebei region.

Keywords: Vocational Education; Coordinated Development; Beijing-Tianjin-Hebei Region

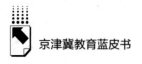

III   Regional Reports

B . 6   The Progress, Achievements and Optimization Path of
Educational Resources Allocation in Beijing Sub-center

Cao Haowen, Li Zheng / 098

Abstract: The progress of educational resources allocation in the Beijing Sub-center includes: building new schools from a high starting point, transforming the original weak schools, improving the quality of the teaching staff, and using information technology to promote educational reform. Achievements include: the prioritized allocation of educational resources, the basic and leading position of education is fully displayed; the optimal allocation of educational resources, the role of education in guiding the rational distribution of the population is initially played; the precise allocation of educational resources, the overall improvement of education quality under the "three-dimensional structure" is explored. However, the allocation of educational resources in the Beijing Sub-center also faces some contradictions, including the high expectations of stakeholders and the weak foundation for educational development, the contradiction between external requirements and slow results in education, high requirements for reform and innovation, and single reform methods, the contradiction between different regions, and the contradiction between large demand for resources and the decline in fiscal revenue. It is recommended to guide stakeholders to form reasonable expectations for sub-center education, improve the top-level design of sub-center education reform and innovation, establish an incentive and support mechanism for sub-center schools' autonomous innovation, and improve differentiated support strategies and education finance system.

Keywords: Sub-center; Allocation of Educational Resources; Ternary Structure

B.7 Environmental Foundation and Strategic Conception of

Tianjin's Educational Reform and Development during

the 14th Five-Year Plan *Zhang Wei* / 112

Abstract: This study bases itself on the problem-oriented, goal-oriented and demand-oriented research methods and means. On the premise of collecting and sorting out literature and relevant investigation, interviews and discussions, as well as calculation and comparison of data, this paper summarizes and analyzes the main education achievements of Tianjin in ten aspects, such as comprehensive strengthening of the Party's leadership and the full implementation of the fundamental tasks of cultivating people of virtue during the 13th Five-Year Plan period, and sorts out and analyzes the main problems and shortcomings in five aspects, including the existence of a large gap in the construction of educational resources and further improvement in the integration mechanism of production and education. It insists on looking at education beyond education, and analyzes the main situation, opportunities and challenges faced by Tianjin in its education reform and development during the 14th Five-Year Plan period from five aspects: the new opportunities for education development brought about by the new-round scientific and technological revolution, and the new tasks of high-quality education development. It focuses on key areas and links in the top-level design, and by combining with the requirements for overall positioning of the country and other provinces & cities, in particular, it's based closely on the needs of Tianjin for its economic and social development and the reality of educational development. It analyzes the overall orientation and strategic objectives of Tianjin in its educational reform and development during the 14th Five-Year Plan period, measures nine main development indicators of supporting the strategic goals, and puts forwards nine key tasks and measures, including the implementation of the fundamental tasks of cultivating people of virtue and the improvement of the modern educational governance system, so as to ensure the smooth completion of various planning objectives and tasks, accelerate the modernization of education, and provide satisfactory education service for the people.

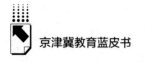
Keywords: The 14th Five-Year Plan Period; Education Plan; Education Reform; Education Development Indicators

B.8   Research on High-quality Education Development in Hebei Province during the 14th Five-Year Plan Period

Ma Zhenxing, Yan Chunjiang / 132

Abstract: During the 13th Five-Year Plan period, Hebei took education as the major projects of benevolent government and people's livelihood, vigorously promoted the strategy of revitalizing Hebei through science and education and strengthening Hebei by virtue of talents, continuously deepened the education reform, and strived to break the obstacles that restricted the high-quality education development so that the education had developed healthily and rapidly, and the level of running schools and managing education had improved significantly. At present, faced with the unprecedented changes over the past century, we make efforts to build the socialist modernization in an all-round way and provide education to people's satisfaction. During the 14th Five-Year Plan period, Hebei encounters unprecedented historical opportunities and challenges in terms of the external environment and internal conditions. Therefore, we must enhance the awareness of opportunity, development and innovation, firmly grasp the new features and requirements, fully implement the new development concept, strive to achieve higher quality, more efficient, fairer and more sustainable development, and provide intellectual support for building Hebei into a strong and beautiful economic province.

Keywords: The 14th Five-Year Plan; School-running and Education Governance; New Development Concept; Education Planning

Ⅳ Reference Reports

Abstract: Based on the empirical analysis of education development in the Beijing-Tianjin-Hebei region, the Yangtze River Delta and the Pearl River Delta at the beginning of the 14th Five-Year Plan, the Beijing-Tianjin-Hebei region is found to possess obvious advantages in population quality, resource investment scale, the proportion of financial funds, and the quality and competitiveness of higher education; however the weak sustained growth in education funds, the large differences and the hierarchic structure within the region present the prominent problems. The comparative advantages of education development in the Yangtze River Delta are reflected in three aspects: popularization level, teacher quality and internationalization level, and the balanced and high degree of education development. At the same time, it also suffers from the weak links as to the relatively low scale of education and insufficient investment in higher education students, which makes it difficult to support regional innovation and development. In the Pearl River Delta, the comparative advantages lie in the high scale of education, the increasing investment of public finance in education, and the high investment on college and university students; however, the shortcomings are found in the basic quality of population, education popularization level, resource investment, the low level in quality and competitiveness and internationalization. The Yangtze River Delta should promote the integrated education development strategy and improve the investment level in higher education; and it should adopt the connotative development strategy of education and rely on the high-quality resources from Hong Kong and Macao.

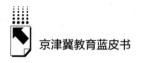

京津冀教育蓝皮书

Keywords: The 14th Five-Year Plan; Education Development; Beijing-Tianjin-Hebei; Yangtze River Delta; Pearl River Delta

B.10 Difference and Convergence of Service Efficiency of Basic Public Education

—*Based on Comparative Study of Beijing-Tianjin-Hebei Region and Yangtze River Delta* *Tang Yipeng* / 177

Abstract: Public service serve as an important function of government, and basic public education service forms an important part of basic public service. This paper investigates and examines the Beijing-Tianjin-Hebei region and the Yangtze River Delta (including Shanghai, Jiangsu, Zhejiang and Anhui) from the perspective of regional differences. First of all, this paper constructs the input-output index framework of basic public education services by combing with the existing literature. Secondly, we, by conducting a comparative analysis of the input and output indicators of the two regions from 2011 to 2019, find that the average level of the Beijing-Tianjin-Hebei region is always been higher than that of the Yangtze River Delta; for the teacher investment, the change trend of the total number of faculty and staff in the two regions is relatively consistent; that is, the number of kindergartens is increasing rapidly and secondary vocational schools are gradually shrinking; in terms of output, the number of kids or students per 100000 people in kindergartens and primary schools in the two regions is in a fluctuating growth trend, while the number of students per 100000 people in general high schools and secondary vocational schools is in a decreasing trend; however, the Yangtze River Delta is higher than the Beijing-Tianjin-Hebei region in all kinds of schools; as for output quality, the teacher-student ratio in the Beijing-Tianjin-Hebei region is higher than that of the Yangtze River Delta. Thirdly, the super-efficiency data envelopment analysis (DEA) is used to evaluate the efficiency of basic public education services in the two places, showing that the Beijing-Tianjin-Hebei region and the Yangtze River Delta are slightly higher than the national average, but the former is generally lower than latter. Within the Beijing-Tianjin-Hebei region, Beijing and Tianjin had increased as a whole, while Hebei had declined. Within the Yangtze River Delta, most of the provinces and cities were in the state of DEA efficiency or even super efficiency, which indicates the high efficiency of the Yangtze River Delta region. Fourthly, the Gini coefficient decomposition method is used to decompose the efficiency differences between the two places, showing that the Beijing-Tianjin-Hebei region was in an inefficient equilibrium state, while the Yangtze River Delta in an efficient differentiation state. Fifthly, the results of absolute β convergence model show that the efficiency of basic public education services in the Beijing-Tianjin-Hebei region presented a convergence trend from 2011 to 2019, but there was no convergence trend in the Yangtze River Delta. Based on the above results, this paper holds that the Beijing-Tianjin-Hebei region should further improve the efficiency of basic public education services by narrowing the internal funding gap, expanding the supply of kindergartens and primary schools, and making a good connection between junior high schools and senior high schools.

Keywords: Basic Public Education Services; Efficiency DEA; Beijing-Tianjin-Hebei Region; Yangtze River Delta

B.11 Research on Coordinated Development Mechanism of Both Higher Education and Cities in New York Bay Area

Du Guangqiang / 202

Abstract: New York Bay Area, one of the three widely-recognized greater bay areas in the world, has formed a good interactive and integrated relationship between higher education and the social and economic development of the bay area. It, by virtue of natural geographical advantages and world-class university cluster development, has played a leading role in the global economic development

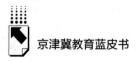
and scientific & technological advances. The development of college and university clusters there has kept delivering power source for the high-level development of the New York Bay Area. This is precisely because of the continuous supply of such power source and the collaborative innovation and development between them, which has for a long term placed the city at the top of the world-known bay areas. At present, the summarization and analysis of the experience and characteristics of the coordinated development of higher education and cities in the New York Bay Area is also of great reference significance for China to build modern metropolitan areas of high quality and integrated development.

Keywords: Higher Education; Regional Coordinated Development; New York Bay Area

权威报告·连续出版·独家资源

皮书数据库
ANNUAL REPORT(YEARBOOK)
DATABASE

分析解读当下中国发展变迁的高端智库平台

所获荣誉

- 2020年，入选全国新闻出版深度融合发展创新案例
- 2019年，入选国家新闻出版署数字出版精品遴选推荐计划
- 2016年，入选"十三五"国家重点电子出版物出版规划骨干工程
- 2013年，荣获"中国出版政府奖·网络出版物奖"提名奖
- 连续多年荣获中国数字出版博览会"数字出版·优秀品牌"奖

皮书数据库

"社科数托邦"
微信公众号

成为会员

　　登录网址www.pishu.com.cn访问皮书数据库网站或下载皮书数据库APP，通过手机号码验证或邮箱验证即可成为皮书数据库会员。

会员福利

- 已注册用户购书后可免费获赠100元皮书数据库充值卡。刮开充值卡涂层获取充值密码，登录并进入"会员中心"—"在线充值"—"充值卡充值"，充值成功即可购买和查看数据库内容。
- 会员福利最终解释权归社会科学文献出版社所有。

数据库服务热线：400-008-6695
数据库服务QQ：2475522410
数据库服务邮箱：database@ssap.cn
图书销售热线：010-59367070/7028
图书服务QQ：1265056568
图书服务邮箱：duzhe@ssap.cn

社会科学文献出版社 皮书系列
SOCIAL SCIENCES ACADEMIC PRESS (CHINA)
卡号：441114985534
密码：

S 基本子库
UB DATABASE

中国社会发展数据库（下设 12 个专题子库）

紧扣人口、政治、外交、法律、教育、医疗卫生、资源环境等 12 个社会发展领域的前沿和热点，全面整合专业著作、智库报告、学术资讯、调研数据等类型资源，帮助用户追踪中国社会发展动态、研究社会发展战略与政策、了解社会热点问题、分析社会发展趋势。

中国经济发展数据库（下设 12 专题子库）

内容涵盖宏观经济、产业经济、工业经济、农业经济、财政金融、房地产经济、城市经济、商业贸易等 12 个重点经济领域，为把握经济运行态势、洞察经济发展规律、研判经济发展趋势、进行经济调控决策提供参考和依据。

中国行业发展数据库（下设 17 个专题子库）

以中国国民经济行业分类为依据，覆盖金融业、旅游业、交通运输业、能源矿产业、制造业等 100 多个行业，跟踪分析国民经济相关行业市场运行状况和政策导向，汇集行业发展前沿资讯，为投资、从业及各种经济决策提供理论支撑和实践指导。

中国区域发展数据库（下设 4 个专题子库）

对中国特定区域内的经济、社会、文化等领域现状与发展情况进行深度分析和预测，涉及省级行政区、城市群、城市、农村等不同维度，研究层级至县及县以下行政区，为学者研究地方经济社会宏观态势、经验模式、发展案例提供支撑，为地方政府决策提供参考。

中国文化传媒数据库（下设 18 个专题子库）

内容覆盖文化产业、新闻传播、电影娱乐、文学艺术、群众文化、图书情报等 18 个重点研究领域，聚焦文化传媒领域发展前沿、热点话题、行业实践，服务用户的教学科研、文化投资、企业规划等需要。

世界经济与国际关系数据库（下设 6 个专题子库）

整合世界经济、国际政治、世界文化与科技、全球性问题、国际组织与国际法、区域研究 6 大领域研究成果，对世界经济形势、国际形势进行连续性深度分析，对年度热点问题进行专题解读，为研判全球发展趋势提供事实和数据支持。

法律声明

"皮书系列"（含蓝皮书、绿皮书、黄皮书）之品牌由社会科学文献出版社最早使用并持续至今，现已被中国图书行业所熟知。"皮书系列"的相关商标已在国家商标管理部门商标局注册，包括但不限于 LOGO（ ▊ ）、皮书、Pishu、经济蓝皮书、社会蓝皮书等。"皮书系列"图书的注册商标专用权及封面设计、版式设计的著作权均为社会科学文献出版社所有。未经社会科学文献出版社书面授权许可，任何使用与"皮书系列"图书注册商标、封面设计、版式设计相同或者近似的文字、图形或其组合的行为均系侵权行为。

经作者授权，本书的专有出版权及信息网络传播权等为社会科学文献出版社享有。未经社会科学文献出版社书面授权许可，任何就本书内容的复制、发行或以数字形式进行网络传播的行为均系侵权行为。

社会科学文献出版社将通过法律途径追究上述侵权行为的法律责任，维护自身合法权益。

欢迎社会各界人士对侵犯社会科学文献出版社上述权利的侵权行为进行举报。电话：010-59367121，电子邮箱：fawubu@ssap.cn。

社会科学文献出版社